Leo Martin
Ich krieg dich!

LEO MARTIN

ICH KRIEG DICH!

Menschen für sich gewinnen –
Ein Ex-Agent verrät die besten Strategien

Disclaimer: Alles, was Sie hier lesen werden, beruht auf wahren Begebenheiten. Zum Schutz der Informanten und Agenten sowie aus rechtlichen Gründen wurden Namen und Eigenschaften der handelnden Personen abgeändert, Orte und Sachverhalte variiert. Trotzdem werden Sie der Realität kaum näher kommen als in diesem Buch.

Verlagsgruppe Random House FSC-DEU-0100
Das für dieses Buch verwendete
FSC®-zertifizierte Papier *Super Snowbright*
liefert Hellefoss AS, Hokksund, Norwegen.

Bibliografische Information der Deutschen Bibliothek

Die Deutsche Bibliothek verzeichnet diese Publikation in der Deutschen Nationalbibliografie; detaillierte bibliografische Daten sind im Internet unter http://dnb.ddb.de abrufbar.

7. Auflage
© 2011 Ariston Verlag in der Verlagsgruppe Random House GmbH
Alle Rechte vorbehalten

Mitarbeit: Shirley Seul
Umschlaggestaltung: Weiss | Werkstatt | München, unter Verwendung eines Fotos von © Fabian Magnus Isensee
Satz: EDV-Fotosatz Huber / Verlagsservice G. Pfeifer, Germering
Druck und Bindung: GGP Media GmbH, Pößneck
Printed in Germany 2011

ISBN 978-3-424-20050-8

INHALT

Einleitung   7

1. Sicherheitsschleuse: Ihr Zugangscode

Erstkontakt mit Ihrer neuen Identität   13

Ihre erste Mission.   18

V-Männer   29

Ihre zweite Mission.   32

Das Umfeld.   37

Ihre dritte Mission   41

Das Netz.   44

Ihre vierte Mission   46

Das Foto   49

Ihre fünfte Mission   54

Die Route   61

Ihre sechste Mission   66

Im Fadenkreuz   71

2. Sicherheitsschleuse: Die Charakterisierungsphase

Die Kontaktaufnahme.   81

Ihre siebte Mission.   93

Kontakt vertiefen. 100

Ihre achte Mission 105

Kontakt festigen 109

Ihre neunte Mission 112

Die Offenbarung. 118

Ihre zehnte Mission 126

Die Stunde der Wahrheit 131
Ihre elfte Mission 142

3. Sicherheitsschleuse: Die Kultivierungsphase
Die Testphase 149
Ihre zwölfte Mission 159
Vertrauen aufbauen 163
Ihre dreizehnte Mission 172
Vertrauensbeweise 175
Ihre vierzehnte Mission 182
Das Spannungsfeld zwischen Vertrauen und Verrat 185
Ihre fünfzehnte Mission 208
Die Bewährungsprobe 212
Ihre sechzehnte Mission 228
Die Vertrauensfrage 231
Ihre siebzehnte Mission 241
Die Gewissensentscheidung 242

4. In der Sicherheitszone: Streng geheim
Die 007-Formel, um Vertrauen aufzubauen 245

Epilog 251

Glossar 252
Fachwortverzeichnis nachrichtendienstlicher Begriffe

Literaturempfehlungen 256

EINLEITUNG

Leo Martin ist nicht mein Name. Er wurde von der Abteilung für operative Angelegenheiten entwickelt – als eine von mehreren Identitäten, in die ich für den Nachrichtendienst schlüpfte. Meine Aufgabe bestand darin, Informanten anzuwerben: Leute, die in einer kriminellen Organisation leben. Informanten sucht man nicht per Zeitungsanzeige, und man klopft ihnen auch nicht freundlich auf die Schulter: »Hallo Sie, hätten Sie vielleicht Lust, mir zu erzählen, für wen Sie Waffen schmuggeln und wo Sie sie verstecken?«

In den zehn Jahren beim Nachrichtendienst habe ich reihenweise Informanten angeworben: Kriminelle, die im Normalfall niemals mit mir gesprochen und mir schon gar nicht ihr geheimes Insiderwissen anvertraut hätten. Sie haben es dennoch getan, freiwillig. Manchmal sogar gern. Sie taten es nicht für den Nachrichtendienst oder für Deutschland. Sie taten es für mich. Warum das so ist, erfahren Sie in diesem Buch.

Selbst wenn Sie in Ihrem Alltag nur selten mit Drogenbossen, Hehlern, der Russenmafia oder Autoschieberbanden zu tun haben – Menschen für sich zu gewinnen ist auch in Ihrem Leben ein Schlüssel zum Erfolg. Vielleicht kennen Sie jemanden, der diesen Schlüssel bereits in seinem Schloss dreht. Bei solchen Menschen fühlen wir uns rundum wohl und gut aufgehoben, sie wirken unglaublich vertraut, auch wenn wir ihnen erst vor kurzem begegnet sind. »Es ist, als würden wir uns schon ewig kennen!«, finden wir und sind glücklich, weil uns so etwas Wunderbares passiert.

Sind Sie schon einmal auf die Idee gekommen, dass das nichts mit Magie, Karma und Seelenverwandtschaft zu tun haben muss, sondern eine ausgefeilte Strategie dahinterstecken könnte? Dass man dieses Gefühl der Vertrautheit und Nähe künstlich erzeugen kann? Dass das scheinbar Wunderbare in Wirklichkeit ein blaues Wunder ist, das zu erleben Sie nicht im Traum für möglich gehalten hätten?

Das ist wiederum nicht verwunderlich, denn nur wenige Menschen sind in diese Zusammenhänge eingeweiht. Vertrauen können wir nicht kaufen oder erzwingen, und schon gar nicht können wir es mit rationalen Argumenten herbeireden. Vertrautheit ist ein Gefühl, das eine vorbehaltlose und wohlwollende Beziehung zwischen zwei Menschen ausdrückt. Es entsteht nicht von heute auf morgen. Es entwickelt sich nach und nach und baut auf Erfahrungen, Erlebnissen und Einstellungen auf. Der Nachrichtendienst inszeniert solche Situationen gezielt.

Jeder ist ein bisschen geheim

Wussten Sie eigentlich, dass auch in Ihnen ein Agent steckt? Ich bin überzeugt davon, dass Sie bereits einige der kommunikativen Werkzeuge des Nachrichtendienstes nutzen – und damit meine ich nicht nur die Fähigkeit, Kontakt zu anderen Menschen herzustellen und eine vertrauensvolle Beziehung mit ihnen aufzubauen. Es gibt so viel mehr Gelegenheiten: Wenn Sie mal wieder durch den Spion linsen, wer da so spät noch bei den Nachbarn klingelt. Wenn Sie Erkundigungen über die neue Freundin von Peter einholen. Wenn Sie mal ganz unauffällig bei Ihrem Sportskameraden vorfühlen, wie der neue Chef so ist, den er aus dem Golfclub kennt.

Das macht durchaus Spaß, oder? Und es ist fast wie beim Geheimdienst. Warum zum Spaß nicht noch den Erfolg kommen lassen, indem Sie Ihre unterbewusst ablaufenden Denk- und Handlungsmuster bewusst steuern – und so direkt auf der Beziehungsebene landen, wo die wichtigen Entscheidungen gefällt werden.

In Wirklichkeit gibt es wesentlich mehr Agentinnen als Agenten. Frauen sind oft nicht nur klüger und schöner als Männer, sie sind auch empathischer. Deshalb drücken Sie hoffentlich ein Auge zu, wenn in diesem Buch nicht jedes Mal die Rede von *der Agent / die Agentin* ist. Akzeptieren Sie das, liebe Leserin?

Wenn aus Fremden Freunde werden

Es ist ein großartiges Gefühl, andere Menschen für sich zu gewinnen. Wenn wir wissen, welche Spielregeln dabei zu beachten sind, kann jeder Fremde zu einem Freund werden. Bekanntschaften vertiefen sich, schwierige Kunden werden »handzahm«, neue leicht hinzugewonnen. Fremde Menschen, die Sie vielleicht nur vom Telefon kennen, sind bereit, für Sie zu zaubern: In einem überbuchten Restaurant bekommen Sie trotzdem noch einen Tisch und freitags einen Termin in der Autowerkstatt. Und das Tolle: Die Menschen fühlen sich gut dabei. So wie Sie – denn Sie bestimmen, wie die Dinge laufen.

Beim Nachrichtendienst wird nichts dem Zufall überlassen. In diesem Buch ist das genauso. Sie halten eine in Extremsituationen geprüfte Anleitung in Händen, die nicht nur bei Schönwetter funktioniert, sondern auch unter schwierigsten Bedingungen, in Krisen- und Konfliktsituationen, also gerade dann, wenn es darauf ankommt. Dieses Buch kann Ihr Leben verändern. Vielleicht haben Sie sich am Ende sogar eine neue Identität hinzuerobert und gehören zu den Menschen, die leicht Kontakte knüpfen, Vertrauen aufbauen und andere an sich binden. Ihre Mission heißt: Hart in der Sache, weich zum Menschen.

Fesselspiele: Die Kunst, Menschen an sich zu binden

Ich habe mich in den vielen Jahren im »Haus«, wie der Nachrichtendienst intern bezeichnet wird, schnell daran gewöhnt, mit wechselnden Namen angesprochen zu werden. Es fühlte sich für mich ganz normal an, einen fremden Namen unter meinen Fotografien, Dienstausweisen, Kreditkarten, Pässen oder Führerscheinen zu lesen. Mit diesem Namen meldete ich mich am Telefon, buchte Hotelzimmer und Mietwagen, unterschrieb Quittungen. Ich lernte die nachrichtendienstliche Arbeit von der Pike auf: verdeckte Informationsbeschaffung, technische Überwachungsmaßnahmen, V-Mann-Führung, Nachrichtenauswertung, Analyse, strategische Lagearbeit, taktische Fallführung ... und schließlich die Königsdisziplin, die Anwerbung von Informanten. Die Herausforderung besteht jedes Mal darin, fremde Menschen in Freunde zu verwandeln. Bei manchen Menschen scheint uns dies unmöglich zu sein. Ist es aber nicht. Die Methode funktioniert immer. Bei jedem.

Als Experte für Organisierte Kriminalität richtete ich meinen Fokus auf kriminelle Kreise. Hier beschaffte ich mit Hilfe von V-Männern brisante Informationen, um vor allem die Machenschaften russischer Mafiagruppierungen auszuleuchten.

Meine Erfolgsquote war vielen meiner Kollegen ein Rätsel. Manchmal kam ich morgens ins Büro, und an meiner Tür klebten Zettel mit Smileys: *Achtung Seelenfänger* oder *Hardcore-Soft-Skills*. Mein Erfolgsgeheimnis war einfach, aber wirkungsvoll. Während einige Kollegen versuchten, mit rationalen Argumenten zu überzeugen und mit Fakten zu punkten, konzentrierte ich mich darauf, möglichst schnell auf die Beziehungsebene zu gelangen und eine persönliche Bindung aufzubauen. Menschen entscheiden emotional. Immer! Ob es ihnen bewusst ist oder nicht.

Zu meinem dreißigsten Geburtstag schenkten mir meine Kollegen einen eleganten schwarzen Aktenkoffer, darin ein weißes Seil, amerikanische Armeehandschellen und ein Bündel XXL-Kabelbinder. Auf dem Koffer stand in großen Buchstaben: »Fesselspiele«, und kleiner darunter: »Die Kunst, Menschen an sich zu binden«. Dass ich damit den Arbeitstitel dieses Buches hatte, ahnte ich damals noch nicht.

Ist es eine Kunst? Wenn man Kunst lernen kann, dann ja. Ich wünsche Ihnen jedenfalls viel Spaß beim Training – und viel Erfolg. Ich weiß, dass Sie Ihre Mission erfüllen werden.

Ihr Leo Martin

1. SICHERHEITSSCHLEUSE: IHR ZUGANGSCODE

Erstkontakt mit Ihrer neuen Identität

Bevor ich Sie nun mitnehme in die »Schattenwelt«, möchte ich Sie mit einigen grundsätzlichen Verhaltensregeln vertraut machen. Schließlich wollen Sie ja nicht auffliegen. Bei diesem Abenteuer werden Sie eine Menge lernen, was Sie voraussichtlich auch in Ihrem Alltag gut gebrauchen können. Sollte es dort mal hart auf hart gehen, können Sie sich sicher fühlen in der Gewissheit, ein kommunikatives Überlebenstraining absolviert zu haben, das Sie auch schwierigste Situationen cool und zielführend meistern lässt. Und – was noch viel wichtiger ist: Dieser Ausflug ins Milieu wird Ihre weiße Weste nicht beflecken, ganz im Gegenteil, Ihre Beliebtheit wird steigen. Andere Menschen werden Sie attraktiv und anziehend empfinden.

Für Ihre Stippvisite in die Schattenwelt bekommen Sie selbstverständlich – so gehört sich das – ordentliche Papiere ausgehändigt. Nein, keinen Reisepass, sondern das Agentenhandbuch. Es wird Sie in Stichpunkten durch dieses Buch führen und Ihnen die Schritte, bei denen Sie mich in der Praxis begleiten, theoretisch erklären. Leider können wir uns für die Übergabe nicht konspirativ treffen – und leider erhalten Sie das Buch auch nicht so charmant, wie es mir damals überreicht wurde, nämlich von einem Engel, einer sehr attraktiven Kollegin: Ich nenne sie Sabine. Manchmal scheinen die nachrichtendienstliche Wirklichkeit und Hollywood deckungsgleich zu sein. Meine Kollegin von der Analyse hätte ohne weiteres als Bond-Girl anheuern können. Sie besaß alles, was Schauspielerinnen in einschlägigen Rollen dafür benötigen, und noch viel mehr. Als ich ihr das erste Mal begegnete, konnte ich es kaum fassen, dass solche Wesen sich in einer Behörde wie dem Geheimdienst materialisieren. Stöckelschuhe. Ein Gesicht wie ein Model. Top Figur, wohlgeformte Beine bis in den Himmel. Brünettes, langes dichtes Haar. Und ein messerscharfer Verstand. Sabine und ich arbeiteten viele Jahre eng zusammen. Ich warb Informanten an, sie wertete aus. Obwohl es nicht zu ihrem Job gehörte, nahm sie mich am Anfang ein wenig unter ihre Fittiche – und ich wäre der Letzte gewesen, dem es dort nicht gefallen hätte.

Sabine überreichte mir seinerzeit die Urfassung des Agentenhandbuches, aus dem Sie im Folgenden Auszüge finden, die ich mit Erläuterungen für die Wirklichkeit außerhalb der Geheimdienste versehen habe. Ferner gab Sabine mir einen zusammengefalteten Zettel und fügte hinzu: »Der ist von mir.«

Neugierig öffnete ich das Papier. Sabines private Telefonnummer?

Ich las *Achte auf deine Gedanken...*

Ich starrte Sabine an. Sie grinste. Wie gesagt: messerscharfer Verstand. Da gehört Gedankenlesen zum Warm-up. Ich las weiter: *... denn sie werden deine Worte.*

Ich las nun ohne Pause den Rest der in Gedichtform geschriebenen Zeilen:

Achte auf deine Worte, denn sie werden deine Taten.
Achte auf deine Taten, denn sie werden zu Gewohnheiten.
Achte auf deine Gewohnheiten, denn sie werden dein Charakter.
Achte auf deinen Charakter, denn er wird zu deinem Schicksal.
(Aus dem Talmud)

Besser kann man das, worauf es bei einem hervorragenden Agenten ankommt, nicht in Worte fassen. Den Zettel trage ich noch heute in meinem Portemonnaie. Auch wenn ich ihn nicht mehr benötige, um V-Leute zu werben – die tiefe Wahrheit, die in diesen Zeilen steckt, erinnert mich stets daran, was wirklich wichtig ist.

Vielleicht möchten ja auch Sie sich das eine oder andere Zitat aus dem Agentenhandbuch notieren. Es macht Sie mit Methoden, Techniken und Taktiken bekannt, die bei anderen Menschen eine vertrauensbildende Wirkung entfalten. Mit ihrer Hilfe gelingt es Ihnen, innerhalb kürzester Zeit tragfähige Beziehungen aufzubauen. Die folgenden Strategien sind hochwirksam und funktionieren sogar dann, wenn Ihr Gegenüber das eigentlich nicht möchte.

Eiskalte Manipulation?

Natürlich können Sie es so nennen. Aber wie nennen Sie es, wenn Sie Ihrer Tochter erklären, dass es so lange kein Sandmännchen/Eis/Trampolin gibt, bis ihr Zimmer aufgeräumt ist? Okay, das ist keine Manipulation, das ist Erpressung. Doch wie nennen Sie es, wenn Sie Ihrem Sohn durch die Blume zu verstehen geben, was die anderen von ihm denken könnten, wenn er sich nicht ohne Schwimmflügel und Schwimmreifen ins Planschbecken traut?

Und wie nennen Sie es, wenn Sie Ihre Kollegin lautstark bewundern, weil sie das Excel-Programm so gut beherrscht – und die Kollegin sich geschmeichelt bereiterklärt, das zu tun, um was Sie sie bitten, weil Sie es nicht tun wollen: die Reisekostenabrechnung.

Kommunikation ist niemals zweckfrei. Sobald wir etwas sagen oder tun, wollen wir damit bei unserem Gegenüber etwas erreichen. Auch wenn die Frau ihren Mann fragt: »Schatz, ist die Zeitung spannend?«, hat sie damit eventuell ein Anliegen: Wann bist du endlich fertig und wir gehen mit dem Hund raus? Achten Sie einmal darauf, was Sie im Lauf eines Tages alles sagen, und machen Sie sich klar, dass in Ihren Worten mehr steckt, als sie vermuten. Sie wollen etwas erreichen. Das ist völlig normal, das machen wir alle. Auf jede Aktion folgt eine Reaktion. Je nachdem, wie wir uns verhalten, bestimmen wir dadurch auch das Verhalten unseres Gegenübers. Wertneutral betrachtet ist jede Handlung und Kommunikation eine Form von Manipulation. Allein der Umstand, dass Sie ein klares Ziel verfolgen, bedeutet nicht, dass Sie Ihr Gegenüber manipulieren. Die Frage ist: Wird etwas zu Lasten anderer getan? Das kann sehr wohl vermieden werden.

Negative Manipulation heißt, jemanden bewusst und gezielt ohne dessen Wissen so zu beeinflussen, dass er Dinge tut, die er eigentlich nicht tun möchte, die auf seine Kosten gehen und ihm eventuell sogar schaden.

Sie merken schon: Die Abgrenzung zwischen der positiven und negativen Manipulation ist manchmal schwierig. Unter positiver Manipulation verstehe ich eine Motivation, die andere dazu bringt, etwas zu tun, wozu ihnen manchmal das letzte Quäntchen Mut, manchmal die Überzeugung oder eben nur der richtige Impuls fehlt.

Um bei dem Beispiel von eben zu bleiben: Vielleicht freut sich der Mann, wenn seine Frau ihn an das Spazierengehen erinnert. Auch falls er zuerst nicht wollte: Draußen ist es schön, und er ist froh, dass er mitgekommen ist. Hat seine Frau ihn negativ manipuliert? Hat die Angestellte, die sich vor der Reisekostenabrechnung drückt, ihre Kollegin negativ manipuliert? Oder hat sie ihr nicht vielmehr auch Anerkennung gezollt für ihre Fähigkeiten und ihr – selbst bei James Bond gibt es zuweilen ein Happy End – wieder ein Stück mehr Selbstvertrauen geschenkt für ihren Traum von der eigenen Firma, einer mobilen Erste Hilfe für Computerprobleme?

Nur wenn Sie den Nutzen, die Vor- und Nachteile für Ihre Kommunikationspartner beachten, werden die nachfolgend beschriebenen Methoden erfolgreich sein. Eine aufrichtige, positive, wertschätzende und respektvolle Grundeinstellung zu Ihrem Gegenüber ermöglicht es Ihnen, Vertrauen zu gewinnen und eine faire und wohlwollende Beziehung aufzubauen. *Achte auf deine Gedanken, denn sie werden dein Schicksal …*

Das Agentenhandbuch versorgt Sie mit den nötigen Werkzeugen. Ja, sie sind zweischneidig. Doch wenn Sie sie richtig anwenden, schaden Sie niemandem damit. Es ist wie bei einem Messer. Sie können damit Brot schneiden und es mit anderen teilen – oder andere verletzen. Es liegt bei Ihnen, wie Sie Ihr Werkzeug einsetzen. Für sich oder gegen andere – und damit auch gegen sich selbst.

Ihre erste Mission

Die Grundsatzentscheidung: Fairness, Respekt und Anerkennung

Der Agent übernimmt Verantwortung für jede seiner Beziehungen zu anderen Menschen. Er entscheidet sich bewusst für eine respektvolle und faire Grundeinstellung. Der Agent behandelt sein Gegenüber, insbesondere auch in Konfliktsituationen, strikt nach diesem Grundsatz.

Die erste und wichtigste Frage, die Sie bei jeder Begegnung klären sollten: Welche Einstellung haben Sie zu Ihrem Gegenüber? Wer ist er für Sie, für wen halten Sie ihn? Für einen Versager? Einen Besserwisser? Einen Angeber? Einen, den Sie rumkriegen, weichkochen müssen?

Dann werden Sie wahrscheinlich scheitern. Wenn Sie andere Menschen in ein schlechtes Licht stellen und den Fokus auf ihre Schwächen und negativen Eigenschaften richten, können Sie niemals erfolgreich mit ihnen zusammenarbeiten, sie nie als Freunde gewinnen, keine vertrauensvolle Beziehung aufbauen. Denn Ihre Gedanken übertragen sich auf Ihre Worte, Ihre Körpersprache, Ihre Entscheidungen und Ihr Verhalten. Ob Sie wollen oder nicht, es ist genauso, wie es seit Jahrtausenden im Talmud geschrieben steht. Heutzutage können wir das sogar wissenschaftlich belegen.

Jeder Gedanke führt zu einer körperlichen Reaktion. Stellen Sie sich vor, in eine Zitrone zu beißen. Was geschieht? Ihnen läuft das Wasser im Mund zusammen. Stellen Sie sich ein Klassenzimmer vor und vorne an der grünen Schiefertafel kratzt eine

Göre mit langen Fingernägeln einen Strich von ganz oben bis nach ganz unten. Sie bekommen eine Gänsehaut. Mindestens. Jeder Gedanke führt im Körper zu einer Reaktion, ob biochemisch oder muskulär. Wenn unser Gehirn Dinge archiviert, speichert es dabei auch immer eine Emotion, eine körperliche Reaktion ab. Mit dem Abrufen der Hauptinformation wird eine Assoziationskette ausgelöst, die mit körperlichen Reaktionen einhergeht. Das können wir gar nicht verhindern. Wenn wir denken: *Der Idiot*, und ihn dabei anlächeln, strahlen wir aus, dass wir *Der Idiot* denken. Unser Gegenüber spürt unsere geistige Haltung, wenn er auch nicht so genau weiß, woran er das festmachen kann. Er fühlt sich vielleicht unbehaglich in unserer Gesellschaft. Irgendetwas stimmt nicht. *Obwohl er so ein netter Kerl ist. Ich werde einfach nicht mit ihm warm.* Wir alle nehmen über sehr feine Antennen wahr, ob die Menschen, die uns begegnen, authentisch sind. Ob ihr Verhalten echt oder aufgesetzt ist. Wenn das Verhalten und die Gedanken in Einklang sind, strahlt ein Mensch Kongruenz, das heißt Übereinstimmung aus. Das macht sympathisch und ebnet den Weg für Vertrauen. Grünes Licht für diese Person.

Mit welcher geistigen Haltung gehen Sie auf andere Menschen zu? Auch wenn wir prinzipiell wissen, worauf es ankommt, passiert es immer wieder einmal, dass wir uns nach dem Motto benehmen: Ich bin okay, du bist doof. Liegt es daran, dass wir gerade gestresst sind? Liegt es an unserer allgemeinen Tagesform, dem Wetter? Oder ist es nicht manchmal doch eher so, dass wir uns über unsere grundsätzliche Einstellung zu anderen Menschen nicht bewusst sind? Tatsache ist, dass wir mit einer negativen Haltung langfristig nicht erfolgreich in guten Kontakt mit anderen kommen.

Wie wäre es mit: »Wir sind beide okay?«

Diese scheinbare Kleinigkeit verändert alles, denn wir können keine tragfähigen Beziehungen zu Menschen aufbauen, die wir abwerten. Wertschätzung und Anerkennung bilden das positive Fundament für einen guten Kontakt. Auch zu einem Kriminellen. Eine neutrale Einstellung wäre zu wenig. Das muss Ihnen von Anfang an klar sein, und wenn Sie sich gerade mal zu Neutralität überwinden können, werden Sie nicht nur keine V-Leute anwerben, Sie werden auch sonst recht wenig Werbung für sich machen können und nicht zu denjenigen gehören, die allseits Sympathien wecken und denen alles in den Schoß zu fallen scheint. Sie ahnen jetzt schon, dass Sie auch ein wenig Arbeit in Ihre neue Identität stecken müssen. Doch keine Sorge, jede Veränderung ist nur zu Beginn anstrengend. Sobald sich das neue Denken eingebürgert hat, wird es zu einem Automatismus, und dann surfen Sie wie auf einer Welle schwungvoll dahin.

Fragen Sie sich, wie es im Extremfall gelingt, einem Kriminellen wertschätzend zu begegnen? Es ist einfacher, als Sie vielleicht glauben. Sie müssen an einem Menschen, der es Ihnen womöglich nicht leicht macht, ihn zu mögen, zunächst etwas finden, das Sie wertschätzen können.

Okay, er hat drei Jahre hintereinander die Zweige des Apfelbaums, die in seinen Garten hängen, brutal gestutzt und die Äste auch noch auf dem Nachbargrundstück liegen lassen. Aber seinen Enkeln ist er der liebevollste Opa der Welt und bastelt in jeder freien Minute mit ihnen.

Okay, ihre Stimme ist schrill, und wenn sie wieder mal bei der aktuellen Ehefrau anruft, um ihren Ex zu sprechen, könnte diese aus der Haut fahren. Aber die Ex hat ihn damals nach seiner Insolvenz nicht im Stich gelassen und immer zu ihm gehalten.

Okay, wenn man ihm einen Auftrag gibt, wiederholt er die Anweisungen in seiner unendlich langsamen Leier noch mindestens zweimal. Aber er sorgt dafür, dass es stets frischen Kaffee gibt, wechselt die Toner an den Druckern und erinnert die Kollegen in der Abteilung an anstehende Geburtstage.

Mit diesem kleinen Trick der Wahrnehmungsveränderung schaffen wir es, auch nervende Zeitgenossen wertzuschätzen, und sorgen dafür, dass sie uns ebenfalls offener begegnen. Wann immer zwei Menschen aufeinandertreffen, checken sie sich gegenseitig – häufig unbewusst – ab. Wir merken nicht, welche Eindrücke wir in unseren Bewertungsprozess mit einbeziehen, doch eine Inkongruenz, eine fehlende Übereinstimmung zwischen Verhalten und Denken, ist immer ein K.-O.-Kriterium. Sind wir selbst inkongruent, wirken wir ganz bestimmt nicht sympathisch. Genau das möchten wir aber – bei der Anwerbung eines V-Mannes, in der Gehaltsverhandlung mit dem Chef oder beim Flirt mit dem oder der Blonden an der Bar. Und klar möchten wir schnell auf die Beziehungsebene gelangen, dorthin, wo es richtig interessant – und vielleicht sogar heiß wird!

Gedankenkontrolle

Es fällt uns leicht, den Menschen, die wir mögen, Gutes nachzusagen. Schwieriger wird es bei solchen, mit denen wir Probleme haben. Das sind aber gerade diejenigen, die für Sie als Agent kurz vor Ihrer ersten Mission eine wichtige Rolle spielen. An ihnen können Sie eine wertschätzende Haltung üben. Es ist mir wichtig, dass Sie die nachfolgende Übung nicht bloß lesen, sondern sie auch in die Praxis umsetzen. Schließlich will ich mich, wenn wir uns ins Milieu begeben, zu hundert Prozent auf Sie als meine Partner und Partnerinnen im Team verlassen können.

Und so sieht Ihr Job aus: Finden Sie an jeder Person, mit der Sie zu tun haben, mindestens einen Aspekt, den Sie aufrichtig anerkennen und wertschätzen können. Fangen Sie mit den Menschen an, die Sie im Großen und Ganzen mögen, und steigern Sie sich zu jenen, die Sie nicht vermissen würden, wenn sie plötzlich verschwunden wären. Auch wenn es Ihnen zu Beginn schwerfällt, positive Eigenschaften an Zeitgenossen zu finden, die Sie ablehnen: Suchen Sie so lange, bis Sie etwas gefunden haben. Ein Agent gibt nicht so schnell auf. Hartnäckigkeit ist ebenso angesagt wie Kreativität. Voraussichtlich werden Sie mit einiger Überraschung feststellen, dass neben dem Konfliktthema, das für Ihre Antipathie verantwortlich ist, auch noch andere Bereiche existieren. Tja, wer hätte das gedacht. Sven ist nicht bloß ein Ekel, er kann auch ganz nett sein – wenn auch nicht zu Ihnen. Allerdings haben Sie mit dieser Feststellung eine Tür in Richtung Sven geöffnet und werden eventuell noch eine viel größere Überraschung erleben, wenn Ihr Feind von gestern Ihnen morgen die Hand reicht. Dabei haben Sie doch gar nichts gemacht.

Falsch: Sie haben eine Menge gemacht. Sie haben die Spielregeln geändert.

Warum das so wichtig ist? Wenn Sie sich zu abwertenden Gedanken und einem abwertenden Verhalten hinreißen lassen, fühlt sich Ihr Gegenüber angegriffen und wird mit Verteidigung oder einem Gegenangriff reagieren. Das bedeutet: Er wird seine innere Tür vor Ihnen schließen. Letzteres ist ihm nicht übelzunehmen, da er Sie schließlich als abwertend erlebt. Somit wird er sich zurückziehen und kein Interesse an einer Kommunikation haben …, ungünstige Voraussetzungen für eine vertrauensvolle Begegnung. Wenn Ihr Gegenüber ein geschickter Schauspieler ist, bemerken Sie womöglich gar nicht, dass gerade eine Tür ins Schloss gefallen ist. Wir alle kennen solche Missverständnisse. Während wir selbst uns zehn Punkte für unser Einfühlungsvermögen geben würden, werden wir von anderen als unsensibel tituliert. Das kommt in den besten Familien vor und liegt daran, dass jeder Mensch verschieden ist und eine unterschiedliche Wahrnehmung von der Welt hat, auf die er auch noch völlig unterschiedlich reagiert. Was dem einen Tränen in die Augen treibt, steckt der andere mit einem Achselzucken weg, und dem Dritten fällt gar nichts auf: War da was? Machen Sie sich nie selbst zum Maßstab! Fahren Sie stattdessen Ihre Antennen aus und versuchen Sie herauszufinden, in welchem Takt andere Menschen ticken.

Wann immer Sie sich dabei ertappen, negativ oder abwertend zu denken, korrigieren Sie sich bewusst in eine konstruktive Richtung. Nach und nach werden Sie Ihren eigenen Weg finden, der am besten zu Ihnen passt, sich am besten anfühlt und Sie im Umgang mit anderen effektiver macht. Was als bewusste Gedankenkontrolle beginnt, verinnerlichen Sie im Lauf der Zeit. So wird die Haltung, für die Sie sich entschieden haben, zu einem Teil Ihres Charakters. Erinnern Sie sich daran, wie Sie gelernt haben, Auto zu fahren. Zuerst war es eine große Herausforderung – auf wie viel man da gleichzeitig achten sollte. Sie mussten sich stark konzentrieren, um nichts zu übersehen. Schalten, blinken, kuppeln, und dann auch noch die anderen Verkehrsteilnehmer, die Sie im Auge behalten mussten. Und den Rückspiegel nicht vergessen! Heute läuft das alles automatisch ab, Sie fühlen sich sicher und kompetent, und der Blick in den Rückspiegel ist reine Routine. Zur gleichen Routine sollte es für Sie werden, bei jedem Kontakt mit einem anderen Menschen mindestens einen positiven Aspekt in den Vordergrund zu stellen, gerne auch mehrere. Das ist die Voraussetzung für Beziehung. Selbst wenn Ihnen das im Moment undurchführbar erscheint, werden Sie doch feststellen, dass es machbar ist. Auch Schwiegermütter, cholerische Chefs, laute Nachbarn und Gehsteigparker haben liebenswerte Eigenschaften. Es liegt an uns als Agenten, sie zu finden. Je besser Sie sind, desto mehr sammeln Sie.

Plan B

Sollte das mit den positiven Aspekten gar nicht klappen, bleiben Sie nicht hartnäckig, sondern – auch das zeichnet einen Agenten aus – reagieren Sie flexibel. Es mag in Ihrem Umfeld Menschen geben, an denen Sie kein gutes Haar lassen können. Die Ursachen dafür liegen wahrscheinlich in der Vergangenheit. Manchmal erinnert uns ein Mensch, ohne dass wir es wissen, an einen anderen, den wir nicht mochten, und deshalb lehnen wir auch die neuere Bekanntschaft ab. So arbeitet das menschliche Gehirn. Ob schlechte oder gute Erfahrungen: Sie werden verallgemeinert. Im Prinzip ist das sinnvoll, denn es würde uns gnadenlos überfordern, wenn wir jeden Tag die Welt aufs Neue erfassen müssten. Es ist ein Segen, sich auf gewisse Dinge verlassen zu können. Wenn Sie unverhältnismäßig heftig reagieren, ist das ein Hinweis darauf, dass etwas aus Ihrer Vergangenheit herausgetriggert, also ausgelöst wird. Das spüren Sie vielleicht sogar körperlich. Eine heiße Welle des Zorns steigt in Ihnen auf, Ihr Herz klopft schneller, Sie merken, dass Sie rot werden und/oder unsicher, es überkommt Sie der Impuls wegzulaufen etc. Diese starken Reaktionen erleben wir häufig, weil wir, als uns die entsprechenden Urerfahrungen zustießen, zu klein waren, um uns zu wehren. Doch nun sind wir erwachsen. Machen Sie sich das bewusst, sagen Sie es sich vielleicht sogar laut vor: Damals war ich fünf, heute bin ich dreißig. Diese Relativierung schenkt Ihnen Handlungsspielraum. Sie wissen, dass Sie über die Lösungsansätze verfügen, mit Problemen umzugehen, auch wenn Sie dabei wunde Punkte berühren. Mit dieser Einstellung nehmen Sie im übertragenen Sinne das Kind, das Sie einmal waren, innerlich an die Hand und verlassen die damalige Situation. Sie sind nicht mehr der oder die Kleine. Sie haben einen großen starken Partner an Ihrer Seite: und zwar Sie selbst. Wem könnten Sie mehr vertrauen? Diese vertrauensvolle Beziehung zu uns selbst wirkt übrigens enorm anziehend auf andere. Menschen, die sich selbst vertrauen, werden auch von ihrer Umwelt als vertrauenswürdig eingeschätzt: Wir fühlen uns sicher bei ihnen.

»Zur Einsatzkompetenz muss die emotionale Kontrolle gehören. Dazu zählt bereits, sich der eigenen emotionalen Anfälligkeiten bewusst zu werden und zu lernen, sie im Alltag in den Griff zu bekommen.«
Quelle: Nachrichtendienstpsychologie, Band 3

Plan C

Halten Sie den Ball schön flach. Hauptsache, Sie nehmen die Dinge nicht persönlich. Wenn eine Kassiererin im Supermarkt Sie anschnauzt, weil Sie die Flasche Martini aufs Band gestellt und nicht gelegt haben, bleiben Sie sich treu, gerührt und nicht geschüttelt: Das hat nichts mit Ihnen zu tun. Nehmen Sie es nicht persönlich. Wenn eine Bekannte Sie anpflaumt, warum bei Ihnen ständig belegt ist, dann hat auch das nichts mit Ihnen zu tun, sondern mit ihrem eigenen Frust. Entscheiden Sie bewusst, was Sie an sich heranlassen und, vor allem, was nicht. Ihr Gegenüber hat ein Problem, und zwar mit sich selbst, nicht mit Ihnen. Deshalb wäre jede Aufregung für Sie eine Verschwendung von Zeit und Energie. Als Agent behalten Sie die Übersicht und einen klaren Kopf. Sie haben Ihre eigenen Probleme im Griff, denn Sie behandeln sich selbst mindestens genauso gut wie Ihre Mitmenschen: anerkennend, wertschätzend, nachsichtig, verständnis- und liebevoll.

Herzlichen Glückwunsch, wenn Ihnen das bereits gelingt. Was eine Selbstverständlichkeit sein sollte, ist für viele Menschen eine Lebensaufgabe. Gerade ein Agent benötigt eine gefestigte Persönlichkeit, denn er ist ständig extremen Emotionen und psychischen Zerreißproben ausgesetzt. Deshalb ist es so wichtig, dass er über genügend Vertrauen in sich selbst verfügt. Dies können Sie schulen, indem Sie sich immer wieder Situationen vor Augen führen, in denen Sie voll und ganz mit sich einverstanden waren. Sehr große Wirkung erzielen Sie mit einem Erfolgstagebuch. Richten Sie dabei Ihr besonderes Augenmerk auf die Highlights, in denen Sie sich einen persönlichen Orden verleihen.

⊕ Super, wie ich dem Chef heute Paroli geboten habe.
⊕ Stark, dass ich endlich Tina angerufen habe.
⊕ Das Gespräch mit meiner Mutter verlief richtig entspannt.

Empfehlenswert ist es, jeden Abend unmittelbar vor dem Schlafengehen drei bis fünf positive Erlebnisse oder Ereignisse aufzuschreiben, sie ganz real auf Papier – und nicht nur im Kopf – zu notieren. Nachts, während Sie schlafen, arbeitet Ihr fleißiges Unterbewusstsein an diesen Botschaften und integriert sie ins System. Auch wenn Sie Ihre Erfolge zu Beginn als unbedeutend empfinden: Bleiben Sie dran! Schnell werden Sie merken, dass nicht nur Ihre Erfolge sich vermehren, auch Ihr Blick aufs Leben verändert sich, weil Sie erkennen, wie viel Leistung in angeblichen Selbstverständlichkeiten steckt, die scheinbar nicht der

Rede wert sind. Ihr Wahrnehmungshorizont hat sich erweitert! Das werden Sie nach spätestens vier Wochen deutlich merken … und dann wahrscheinlich nicht mehr mit der Erfolgsbilanz aufhören wollen, auch wenn Sie sie dann gar nicht mehr nötig haben. Viele Menschen führen solche Erfolgstagebücher über Monate und Jahre hinweg. Für Agenten gehört es zur Supervision, innerhalb eines Jahres mindestens zwei Monate lang ihre Erfolge zu dokumentieren. Übrigens zeigen Studien, dass das menschliche Gehirn neue Abläufe nach durchschnittlich zehn bis fünfzehn Wiederholungen in der Abteilung Gewohnheiten abspeichert.

»Dass Könnerschaft und Professionalität nur über den steinigen Weg ständigen Trainierens zu haben sind, hat neurophysiologische Ursachen. Erst die wiederholte Übung oder Beschäftigung mit einer Sache schafft im Zentralnervensystem stabile Verschaltungen für Verhaltensmuster, die dann automatisiert abrufbar sind, ohne dass wir bewusst darüber nachdenken müssen.«
Quelle: Nachrichtendienstpsychologie, Band 3

Aus dem Agentenhandbuch:

- Überprüfen Sie Ihre Einstellung anderen Menschen gegenüber.
- Verifizieren und eliminieren Sie Abwertungen.
- Verweisen Sie negative Gedanken über andere Menschen vom Spielfeld.
- Achten Sie auf Ihre stimmige Persönlichkeit.
- Identifizieren Sie positive Eigenschaften an jedem Menschen, mit dem Sie in Kontakt kommen.
- Halten Sie den Ball flach: Entscheiden Sie selbst, was Sie persönlich nehmen wollen und, noch wichtiger: was nicht.
- Erkennen Sie emotionale Triggerpunkte.
- Richten Sie den Fokus in Ihrem Leben auf die Dinge, die gut klappen.
- Führen Sie ein Erfolgstagebuch des Selbstvertrauens.

V-Männer

Keine Sorge, Sie werden nicht losgeschickt, um V-Männer für den Nachrichtendienst zu werben, dennoch werden Sie sicher Wert auf Vertrauensleute legen: Sie möchten mit Menschen zu tun haben, denen Sie vertrauen und die Ihnen vertrauen. Vertrauen ist ein Vertrag auf Gegenseitigkeit. Jeder Mensch, der Ihnen begegnet, birgt die Chance, zu einem V-Menschen in Ihrem Leben zu werden.

V-Männer sind im Nachrichtendienst eine unverzichtbare Quelle und eine tragende Säule der Informationsbeschaffung.

Das »V« des V-Mannes – Sie ahnen es schon – steht für Vertrauen. Der V-Mann ist also ein Mann des Vertrauens. Vertrauen ist sein Erfolgsfaktor, in mehrfacher Hinsicht. Der V-Mann muss das absolute Vertrauen der Organisation genießen. Dieses Vertrauen legitimiert ihn, sich innerhalb krimineller Kreise zu bewegen. Einen V-Mann mit weißer Weste gibt es dabei nicht, darüber sollten Sie sich im Klaren sein. Er muss über eine Zugangslage verfügen, also Kontakt zu Personen und Informationen haben, die für den Nachrichtendienst interessant sind. Um in diesen Kreisen akzeptiert zu sein, muss er sich logischerweise die Finger schmutzig machen. Zum einen, um der Organisation einen Nutzen zu bringen, zum anderen, um dadurch Teil der »Familie« zu werden, verbunden durch ein kriminelles Geheimnis, das wie eine Fessel wirkt. So entsteht ein Schutzfaktor für die kriminellen Kreise, die sich nach außen abschotten und lediglich Mitgliedern Zugang gewähren. Wer Zugang erhält, wird durch ein gleichermaßen unbewusstes wie ausgeklügeltes System aus Abhängigkeiten und Misstrauen streng kontrolliert. Der aufmerksame Blick der Bandenmitglieder wacht unerbittlich über jeden. Loyalität, Integrität und Verschwiegenheit heißen die Werte der Organisation. Wer diese Werte verstehen will, muss den kriminellen Kontext verstehen, in dem sie gelebt werden.

Loyalität, Integrität und Verschwiegenheit fordert aber auch der Nachrichtendienst von einem V-Mann. Allerdings haben diese Werte im nachrichtendienstlichen Kontext eine grundlegend andere Bedeutung.

Durch ihre Doppelrolle gehen V-Männer ein großes Risiko ein. Wer als V-Mann auffliegt, ist günstigstenfalls nur draußen – schlimmstenfalls tot. Er gefährdet sich, seine Existenzgrundlage, sein persönliches Umfeld und unter Umständen auch die nachrichtendienstliche Operation. In kriminellen Kreisen wird nicht lange gefackelt. Wer sich nicht unterordnet, muss mit blutigen Konsequenzen rechnen. Der leiseste Zweifel an der Integrität des V-Mannes genügt bereits, um Verdacht zu wecken. Ein falscher Blick zur falschen Zeit kann einem Todesurteil gleichkommen. Das wissen V-Männer natürlich, und es zeigt noch einmal deutlich, wie hoch die Hürde ist, die ein Agent zu überwinden hat, wenn er einen V-Mann für den Nachrichtendienst anwirbt. Die Frage ist: Wie bringe ich einen wildfremden Menschen dazu, sich auf dieses riskante Spiel einzulassen, mir in kürzester Zeit und unter schwierigsten Ausgangsbedingungen blind zu vertrauen und mir brisante Geheimnisse zu verraten? Wie mache ich einen Mann zum V-Mann, der mit dem Nachrichtendienst kooperiert? Wird er seine Mission verraten? Wird er berechenbar sein oder versuchen, ein doppeltes Doppelspiel zu spielen?

Die emotionale Belastung von V-Männern ist enorm. Sie leben in einem ständigen Spannungsfeld. Sie müssen sowohl die Erwartungen der Organisation, aus der sie stammen, in der sie alle Köpfe kennen und die zur Sicherung ihrer Existenz beiträgt, erfüllen, als auch die Erwartungen des Nachrichtendienstes, der das Ziel hat, genau diese Organisation zu zerschlagen. Das Konfliktpotenzial dieser Situation ist fast greifbar. Ein V-Mann ist ständig hohem Druck ausgesetzt, der von allen Seiten unaufhörlich auf ihn einwirkt. Von innen und außen. Für diesen Druck und alle damit verbundenen Gefahren ist der Nachrichtendienst zu großen Teilen mitverantwortlich. Daraus ergibt sich in logischer Folge eine intensive persönliche Betreuung bis hin zu Evakuierungsplänen in Krisenfällen.

Ihre zweite Mission

Im Fokus: Ihr Ziel

Der Agent verliert sein Ziel nie aus den Augen. Alles, was er unternimmt, dient der Zielerreichung und wird im Hinblick auf diese ausgewertet. Der Agent forciert den Kontakt zu zielführenden Personen. Langfristige Ziele werden in Etappen unterteilt, ein regelmäßiger Status gibt Aufschluss über den Zielerreichungsgrad.

Kennen Sie Ihre Ziele? Oder haben Sie sich bislang wenig Gedanken darum gemacht? Dann bitte ich Sie, das zu ändern. Es ist förderlich, bei unserer bevorstehenden Mission klare Zukunftsvisionen parat zu haben. Für das Ziel bei unserem Auftrag sorge ich. So haben Sie den Rücken frei, um sich um Ihre persönlichen Ziele zu kümmern. Je nachdem, welcher Planer-Typ Sie sind, fällt es Ihnen leicht, weit in die Zukunft hinein zu denken. Für manche Menschen ist es schon zu viel verlangt, wenn sie darüber sprechen sollen, was in drei Monaten ansteht. Doch die eigenen Ziele sollte jeder Mensch kennen und niemals aus den Augen verlieren. Das Leben verläuft komplett anders, wenn wir über unsere Ziele Bescheid wissen. Ein Ziel kann eine bestimmte Gehaltsstufe sein, eine Expedition, ein Auftritt, ein glückliches Familienleben, das eigene Haus, ein neues Auto, mehr Zeit für schöne Dinge, ein Yogakurs – es gibt kurz-, mittel- und langfristige Ziele, die Sie mindestens einmal im Jahr überprüfen und gegebenenfalls variieren sollten. Nur wenn Sie Ihre Ziele kennen, können Sie das perfekte Team dafür zusammenstellen mit Menschen, denen Sie vertrauen und die Sie optimal unterstützen. Agenten überlassen nichts dem Zufall. Am allerwenigsten die Zukunft.

Ihre Ziele sollten für Sie erreichbar sein. Die meisten Menschen nehmen sich gern zu viel vor. Doch weniger ist mehr! Es reicht, klein anzufangen. Erstmal einen einzelnen V-Mann ins Auge fassen. Nicht gleich daran denken, die ganze ehrenwerte Familie von Palermo bis Neapel aufzumischen. Für Sie kann das heißen: Wenn Sie sich bereits hundertmal vorgenommen haben, mit dem Rad zur Arbeit zu fahren, und es nie geschafft haben, wird das auch beim hundertundeinsten Mal nichts werden. Aber Sie können sich vornehmen, fünf- oder zehnmal im Monat mit dem Rad zur Arbeit zu fahren oder zweimal pro Woche! Das wäre ein erreichbares Ziel.

Zerlegen Sie Ihre Ziele prinzipiell in Teilschritte, die Sie gut erreichen können. Feiern Sie Ihre Etappensiege.

Ziel dieses Buches ist es ja, Ihnen zu zeigen, wie Sie leicht in Kontakt kommen, Vertrauen aufbauen und auf der Beziehungsebene punkten können. Auch dieses Ziel erreichen wir natürlich in Etappen – sie tragen den Decknamen »Kapitel«.

Sagen Sie sich Ihre Ziele hin und wieder laut vor. Beim Autofahren zum Beispiel. Lächeln Sie sich dabei aufmunternd zu. Klar! Sie schaffen das. Kleben Sie Post-its mit Ihren Zielen – noch besser Bilder – an Stellen, wo Sie häufig hinsehen. So bleiben Ihre Ziele für Sie präsent.

Smart!

Mit der Smart-Formel können Sie sich die einzelnen Kriterien für Ihre optimale Zielbestimmung leicht einprägen.

S = spezifisch
M = messbar
A = attraktiv
R = realistisch
T = terminiert

Im Einzelnen bedeutet das:

S = spezifisch
Um etwas zu erreichen, sollten Sie eine möglichst genaue Vorstellung davon entwickeln. Am besten mit allen Sinnen! Und sexy formuliert! Ihr Ziel soll Ihnen schließlich Lust und Freude schenken! Sprich: Ihr potenzieller V-Mann / Ihre potenzielle V-Frau soll »anbeißen«.

M = messbar
Ich möchte gesünder leben ist nicht messbar. Stellen Sie klare Kriterien auf, woran Sie erkennen, ob Sie Ihr Ziel erreichen. In Bezug auf Gesundheit wären dies beispielsweise Blutwerte, Gewicht, sportliche Aktivitäten, Ernährung. Sprich: Bei klaren Ansagen erfüllt Ihr potenzieller V-Mann gerne Aufträge für Sie, ohne groß nachzufragen.

A = attraktiv
Hinterfragen Sie Ihre Ziele, ob sie wirklich attraktiv für Sie sind oder ob Sie damit die Wünsche anderer Personen erfüllen. Ein attraktives Ziel reißt Sie vom Hocker. Das möchten Sie. Unbe-

dingt! Sie spüren es mit jeder Faser Ihres Körpers und sehen es in Technicolor vor sich. Das ist es! Das ist mein Ding! Sprich: Dieser V-Mann/diese V-Frau ist genau der oder die Richtige für Sie.

R = realistisch:
Ihre Ziele müssen für Sie machbar sein. Für Sie persönlich. Nicht für irgendwen. Nur was Sie ganz in der Hand haben, ist ein realistisches Ziel. Sprich: Mit den richtigen Schritten kommen Sie auch an V-Leute heran, die ziemlich hoch angesiedelt sind.

T = terminiert:
Wenn Sie eindeutig hinter einem Ziel stehen, werden Sie es auch zu einem bestimmten Zeitpunkt erreicht haben. Nennen Sie immer einen klaren Termin und definieren Sie Zwischenschritte. So können Sie jederzeit überprüfen, ob Sie auf dem richtigen Weg sind. Verlangen Sie sich keine zu großen Zwischenschritte ab, aber trippeln Sie auch nicht. Finden Sie Ihren gesunden Rhythmus. Seien Sie dafür bei den Zeitangaben streng zu sich. Nicht irgendwann mach ich das, sondern am Dienstagmorgen, neun Uhr. Sprich: In sechs Wochen sind wir ein Team!

Als Agent wissen Sie, was Sie wollen, und Sie wissen auch, wie Sie es bekommen. Sie übernehmen Verantwortung, Sie treffen Entscheidungen, sind pragmatisch, schaffen Tatsachen und Ergebnisse und nutzen dabei Ihren vollen Handlungsspielraum aus. Menschen, die ihre Ziele kennen und wissen, wie sie diese erreichen, wirken anziehend auf andere. Vom Zutrauen zum Vertrauen ist es nur noch ein winziger Schritt, und die Zielgerade rückt in greifbare Nähe.

Zeigen Sie Leidenschaft und Enthusiasmus – beides ist ansteckend und macht Sie für Ihr Umfeld ungemein attraktiv.

Aus dem Agentenhandbuch

⊕ Definieren Sie Ihre kurz-, mittel- und langfristigen Ziele. Auch wenn Ihnen spontan nichts einfällt: Bleiben Sie dran und überlegen Sie so lange, bis Sie welche gefunden haben.

⊕ Unterteilen Sie Ihre Ziele in Etappen.

⊕ Rekrutieren Sie Menschen, die Sie bei der Zielerreichung unterstützen.

⊕ Motivieren Sie sich täglich.

⊕ Visualisieren Sie sich selbst beim Zieleinlauf mit allen dazugehörigen Requisiten.

Das Umfeld

Wir nähern uns unserem ersten gemeinsamen Ziel: dem V-Mann, den ich für Sie im Visier habe. Sie werden ihn schon bald kennenlernen. Vorab sollten Sie sich allerdings informieren, mit welchem Umfeld Sie es im Folgenden zu tun bekommen. Eine gute Vorbereitung ist unabdingbar – nicht nur im nachrichtendienstlichen Kontext. Wenn Sie sich bei einer neuen Firma vorstellen, punkten Sie, indem Sie sich zuvor schlaumachen und wissen, dass die Firma Reifen, nicht Rohre herstellt und wie viele Mitarbeiter sie in etwa hat. Sollte es Ihnen gelingen, sich später mit dieser Firma zu identifizieren – wobei weder Reifen noch Rohre eine Rolle spielen müssen, sondern vielleicht das Wertesystem innerhalb des Unternehmens –, erleichtern Sie sich so die tägliche Arbeit. Es macht mehr Spaß, in einer Firma zu arbeiten, in der man sich gut aufgehoben fühlt – anerkannt und wertgeschätzt. Auch das Vertrauensverhältnis zwischen Mitarbeitern und Chefs ist ein wesentlicher Erfolgsfaktor in der Zufriedenheits- und Unternehmensbilanz. Wer seine Kollegen herabmindert, anstatt sie anzuerkennen, wer überall den Fokus auf das Negative richtet, hemmt sich selbst und andere und sollte zurück auf Start: zur ersten Mission. Sie sind damit natürlich nicht gemeint, Sie haben die Zugangsberechtigung für dieses Kapitel erhalten.

Auch wenn ich gestehen muss, dass meine Liebe zu Deutschland ein eher kleineres Lockmittel für meine Laufbahn beim Nachrichtendienst darstellte, so ist es mir immer wichtig gewesen, unsere Demokratie zu unterstützen und zu schützen. Es beschert einem ein gutes Gefühl, einen übergeordneten Sinn in seiner Aufgabe zu erkennen. Davon können Agenten wahrlich ein Lied singen. Auch sie leben unter enormem Druck, können im Privatleben meistens nicht über ihre beruflichen Erlebnisse sprechen und treffen sich auch nicht mit Kollegen auf ein Bierchen. Im Nachrichtendienst gibt es keine Verbrüderung – das Privatleben bleibt tabu. Es erleichtert den Job, sich immer wieder daran zu erinnern, wozu das alles gut ist: Aufgabe der Nachrichtendienste ist es, unsere verfassungsmäßig festgelegten Rechte, aber auch unsere politischen und wirtschaftlichen Interessen zu schützen. Angegriffen werden diese Rechte von Männern wie Wladimir L., in dessen Akte ich Ihnen einen kleinen Einblick gebe.

Wladimir L. ist ein gedrungener Mann mit schütterem Haar – eine unauffällige, fast unscheinbare Gestalt. Doch der Schein trügt, denn hinter dieser Fassade verbirgt sich ein berechnender, kaltblütiger Mensch, der vor nichts zurückzuschrecken scheint. Ein *Vory v Zakone*, ein »Dieb im Gesetz«, wie es im Russischen heißt. Einen Namen machte sich der heute fünfundfünfzigjährige Weißrusse, eine zentrale Figur des russischen Organisierten Verbrechens, Anfang der Neunzigerjahre während des Kollapses der UdSSR. In dieser Zeit des Umbruchs und der damit einhergehenden Privatisierung kamen Einzelne zu enormem Reichtum; sie gehören bis heute zu den reichsten Männern der GUS-Staaten. Wladimir L. bewegte sich damals in deren Umfeld und erledigte für einige von ihnen die Drecksarbeit, die ihren »Erfolg« überhaupt erst ermöglichte. Mit Erpressungen und Morden brachte er Anwesen, Gelder, Unternehmen und Ressourcen in den Besitz seiner Geldgeber. Er arbeitete verdeckt und konspirativ, hatte klare Ziele vor Augen, war bestens informiert, und wer sich ihm in den Weg stellte, wurde zum Schweigen gebracht. Seine Vorgehensweise war emotionslos, kalkulierend und immer profitorientiert. Jedes Geschäftsfeld wurde bedient. Moralische Bedenken hatte er keine. Als die Grenzen durchlässiger und das Reisen einfacher wurden, kam Wladimir L. Ende der Neunzigerjahre nach Berlin. Genau wie viele andere begann er kriminell erlangte Gelder in den legalen Wirtschaftskreislauf zu investieren. Er knüpfte Kontakte zu wohlhabenden Unternehmern und der High Society. Nach und nach verwandelte sich der kriminelle Draufgänger in einen angesehenen und – zumindest nach außen hin – seriösen Geschäftsmann mit einem unternehmerischen Schwerpunkt auf Import-Export. Diese legalen Geschäfte dienten ihm als Deckmantel, mit dem er seine Einnahmen aus Drogen- und Waffenhandel, Schutzgelderpressung, Prostitution und anderen kriminellen Handlungen verschleierte.

Was klingt wie das Drehbuch eines Hollywoodfilms, ist Realität. Hier in Deutschland. In jedem Bundesland. Die Grundwerte unserer offenen Gesellschaft werden aus allen erdenklichen Richtungen attackiert, Tag für Tag: Rechtsextremisten verteilen auf Schulhöfen CDs, um ihre braune Ideologie zu verbreiten. Manche stecken in Springerstiefeln, und ihre Köpfe sind kahlgeschoren, andere tragen Anzüge und Seitenscheitel. Vor Übergriffen auf Ausländer, Homosexuelle und Andersdenkende schrecken sie nicht zurück. Linksextremisten, mit schwarzen Masken bis zur Unkenntlichkeit vermummt, zerstören Privateigentum. Sie verüben Brandanschläge auf Autos und aufwendig renovierte Gebäude, um ihre Weltanschauung kundzutun. Extremistische Islamisten verkünden Bombendrohungen per Videobotschaft im Internet. Sie predigen Hass und fordern das Blutrecht der Scharia. Gewissenlose und abgebrühte Kriminelle aus dem Organisierten Verbrechen infiltrieren Wirtschaft, Staat und Politik. Alle versuchen sie, Einfluss und Macht zu erlangen – und unterlaufen unseren freiheitlichen Rechtsstaat.

Die Organisierte Kriminalität unterscheidet sich dabei grundlegend von extremistischen Bewegungen, denn für sie geht es ausschließlich um Profit. Die Protagonisten des Organisierten Verbrechens vertreten keine politischen oder religiösen Anschauungen und verbreiten keine Ideologien. Getrieben von einer schier unersättlichen Geldgier streben sie einzig nach Gewinn und Macht. Sie reißen Besitz an sich und häufen zum Teil unbeschreiblichen Reichtum an. Sie benutzen Politik, Verwaltung und Justiz, um ihren Einfluss weiter auszubauen. Sie scheuen vor nichts zurück, um ihre Ziele durchzusetzen. Sie arbeiten flächendeckend und denken global. Dabei agieren sie strategisch, skrupellos, kaltblütig und gewalttätig. In eng verknüpften Netzwerken mit klarer hierarchischer Ordnung sind sie bestens organisiert und befolgen die strikten Regeln eines überlieferten Ehrenkodexes. Verstöße gegen diese Ordnung werden drakonisch bestraft.

Die russische Mafia, an die wir uns in Kürze heranpirschen werden, unterscheidet sich noch einmal wesentlich von anderen kriminellen Organisationen, insbesondere von der italienischen Mafia, denn ihre Struktur basiert nicht auf Verwandtschaftsgraden oder familiären Beziehungen. Die russische Mafia setzt sich aus reinen Zweckgemeinschaften zusammen, aus losen Gruppierungen, die sich, je nach Bedarf, schnell formieren oder lösen. Die Maximierung von Gewinn und Macht wird somit auf fast betriebswirtschaftliche Art erreicht.

Alle diese Gruppierungen haben dennoch eines gemeinsam: Sie operieren abgeschottet, konspirativ und aus dem Verborgenen heraus. Nach außen wahren sie eine bürgerliche Fassade. Polizei und Staatsanwaltschaften haben es in diesen Fällen mit ihrem rechtlichen Instrumentarium schwer, Männern wie Wladimir L. beizukommen. Aber unser Staat ist nicht wehrlos. Auch er kann abgeschottet, konspirativ und unter Vorspiegelung falscher Tatsachen – also aus dem Verborgenen heraus – operieren. Seine Geheimwaffe: die Nachrichtendienste. Sie sammeln Informationen über Personen und Gruppierungen, die unsere demokratische Ordnung gefährden, um Polizei, Staatsanwaltschaften und politische Entscheidungsträger über drohende Gefahren zu informieren. Eine Schlüsselrolle spielen dabei jene Agenten, die diese Informationen beschaffen.

Ihre dritte Mission

Das Chamäleonprinzip:
Identifikation mit Ihren Zielpersonen

Der Agent nutzt den Deckmantel der Gemeinschaft, um sich un-
sichtbar im Zielobjekt zu bewegen. Gemeinsamkeiten schaffen
Beziehungen und sorgen für Identifikation. Der Agent unterzieht
sich im Vorfeld einer strengen persönlichen Eignungsprüfung be-
züglich der Erfordernisse einer speziellen Gruppierung.

Um in eine Gruppe einzudringen, um von einer Gruppe aufgenommen zu werden, benötigen Sie die dazu erforderlichen Uten-
silien. Bei einer Rapper-Gang würde eine in den Knien hängende
Hose vielleicht genügen. Ich hatte gelegentlich das Vergnügen,
dass Porsche und Rolex zu meinen Requisiten gehörten. Wenn
man mit russischen Millionärssöhnen auf Augenhöhe kommunizieren möchte, sind diese Marken das Mindeste. Und in meiner
Zeit beim Nachrichtendienst stellte ich häufig Kontakt zu jungen
Russen zwischen zwanzig und fünfunddreißig her. Ich war ja im
gleichen Alter, und das spielt auch eine Rolle. Bei einem Rausch-
giftdealer auf der Soldatenebene, wie die unterste Hierarchie
genannt wird, ließ ich den Porsche hingegen in der Garage und
tauchte in zerrissenen T-Shirts und Turnschuhen auf. Meine abwechslungsreiche Dienstkleidung wurde mir nicht finanziert, Porsche und Rolex schon.

»Auch wenn es heute nur noch wenige Konventionen in Be-
zug auf Kleidung und Erscheinen einer Person gibt, gilt
doch immer noch der Grundsatz ›Kleider machen Leute‹. Je

nach Kleidung und Aussehen werden Sie von Ihrer Umwelt anders angesehen und behandelt. Der Ermittler, Werber oder VM-Führer muss um diese Umstände wissen, damit er sie zu seinem Nutzen einsetzen kann.«
Quelle: Nachrichtendienstpsychologie, Band 1

Es machte mir Spaß, in verschiedene Rollen zu schlüpfen, und da ich mich in jeder wohlfühlte, klappte es hervorragend. Es hätte nicht funktioniert, wenn ich mich unwohl gefühlt hätte – das hätten meine Gegenüber sofort gemerkt. Deshalb ist es enorm wichtig für Sie, genau zu überprüfen, welcher Gruppe Sie sich nähern wollen. Und dann finden Sie die Zugangscodes heraus. Zum Beispiel:

- ⊕ Dresscode der Gruppe
- ⊕ Art der Anrede
- ⊕ Was ist in, was ist out?
- ⊕ Gibt es einen Ehrenkodex?

Wenn Sie nun meinen, Sie hätten in Ihrem Alltag noch nie mit solchen Verhaltensregeln zu tun gehabt, muss ich Sie enttäuschen. Jede Gruppe hat ihren Dresscode, ihre Regeln und auch ein klares Wertesystem. Beim Segeln tauchen Sie in Schuhen mit hellem Profil auf, und Sie duzen die Mitsegler. Sollte danach ein Abendessen in aristokratischen Kreisen anstehen, empfiehlt es sich, sowohl Garderobe als auch Ansprache anzupassen, und wenn Sie im Anschluss in die Disco wollen, machen Sie mit einer Stippvisite am heimischen Kleiderschrank für den fliegenden Wechsel nichts falsch.

Gleich und Gleich gesellt sich gern. Je mehr Gemeinsamkeiten vorhanden sind, desto leichter gelingt es, Teil einer Gruppe zu werden, denn so kommt man nicht als Fremder, sondern als Freund, was man durch die angepasste Erscheinungsform signalisiert. Wer als Gleicher erkannt wird, sorgt erstmal für Entspannung: Von dem geht keine Gefahr aus, der denkt wie wir.

Natürlich kann das auch ein Trugschluss sein.

In Ihrem Privatleben wollen Sie das Chamäleonprinzip wahrscheinlich eher dazu nutzen, mit Menschen in Beziehung zu treten, die Sie interessieren und faszinieren. Vielleicht ist Ihnen das Gefühl bekannt, außen vor zu sein, nicht dazuzugehören? Die meisten Menschen kennen es seit der Schulzeit. Es gab immer irgendeine Clique, zu der man gern gehört hätte – und es nie geschafft hat. Verrückterweise kennt jeder so eine Clique, und ich frage mich manchmal, aus welchen Leuten diese Cliquen eigentlich bestanden, wenn sogar diejenigen, die dazugehörten, den Eindruck hatten, sie wären draußen, und sich danach sehnten mitzuspielen.

In der Pubertät haben wir häufig den Fehler gemacht, den anderen zeigen zu wollen, dass wir ganz anders sind. Wir haben gehofft, Interesse zu wecken, und das Gegenteil erreicht. Heute sind wir älter und schöner und klüger und wissen, worauf es ankommt.

Aus dem Agentenhandbuch

⊕ Identifizieren Sie eine Gruppe, zu der Sie gehören möchten.

⊕ Stellen Sie fest, worin sich die Mitglieder dieser Gruppe ähneln, und definieren Sie Äußerlichkeiten und vor allem Werte, Einstellungen, Verhalten.

⊕ Wählen Sie einige zu Ihnen passende Eigenschaften aus und halten Sie sich bereit für Ihren Einsatz.

Das Netz

Männer wie Wladimir L. wissen, wie man sich dem Rechtsstaat entzieht. Deshalb fährt der Nachrichtendienst hier erfolgreich die Strategie, den Gegner mit seinen eigenen Waffen zu schlagen. Er folgt dabei dem Prinzip: Von innen nach außen, nicht von außen nach innen. Also die Organisation aufklären, ihre Machenschaften aufdecken und alle notwendigen Informationen beschaffen, um sie am Ende zu zerschlagen. Die unterste Ebene bei einem Rauschgift- oder Waffengeschäft auf frischer Tat zu ertappen und abzufischen, ist noch die leichteste Übung. Die Kunst liegt vielmehr darin, Hintermänner zu identifizieren bis zum eigentlichen Drahtzieher ganz oben. Denjenigen, bei dem die kriminellen Gewinne landen, wodurch sich sein Macht- und Einflussbereich noch weiter ausdehnt. Die nachrichtendienstlichen Methoden der Informationsbeschaffung sind perfekt auf diese Art von Ermittlungen ausgerichtet: still und konspirativ. Der Nachrichtendienst schleicht sich kaum wahrnehmbar an seine Aufklärungsobjekte heran. Ein dichtes Geflecht aus Agenten, V-Männern, Observationskräften, verdeckten Ermittlern, Legenden, Tarnfirmen, Post- und Telefonüberwachern, Analysten, einsatzerfahrenen Fallführern greift präzise wie ein Uhrwerk ineinander: Das Netz zieht sich – unmerklich für die Kriminellen – zu.

V-Männer sind als »Human Factor« die wichtigste Ressource der Nachrichtenbeschaffung, da sie sich innerhalb der kriminellen Organisationen im direkten Kontakt mit Drahtziehern und Tätern bewegen. Sie leben am Puls der kriminellen Machenschaften, im Herzen der Organisation. Dort erfahren sie als Erste von Entwicklungen, Trends und Tendenzen, erkennen Machtkämpfe und sich abzeichnende Konflikte, sich anbahnende Geschäfte. Keine Telefonüberwachung, kein abgefangenes Fax, keine mitgelesene E-Mail und kein mitverfolgter Chat erreicht eine damit vergleichbare Quote.

Die Informationen der V-Männer werden von V-Mann-Führern, die im Jargon *Beschaffer* genannt werden, abgeschöpft. Sie führen ihre V-Männer. An ständig wechselnden geheimen Orten finden Treffen statt. Je brisanter der Fall, desto häufiger die Treffen. Je aktiver der V-Mann, desto enger die Führung. Die einzige wirkliche Geschäftsgrundlage heißt gegenseitiges Vertrauen. Kündigungsfrist für beide Seiten: eine Sekunde. Dennoch halten die meisten dieser Beziehungen über Jahre, in Einzelfällen Jahrzehnte. Der V-Mann kennt lediglich seinen V-Mann-Führer. Die gewonnenen Informationen werden von den Analysten in der Auswertung mit Informationen aus anderen Quellen verknüpft, bis am Ende ein komplexes Bild entsteht. Hier wird die eigentliche *Intelligence-Arbeit* geleistet: Informationen werden verdichtet, analysiert, ausgewertet und bewertet. Die Berichte der Auswertung landen auf den Schreibtischen der politischen Führung, der Ermittlungsbehörden und unter anderem auch auf den Schreibtischen der Werber, den sogenannten Headhuntern.

Hier schließt sich der Kreis – und genau hier begann mein Job. Ich war einer dieser Headhunter und durchforstete die Berichte nach Ansatzpunkten, verborgenen Schätzen, potenziellen V-Männern. Wenn ich einen gefunden hatte, nahm ich ihn genauestens unter die Lupe – vorausgesetzt, mein Chef fand den Mann ebenso interessant wie ich, doch das war in der Regel kein Problem – sondern nur eine Frage der Argumentation.

Ihre vierte Mission

Task Force: die Einsatzgruppe

Der Agent weiß, wer für den Erfolg einer Mission wichtig ist. Diese Personen stehen im Fokus seines Interesses. Er wird alles daransetzen, ihre Bedürfnislage zu erkennen und einen störungsfreien Kontakt auf der Beziehungsebene zu fördern.

Wissen Sie überhaupt, wem Sie wirklich vertrauen können? Kennen Sie die Menschen, die in guten und schlechten Zeiten zu Ihnen halten? Wissen Sie, wer Ihnen den Rücken stärkt, wenn es mal hart auf hart geht, und wer sich über Ihre Erfolge freut? Es lohnt sich, darüber nachzudenken. Mit einem guten Team können Sie eine Menge erreichen. Trauen Sie sich ruhig einmal, traditionelle Beziehungen infrage zu stellen. Sicher, die Familie sollte füreinander einstehen. Aber tut sie das wirklich? Sie leben ja nicht in der Mafia, wo das zum Ehrenkodex gehört …

Viele berühmte Persönlichkeiten, denen Charisma, also eine besondere Ausstrahlungskraft nachgesagt wurde, zeichneten sich auch dadurch aus, dass sie alle Menschen gleich behandelten: auf Augenhöhe. Es war ihnen gleichgültig, ob es sich dabei um hochrangige Politiker, Unternehmer oder eine Köchin handelte.

Die meisten Menschen ziehen es vor, in einem unterstützenden positiven Umfeld zu leben. Wie sieht es mit Ihrem Privatleben aus? Gibt es Beziehungen, in denen es zurzeit kriselt? Was können Sie tun, um diese zu verbessern? Was brauchen Ihre Freunde und Bekannten von Ihnen? Wie können Sie vielleicht verlorenes Vertrauen zurückgewinnen und Ihrerseits offenbaren, dass Sie anderen vertrauen? In welche Beziehung möchten Sie in Zukunft bewusst investieren? Unterstützen Sie diesen Menschen. Beraten Sie ihn, wie Sie einen guten Freund, eine gute Freundin beraten würden, und fordern Sie keine Gegenleistung für Ihre Hilfe ein. Wann immer sich Ihnen eine Möglichkeit bietet: Helfen Sie anderen, einen Schritt weiterzukommen. Oft ist es für Sie nur eine Kleinigkeit, was für Ihr Gegenüber vielleicht einen hohen Wert darstellt. Zum Beispiel, wenn Sie ihm Zusammenhänge, Prozesse oder Abläufe erklären, eine aktuelle Information geben, einen Kontakt herstellen, Helfer vermitteln, Tipps zur rechten Zeit geben. So zeigen Sie, dass Ihnen an diesem Menschen liegt. Und sein Vertrauen ist ja fast schon wie ein »Lohn«, oder? Fahren Sie Ihre Antennen aus und achten Sie auf Signale, die Ihnen verraten, worauf es Ihrem Gegenüber in diesem Moment ankommt. Motivieren Sie, wenn Sie merken, dass das wichtig ist, und bringen Sie Bedenken ins Gespräch, wenn Sie glauben, dies sei Ihre Aufgabe, um Ihrem Gegenüber die Möglichkeit zu geben, eine Situation von allen Blickwinkeln aus zu durchleuchten. Ihre eigene Meinung kann dabei ruhig mal außen vor bleiben.

Unterstützen Sie andere objektiv und empathisch. Das ist kein Widerspruch! Selbst wenn Sie Bedenken äußern, sollten Sie prinzipiell Zuversicht demonstrieren. Auch das ist kein Widerspruch. Denken Sie positiv und animieren Sie dadurch andere, Ihrer Einstellung zu folgen. Wer sollte an Sie und Ihre Projekte glauben, wenn Sie es selbst nicht tun? Lassen Sie im Kopf Ihres Gegenübers ein klares Bild von Ihrem Ziel entstehen und davon, auf welchem Weg Sie es erreichen werden. Er ist ein Teil Ihres Teams, und je besser er Sie versteht, desto effektiver kann er Sie unterstützen – und Sie ihn!

Um eine vertrauensvolle Beziehung aufzubauen und zu festigen, ist es unabdingbar, jedes Versprechen und jede Zusage einzuhalten. Das gilt insbesondere auch für angebliche Kleinigkeiten und

Belanglosigkeiten. Verlässlichkeit erzeugt Vertrauen. Was sich damit überhaupt nicht verträgt, wäre, schlecht über Abwesende zu sprechen. Denn natürlich muss Ihr Gegenüber vermuten, dass Sie so in seiner Abwesenheit auch über ihn reden werden.

Sicherlich können Sie vielen dieser Anregungen zustimmen – und trotzdem klappt es im Alltag nicht immer, sie in die Tat umzusetzen. Das gelingt tatsächlich nur wenigen Menschen. Sie ernten dann auch die Vorteile: Ein erhöhtes Selbstbewusstsein, mehr Erfolg, mehr Freude im Leben und interessante und spannende Begegnungen mit anderen, die uns deutlich zeigen, dass sie uns schätzen.

»Wirkliche Einsatzkompetenz verlangt letztlich die unbedingte Bereitschaft, ein Berufsleben lang an sich zu arbeiten, um es zur ›Meisterschaft‹ zu bringen, also zu echter Kompetenz.«
Quelle: Nachrichtendienstpsychologie, Band 3

Aus dem Agentenhandbuch

⊕ Richten Sie Ihren Fokus auf Beziehungen, die Sie verbessern können.
⊕ Fordern Sie keine Gegenleistung für Freundschaftsdienste.
⊕ Hören Sie aufmerksam zu, was Ihnen andere Menschen erzählen.
⊕ Achten Sie auf die Signale, die Ihnen verraten, was Ihre Mitmenschen jetzt am nötigsten brauchen.
⊕ Unterstützen Sie Ihre Mitmenschen bei der Erreichung ihrer Ziele.
⊕ Seien Sie ein guter Freund, eine gute Freundin.

Das Foto

Die Vorbereitungsphase neigt sich dem Ende zu. Sie haben alle Tests mit Auszeichnung absolviert und stehen unmittelbar vor dem Eintritt in die Sicherheitszone zwei. Nun werden Sie alle relevanten Informationen zum Zielobjekt erhalten.

Sein Deckname ist Tichow. Der Ukrainer fiel mir auf einem schlechten Foto ins Auge, das offensichtlich in aller Eile aufgenommen worden war. Ein typischer, leicht unscharfer Schnappschuss einer frühen Handykamera. Tichow, der nur im Profil zu sehen war, nahm – zusammen mit einem anderen Mann – eine Lieferung Heroin in Empfang, die in einem Toyota Pick-up verbaut war. Dabei rauchte er eine Zigarette. Für wen Tichow arbeitete, wusste ich damals noch nicht. Ich hatte keine Ahnung, wer er war. Trotzdem zog er sofort meine Aufmerksamkeit auf sich.

Seit geraumer Zeit schon versuchten wir in das Netzwerk um Wladimir L. einzudringen. Uns lag viel daran, seine Machenschaften und seine Organisation auszuleuchten, denn sein Einflussbereich in Deutschland wuchs beunruhigend. Schon beim ersten Blick auf Tichow hatte ich das Gefühl, das könnte der Mann sein, der uns Zugang zu Wladimirs Kreis verschaffte. Man kann so etwas Intuition nennen. Das ist keine geheimnisvolle Begabung; Intuition basiert auf Erfahrungswerten und Wahrnehmungen, die im Unterbewusstsein gespeichert sind. Bewusst haben wir keinen Zugriff darauf, doch das Wissen ist vorhanden, und wer sich einen Kanal freihält, damit die Botschaften durchkommen, kann die entscheidenden Impulse empfangen. Oft reagieren wir auf solche Hinweise auch, ohne es in diesem Moment bewusst zu merken. Meiner Erfahrung nach führt die Intuition zu einer höheren Trefferquote, als wenn ich mich lediglich auf meine Vernunft verlassen würde. Nicht umsonst gilt es landläufig als Lob, wenn über einen Menschen gesagt wird: Er hat einen guten Instinkt. Dieser gute Instinkt hilft uns dabei, Entscheidungen zu treffen. Gerade im Fall von Entscheidungen gehört Unsicherheit bei vielen Menschen zur Tagesordnung. Ich selbst war mir bei den meisten Entscheidungen in meinem Berufsleben auch nicht zu hundert Prozent sicher. Der beste Weg ist es, sich in einer ersten Informationsphase einen Überblick zu verschaffen und dann sofort eine Entscheidung zu treffen. Ob man richtig entschieden hat, weiß man sowieso erst im Nachhinein – wenn überhaupt. Anstehende Entscheidungen sollten daher niemals lange aufgeschoben werden. Wäre-hätte-könnte-wenn ist reine Zeitverschwendung. Wer auf seine Intuition achtet, nimmt eine Abkürzung.

Die rote Mappe

Es war an einem Donnerstagabend kurz nach zwanzig Uhr, als ich einen Bericht abgeschlossen hatte: Ein Treffbericht mit Potenzialbewertung zu einem V-Mann in der Kultivierungsphase, wie der Prozess der Vertrauensbildung genannt wird, in dem die Regeln der Zusammenarbeit etabliert werden. Es war sehr warm im Büro; vor wenigen Tagen noch hatten sich alle über den ins Wasser gefallenen Sommer beklagt, und jetzt stöhnten viele wegen der Hitzewelle. Wie fast jedes Jahr schrieben die Zeitungen vom Jahrhundertsommer. Wenigstens ein kleines Stück davon wollte ich auch genießen und freute mich auf ein kühles Bier mit Freunden, als ich Schritte im Gang hörte. Der Sound versprach etwas Besonderes. Ich liebte Sabines Faible für Schuhe. Wie hoch die Stilettos heute wohl sein mochten? In dem Moment klopfte es, kurz und energisch, und schon steckte Sabine ihren Kopf durch den Türrahmen. Leider nur den Kopf. Die Beine ließ sie im Flur.

»Störe ich?«, fragte sie, als könnte das möglich sein.

»Du? Nie!«, gab ich mit einem breiten Grinsen zurück.

»Ausgezeichnet«, nickte sie und schwebte in mein Büro. Auf Waffen. Allein das: ein Kunststück! Eine rote Mappe verdeckte ihr sommerliches Dekolleté.

»Na klasse!«, entfuhr es mir, was sich weder auf ihre Schuhe noch auf die üppigen Aussichten bezog. Rote Mappen bedeuteten Arbeit: sofortige Einsatzbereitschaft, Urlaubssperre. Davon wollte ich heute Abend nichts wissen. In meinem Lieblingsbiergarten war um zweiundzwanzig Uhr Feierabend.

Nur dringliche Angelegenheiten werden in rote Mappen gepackt. Sie landen niemals im Postfach, sondern werden ausschließlich persönlich übergeben, von Hand zu Hand. Rote Mappen werden sofort gelesen – ohne Ausnahme. Sabine legte die Mappe auf meinen Schreibtisch. »Auf der Merw-Route zeichnet sich eine interessante Entwicklung ab. Es könnten Russen hinter den Transporten stecken.«

»Russen auf der Merw-Route?«, fragte ich gespannt. Die Merw-Route, benannt nach dem gleichnamigen Ort in Turkmenistan, wurde seit einiger Zeit von uns überwacht. Über sie gelangte hochwertiges afghanisches Heroin nach Deutschland.

»Sieht so aus. Das Meldeaufkommen hat sich in den letzten Wochen dahingehend verdichtet.«

»Interessant«, murmelte ich und vergaß den Biergarten. Ein hohes Meldeaufkommen bedeutete, dass unsere Quellen viel zu berichten hatten; die Sache kam also in Bewegung. Wie Sabine. Sie stöckelte Richtung Tür, drehte sich um und warf mir einen ihrer Spezialblicke zu. Erinnerte ein wenig an Laser. In solchen Momenten zeigte unsere Star-Analystin überhaupt keine Ähnlichkeit mit einem Engel. Hatte sie schon eine bestimmte Gruppierung in Verdacht? Ich erwiderte ihren Blick und legte eine Frage hinein, die ich natürlich niemals laut ausgesprochen hätte. Und ebenso natürlich biss Sabine nicht an. Sie war Vollprofi und wollte mich nicht beeinflussen. Ich sollte den Bericht unvoreingenommen lesen und selbst entscheiden. Ganz im Sinne unseres sehr geschätzten Abteilungsleiters Hans-Jürgen Baum, der gern Albert Einstein zitierte: »Es ist schwieriger, eine vorgefasste Meinung zu zertrümmern als ein Atom.«

Wenn wir von anderen Menschen Informationen erhalten, sind diese Informationen in den seltensten Fällen objektiv. Sogar wenn jemand sagt: »Es regnet«, können wir an seiner Stimme hören, wie er das findet; ob er enttäuscht ist, weil die Grillparty ausfällt, oder ob er sich freut, weil ihm dieser Regen das abendliche Gartengießen erspart. Wenn uns jemand etwas über einen anderen Menschen erzählt, muss er keine inhaltliche Wertung abgeben à la: Sie ist super, nett, hilfsbereit, arrogant, langsam. Es genügt, wie er über diesen Menschen spricht. Welchen Tonfall er dabei wählt, wie sein Gesichtsausdruck aussieht, welche Körperhaltung er einnimmt, ob er die Botschaft mit Gesten unterstreicht. Es gibt eine Vielzahl von Studien, aus denen ersichtlich ist, dass die Wirkung einer Botschaft nur zu sieben Prozent vom Inhalt der gesprochenen Worte abhängt. Die restlichen dreiundneunzig Prozent teilen sich auf in fünfundfünfzig Prozent Körpersprache (Auftritt, Bewegung, Gestik, Mimik) und achtunddreißig Prozent Stimme (Tonfall, Betonung, Artikulation). Wir konzentrieren uns häufig zu hundert Prozent auf den Inhalt und beachten die nonverbale Wirkung kaum. Diesen Fehler begeht das Unterbewusstsein nicht. Es richtet eine erhöhte Aufmerksamkeit auf die Zwischentöne. Sabine wusste das natürlich und gab mir nicht die kleinste Chance, irgendwelche Zwischentöne herauszufiltern. Ich sollte mir ein eigenes Bild machen, anstatt das ihre zu bestätigen. Das ist eine kluge Vorsichtsmaßnahme, denn ob wir uns darüber im Klaren sind oder nicht – wir greifen eine Wertung auf, die ein anderer Mensch vorgenommen hat. In unserem eigenen System legen wir diese Information in eine Schublade, die dieser Wertung entspricht. Hören wir dann ein zweites Mal etwas Ähnliches, fühlen wir uns bestätigt und merken eventuell nicht, dass wir uns bereits fünfmal vom Gegenteil hätten überzeugen können. Das haben wir überhört, weil es nicht in unsere Schublade gepasst hat.

Denkschubladen sind notwendig, sonst würde unser Gehirn heiß laufen. Um sich davor zu schützen, speichert es Erfahrungen, die ähnlich gelagert sind, zusammen ab. So ermöglicht es uns einerseits einen stressfreien Alltag, andererseits verleitet es uns zu Fehlschlüssen.

Zu meinem Erstaunen bekam ich ganz zum Schluss doch noch einen Tipp von Sabine, da stand sie schon fast im Flur. »Morgen früh richten wir unsere Aufklärungsstrategie neu aus. Wir werden das Team vergrößern und voraussichtlich dich mit ins Boot holen.«

Das musste wirklich ein dicker Fisch sein, der da um unsere Angel kreiste. Ich schlug die rote Mappe auf. Bald schon war mir klar, dass Sabine Recht behalten mochte: Hier eröffneten sich Perspektiven, die uns zu Wladimir L. führen konnten. Viele Anzeichen sprachen dafür. Eine Garantie gab es nicht. Es wäre keinesfalls das erste Mal, dass eine Spur im Sand verlief oder Indizien nicht die Ergebnisse brachten, die sie versprachen. Selbst wenn wir Recht behielten, waren wir noch weit von einem Erfolg, einem Zugriff entfernt. Viel konnte bis dahin passieren, nicht zuletzt konnte die Gruppierung Wind von unserem Interesse bekommen. Das würde zu verstärkten Abschottungsmaßnahmen, maximaler Aufmerksamkeit und Misstrauen gegenüber allem und jedem führen – und unsere Arbeit erschweren.

Ihre fünfte Mission

Kontextkontrolle: Realität ist relativ

Der Agent weiß, dass seine Wahrnehmung das Ergebnis seines subjektiven Bewertungssystems ist. Der Agent entwickelt ein Bewusstsein darüber, dass auch sein Gegenüber subjektiv bewertet. Seine Aufgabe ist es, beide Sichtweisen zu prüfen.

Ein Verbrechen ist geschehen. Es gibt einen Sachverhalt und zwei unbeteiligte Zeugen. Beide haben aus derselben Perspektive das Gleiche gesehen. Trotzdem unterscheiden sich die Angaben der beiden in wesentlichen Punkten zu hundert Prozent. Beide sind sich ihrer Version zu hundert Prozent sicher. Beide zeigen keine Lügenerkennungsmerkmale. In ihrem Weltbild lügen sie auch nicht; sie unterliegen schlicht einem Irrtum.

So sieht der ganz normale Wahnsinn des Zusammenlebens von Menschen aus: Im Grunde genommen lebt jeder in seiner eigenen Realität, die er durch diverse Filter wahrnimmt.

Die Filter unserer Wahrnehmung sind unterschiedlich beschaffen und hängen von verschiedenen Faktoren ab, zum Beispiel:

- Ausbildung und Allgemeinbildung
- Erfahrungen, Erlebnisse, Einstellungen
- Aktuelle Bedürfnisse und Interessen
- Grad der Aufmerksamkeit oder Ablenkung
- Körperliche und geistige Voraussetzungen

All diese Faktoren sind bei jedem Menschen anders. Und manchmal wechseln sie auch noch im Sekundentakt – zum Beispiel was die aktuellen Bedürfnisse und Interessen betrifft. Die logische Folge: Unsere Wahrnehmung ist selektiv und lückenhaft.

Unser Gehirn jedoch füllt diese Wahrnehmungslücken auf. Dazu verwendet es jene Information, die es am wahrscheinlichsten für richtig hält. Und was unser Gehirn am wahrscheinlichsten für richtig hält, das hängt ab von unseren Erfahrungen, Erlebnissen, Ausbildung, Allgemeinbildung, Interessen, Bedürfnissen …

Woran denken Sie, wenn Sie das Wort *Korb* hören? Ein Familienmanager würde wahrscheinlich an einen Einkaufskorb denken, eine Imkerin an einen Bienenstock und jemand, der letzte Nacht in einer Disco abgeblitzt ist, hat seine ganz eigenen Erfahrungen mit Körben gemacht. Ein Wort. Verschiedene Bilder. Weil wir alle anders sind.

Das, woran wir glauben, ist in diesem Moment wahr für uns. Unser dienstbeflissenes Gehirn möchte uns gern in diesem Glauben unterstützen und googelt den ganzen Tag nach Belegen für diese »Believes«, wie Glaubenssätze auch genannt werden. Und natürlich findet es Belege. Bei Google findet sich immer was. Diese Belege bestärken unsere Glaubenssätze, und wir merken nicht, dass wir ständig das Tempo erhöhen, mit dem wir in die Sackgasse rasen. Ein gefährlicher Irrtum für Agenten! Wir sind ja auch nur Menschen.

Sehen Sie die blühende Wiese da vorne? Das ist nicht bloß eine blühende Wiese, wie Sie im ersten Moment vielleicht vermutet haben.

Das ist ein wunderbarer Platz für ein Picknick, stellt die Mutter mit ihren zwei Kindern fest.

Der Junge mit dem Modellflieger sieht in der Wiese eine optimale Landebahn.

Der Bauer fragt sich, wann es regnet.

Der Allergiker niest.

Der Werbefotograf denkt an das Auto, das er fotografieren soll.

Die Architektin überlegt, ob es hier Wasser gibt.

Das Pärchen findet die Wiese erst recht einladend.

Und dann gibt es natürlich noch den Blick von der Wiesenoberfläche in den Wiesenuntergrund – vom Makro- in den Mikrokosmos. So viele Welten und Welt-Ansichten. Was ist wahr? Wer hat Recht?

»Menschen neigen dazu, ihre Wahrnehmungen zu bestätigen. Den Vorurteilen entsprechende Beobachtungen werden überbewertet, so dass unser Vorurteil sich scheinbar bestätigt. Wenn wir zum Beispiel der Meinung sind, alle Araber seien aggressiv, werden wir einen leicht gereizten Ton in der Stimme eines Arabers als Aggressivität auffassen und damit unsere Meinung bestätigt sehen. Sind wir jedoch der Überzeugung, alle Chinesen seien höflich, werden wir einen leicht gereizten Ton in der Stimme eines Chinesen nur schwach wahrnehmen und stattdessen das kurze Lächeln, das er einem Passanten zugeworfen hat, besonders stark registrieren und somit zu dem Schluss kommen, dass unsere vorherige Überzeugung der Wahrheit entspricht.«
Quelle: Nachrichtendienstpsychologie, Band 1

Marielle ist nervös. Jürgen ist noch immer nicht da, obwohl er zugesagt hat, abends zu ihr zu kommen. Marielle ist unsterblich in Jürgen verliebt. Je länger sie wartet, desto nervöser wird sie. Sie steht am Fenster, rennt auf und ab, zupft an ihrer Frisur herum und fühlt sich immer unattraktiver. In der Küche köchelt das Chili vor sich hin. Extra für Jürgen. Das weiß er zwar nicht, aber er freut sich bestimmt, nach einem langen Arbeitstag. Hat er nicht mal gesagt, er würde so gern in Mexiko Urlaub machen? Vielleicht mit Marielle? … Aber wenn er nun gar nicht kommt? … Wenn er Marielle nicht so mag wie sie ihn? … Wenn er eine andere hat … Das wäre ja nicht das erste Mal, dass ihr so etwas passiert!

Als es um 19.30 Uhr an der Tür klingelt, ist Marielle fix und fertig. Sie hat alle Horrorszenarien, die sie kennt, mehrfach mit allen Schikanen durchlitten. Kein Wunder, dass ihr Empfang eher frostig ausfällt. Jürgen entschuldigt sich nicht für sein Zuspätkommen, was Marielle, die vergessen hat, dass keine Uhrzeit verabredet war, noch mehr ärgert. Und dann will er auch kein Chili. Gibt es einen deutlicheren Beweis dafür, dass er nicht in sie verliebt ist? Das wird Marielle sich nicht bieten lassen! Der soll bloß nicht glauben, dass sie jemals auch nur eine Spur in ihn verknallt war! Marielle passt ihr Verhalten ihren Interpretationen an, die wiederum aus ihren gefilterten Wahrnehmungen resultieren. Marielle hat wahrgenommen: Jürgen ist zu spät. Er isst kein Chili. Außerdem sitzt er so komisch auf dem Stuhl. Als wäre er auf dem Sprung.

Hat Marielle Recht?

Nein. Jürgen hat Gallensteine und möchte dieses scharf gewürzte Chili, das ihm schon im Hausflur die Tränen in die Augen getrieben hat, lieber nicht essen. Und von seinen Gallensteinen möchte er nicht sprechen. Das ist ein Date, keine Visite! Und überhaupt: So cool, wie die ihn abfertigt, hat sie anscheinend sowieso kein Interesse an ihm. Wahrscheinlich ist er auch viel zu früh gekommen. Wenn man Abend sagt, meint man wohl eher zwanzig Uhr als 19.30? Er war mal wieder zu ungeduldig. Er hat eben ständig Pech. Das ist ja nichts Neues. So ist das immer bei ihm. Die Frauen, die er gut findet, wollen nichts von ihm wissen. Und dabei ist er so verliebt, wie schon lange nicht mehr. Aber das wird nichts bei ihm. Er ist nun mal kein Frauentyp, und wahrscheinlich ist es das Beste, sich endlich damit abzufinden.

Unsere Wirklichkeit ist nicht zwingend die Wirklichkeit von anderen. Die Art und Weise, wie wir Situationen bewerten und interpretieren, schafft eine neue Realität. Wir verhalten uns dementsprechend, und unser Gegenüber reagiert darauf. Je nachdem, für welche Vorgehensweise Sie sich entscheiden: Sie wird Konsequenzen haben. In der Regel wird das Ihre Bestätigung sein, auf die Sie schon gewartet haben. Ihre Erwartung wird zu einer sich selbst erfüllenden Prophezeiung. Sie haben immer Recht. Und wenn es einmal anders ist, dann ist das eben die berühmte Ausnahme von der Regel.

> »Menschliches Verhalten ist von seiner Natur her sozial und kann daher nur als Handeln in Bezug auf seine eigene Umwelt verstanden werden. Dies bedeutet, dass die Situation, der Kontext, die zwischenmenschliche Beziehung und die persönlichen Erfahrungen dazu beitragen, wie etwas wahrgenommen und verarbeitet wird. Man sollte daher nicht nur sein Gegenüber versuchen zu kennen und sein Verhalten zu verstehen; vielmehr sollte man zusätzlich das geeignete Verhaltens- und Wahrnehmungsumfeld erkennen.«
> Quelle: Nachrichtendienstpsychologie, Band 3

Gott sei Dank gibt es auch stärkende Glaubenssätze wie etwa: Ich schaffe alles, was ich mir vorgenommen habe. Ich komme leicht mit anderen Menschen in Kontakt. Ich bin ein Stehaufmännchen.

Von diesen positiven Sätzen können Sie gar nicht genug sammeln!

Wenn Sie mal in einer Runde zusammensitzen, fragen Sie andere, was sie sich unter einem gelungenen Urlaub vorstellen. Oder unter einem tollen Abend, einem Superjob, einem Traumauto.

Wetten, dass Sie viele unterschiedliche Antworten bekommen werden? Für die eine muss bei einem Superjob vor allem das Gehalt stimmen, für den anderen ist es wichtig, mit dem Fahrrad zur Arbeit zu fahren, für einen Dritten spielen flache Hierarchien die Hauptrolle und eine Vierte wünscht sich einen Chef, der Verständnis hat, wenn das Kind mal krank ist.

Zweck dieser kleinen Umfrage ist die Sensibilisierung dafür, dass andere Menschen möglicherweise eine andere Vorstellung von gewissen Dingen haben als Sie selbst. Agenten gehen noch einen Schritt weiter. Sie wissen nicht nur, dass das so ist: Sie versetzen sich in ihr Gegenüber hinein, um seine Perspektive zu erkennen und nehmen diese Perspektive dann ebenfalls ein. Dies ist eine der wichtigsten Voraussetzungen, um schnell in guten Kontakt zu kommen. In der Kriminalistik nennt man diese Methode Krim-Ego-Transfer. Darunter versteht man, sich in die Person des Täters hineinzuversetzen. So zu fühlen, so zu denken, so zu handeln, wie der Täter das mutmaßlich getan hat. Das Erfolgsgeheimnis Nummer eins in der Kriminalistik ist deshalb das ernste und aufrichtige Interesse für das Gegenüber. Wenn der Kriminalist bei seinen Ermittlungen von sich ausgeht, boykottiert er seine Chance auf Erfolg von Anfang an. Sowohl in der Kriminalistik als auch in der Kommunikation geht es nicht allein um Opfer und Täter, Sender und Empfänger, sondern um Beziehung, Emotion und Werte. Solange alles reibungslos läuft, kommen wir alle prima miteinander zurecht. Spannend wird es, wenn es hart auf hart geht, wenn die Dinge anders laufen als erwartet. Da zeigt sich sehr schnell, wie gut eine Beziehung ist, wie viel sie aushält, auf welchen Glaubenssätzen sie basiert, wie tief das Vertrauen ist.

Aus dem Agentenhandbuch

⊕ Entwickeln Sie ein Bewusstsein dafür, dass das, was Sie wahrnehmen, niemals eine originalgetreue Abbildung der Wirklichkeit ist, sondern ein gefilterter Ausschnitt.

⊕ Erkennen Sie die Glaubenssätze, die Sie hemmen.

⊕ Bestärken Sie sich in Ihren positiven Glaubenssätzen.

⊕ Verwandeln Sie Ihre negativen in positive Glaubenssätze.

⊕ Machen Sie den Krim-Ego-Transfer.

Die Route

Die rote Mappe, die Sabine mir überreicht hatte, enthielt mehrere Dokumente. Ganz oben lag der Bericht mit dem Aktenzeichen 51018-307-S-52007-01/2008 VS – vertraulich – mit den tagesaktuellen Informationen zum Fall *Schneesturm* von V-Mann Nr. 1807, Deckname Nord. Dieser erprobte, sehr erfahrene V-Mann wurde in den vergangenen Jahren von uns regelmäßig in den unterschiedlichsten Bereichen eingesetzt. Er sprach fließend Russisch, Tschetschenisch, Slowakisch und sogar ein paar Brocken Dari und Paschtu, die wichtigsten der sechzehn in Afghanistan gebräuchlichen Sprachen. Nord durchlief unser Ausbildungsprogramm als einer der Besten und entwickelte ein faszinierendes Geschick darin, sich unverzichtbar zu machen. Zu jeder der Zielpersonen, auf die er in der Vergangenheit angesetzt worden war, hatte er in kürzester Zeit einen tragfähigen Kontakt aufgebaut. Zu diesem Zeitpunkt bestand sein Auftrag darin, uns über die Heroinlieferungen auf der Merw-Strecke zu berichten. Dieser erste Bericht in der Mappe, verfasst von Nords Beschaffer, enthielt die aktuellsten Ergebnisse seiner Arbeit bezüglich der jüngsten Drogenlieferung aus Afghanistan über die Merw-Route nach Hamburg. Dieses Mal war einiges schiefgegangen oder zumindest anders verlaufen als geplant, wie ich beim Überfliegen der Zeilen erkannte. Ich widmete mich dem Bericht der Analyse, der die bisherigen Geschehnisse auf der Merw-Route zusammenfasste. Mein Blick blieb an zwei Fotos hängen, die dem Bericht beigeheftet waren. Ich konnte den Ärger förmlich riechen, der an ihnen klebte. Zwar sind Fotos für die Analyse extrem hilfreich, aber sie bergen auch enorme Gefahren. Wäre Nord beim Fotografieren ertappt worden, hätten er und somit die gesamte Operation auffliegen können. Ein Risiko, das in dieser Phase der Ermittlungen niemand eingehen darf. Der verantwortliche Agent hatte garantiert eine Abmahnung bekommen, denn sein V-Mann hatte, trotz klarer Anweisungen, Fotos geschossen. In solchen Dingen versteht die Abteilung für operative Sicherheit keinen Spaß. Dieses Mal war Nord allerdings wohl ungeschoren davongekommen, sonst hätten es seine Aufnahmen nicht bis zu meinem Schreibtisch geschafft.

Auf dem ersten Foto stand: Turkmenistan, Murgab Binnendelta, in der Nähe von Merw. Darauf waren einige Männer zu sehen, die in glühender Mittagshitze Heroin verluden. Zwei Afghanen reichten die gut verschnürten Bündel aus einem alten UAZ-Lastwagen heraus, ein paar Turkmenen verstauten sie in einem Toyota-Pick-up-Truck mit doppelter Rückwand.

Auf dem nächsten Foto stand: Georgien, Hafen von Batumi. Der Industriehafen lag im Dunkeln und war nur vereinzelt beleuchtet; er wirkte verlassen, die Kräne standen still. Zwei der Turkmenen, die in Merw ebenfalls dabei waren, und ein Georgier sahen zu, wie ein vierter Mann, der nicht auszumachen war, den Toyota an die Auffahrtsrampe fuhr. Der Wagen wurde auf ein Containerschiff verladen.

Dem Bericht entnahm ich, dass die Transporte seit langem immer nach dem gleichen Schema abliefen. Die Strecke, die Stopps, selbst die Fahrer waren dieselben, nur die verwendeten Fahrzeuge wechselten; meistens gebrauchte Lkw, manchmal ein Kombi oder ein Pick-up. Die Ladung wurde jedes Mal aufwendig verbaut: in einem doppelten Boden, einem abgetrennten Teil des Tanks, im Reserverad, dem Fahrzeughimmel oder einer Seitentür. Mal fuhren die Fahrzeuge leer, mal mit einer Tarnladung aus Melonen, Erdbeeren oder Hausrat. Der Transport wurde je nach Wert der Ladung von mindestens zwei, bisweilen sogar drei Begleitfahrzeugen abgesichert, die die heiße Ladung schützen und deren reibungslosen Transport gewährleisten sollten. Das größte Risiko trugen dabei die Fahrer der Transportfahrzeuge. Im Ostblock droht stets die Gefahr, von rivalisierenden Banden überfallen und um die wertvolle Ware erleichtert zu werden. Im Westen besteht das Risiko darin, an die Ermittlungsbehörden verraten und abgefischt oder zufällig gestellt zu werden. Bisher waren die Fahrzeuge samt Ladung vor den Toren Hamburgs an wechselnden Orten geparkt worden, meistens in einem abgelegenen Industriegebiet, und die Begleitfahrzeuge wurden abgezogen. Damit endete die Zugangslage der Quelle Nord. Bisher.

Gespannt legte ich den Bericht der Analyse zur Seite und wandte mich dem zweiten Bericht zu, in dem Nord detailliert die Ereignisse jenes Abends schilderte. Verfasser des Berichts war der Beschaffer des V-Mannes. Nord hatte gemeldet, dass der jüngste Transport nicht so routiniert wie gewöhnlich ablief. Ständig klingelten Mobiltelefone, Spannung lag in der Luft, der Fahrzeugkonvoi hielt auf Aufforderung aus eigenen Kreisen mehrfach an. Einmal wurde er sogar kurzfristig umgeleitet. Dann musste alles schneller gehen als sonst. Der Grund war für Nord nicht ersichtlich. Irgendwo schien es Probleme, eine Warnung oder Unstimmigkeiten gegeben zu haben. In Hamburg wurde das Transportfahrzeug das erste Mal nicht bei Nacht und Nebel abgestellt und verlassen, sondern von zwei Russen in Empfang genommen – im Industriegebiet Reinbek. Nord hatte auch dieses Mal ein Foto gemacht. Er hatte sich also ein zweites Mal den Anweisungen widersetzt. Ja, er kannte unsere Regeln, aber er liebte den Nervenkitzel. Darunter hatte sein V-Mann-Führer öfter mal zu leiden.

Ich sah mir das Foto lange und genau an. Auf seiner Rückseite las ich: Hamburg Reinbek/Industriegebiet. Zwei Männer standen neben dem Transportfahrzeug, dieses Mal ein VW Kombi. Einer davon war der Georgier, den ich von dem Foto aus Batumi kannte. Hinter ihnen, etwas abseits, stand ein weiterer Mann: Tichow. Auf diesem Foto begegnete ich dem athletischen Mann mit dunkelblonder Stoppelfrisur und dem markanten Gesicht zum zweiten Mal. Ich schätzte ihn auf Ende zwanzig, Anfang dreißig. Wieder rauchte er scheinbar genüsslich und machte keinerlei Anstalten, einen Finger zu rühren. Ein zweiter, jüngerer Mann, wahrscheinlich ebenfalls Russe, setzte sich gerade ans Steuer des Kombi.

Wer diese beiden Russen waren und welche Funktion sie innerhalb der Organisation hatten, konnte Nord nicht berichten. Als einfacher Begleitfahrer hatte er nicht den Status, dies zu erfahren. Die Abschottung nach innen funktionierte perfekt. Obwohl Nord berühmt-berüchtigt für sein geschicktes und kreatives Vorgehen beim Ausforschen war, konnte er in diesem Fall weder die Mobilfunknummern noch die Vornamen der beiden neuen Köpfe in Erfahrung bringen. Dennoch hatte er wertvolle Arbeit geleistet. Er hatte uns dieses Foto geliefert, ein weiteres kleines, aber entscheidendes Puzzleteil. Wie wichtig ausgerechnet dieses eigentlich verbotene Beweisstück war, konnte Nord nicht wissen – und er würde es auch niemals erfahren.

> *»Information ist eine Angriffs- und Verteidigungswaffe. Gezielt eingesetzt, kann sie Stäbe und Institutionen destabilisieren, existenziell bedrohen, aber auch Präventivschläge vorbereiten und Krisen bewältigen. Daher ist Information für die Arbeit der Nachrichtendienste geradezu omnipotent.«*
>
> Quelle: Nachrichtendienstpsychologie, Band 3

Nun galt es, mehr über die Männer auf den Fotos herauszufinden. Besonders waren wir an dem Mann interessiert, der offensichtlich das Sagen hatte: Tichow. Wir leiteten also verdeckte Ermittlungen ein. Die Mafia hat ihre Ohren überall. Sie ist aufmerksam. Sie hört das Gras wachsen. Beim geringsten Verdacht werden alle Aktivitäten eingestellt oder auf andere Orte und Routen verlagert. Verdächtige Köpfe werden sofort aus der Informationskette entfernt und ausgetauscht. Das mussten wir unter allen Umständen vermeiden. Sabine und ihr Team aus der technischen Abteilung waren spezialisiert auf solche unsichtbaren und unhörbaren Nachforschungen. Stück für Stück wurde so ein Bild zusammengetragen. Die operativen Aufklärungsmaßnahmen ergaben, dass jeder Transport und jede Ladung in einer alten Lagerhalle im Hamburger Hafen endete. Der Mieter dieser Halle hieß Tichow. Als Hauptmieter verpachtete er Teilflächen an verschiedene Auftraggeber aus Russland, Georgien, der Ukraine, aber auch aus Asien und dem Rest der Welt. Die Halle war durch gelbe Linien am Hallenboden in Parzellen unterteilt – eine nahezu perfekte Konstruktion, um »heiße« Ware zu lagern. Im Zweifelsfall konnte man behaupten, von nichts etwas zu wissen. Hundert andere konnten als Täter infrage kommen. Hier einen gerichtsverwertbaren Nachweis zu führen, war eine echte Herausforderung. Aus den zahlreichen Meldungen verschiedener Quellen wussten wir bald, dass Tichows Verbindungen definitiv in die russische Mafia führten und, wenn wir Glück hatten, zu Wladimir L. Aufgrund der technischen Überwachung wussten wir zudem, dass Tichow hin und wieder etwas Rauschgift abzweigte.

Bessere Bedingungen konnten wir uns kaum wünschen.

Ihre sechste Mission

Krisenmanagement: Konflikt als Chance

Der Agent bewegt sich sicher im Umgang mit Konflikten. Er weiß, dass solche Situationen die beste Möglichkeit darstellen, das in ihn gesetzte Vertrauen zu bestätigen. Der Agent entwickelt ein feines Gespür für die Nutzbarkeit von Konfliktsituationen zur Vertrauensvertiefung und Bindungsfestigung.

Konflikte gehören zum normalen Leben. Das muss so sein, denn jeder Mensch ist anders, und deshalb entstehen immer wieder Situationen, in denen Menschen unterschiedlicher Meinung sind. Konflikte bergen eine Gefahr: Sie können Vertrauen zerstören. Und eine Chance: Sie können Vertrauen aufbauen. Als Agent heißen Sie Konflikte willkommen: Sie nutzen sie zur Vertrauensbildung.

Krisen in Beziehungen sind besonders gefährlich – und förderlich. Wie kleine Prüfungen verleihen sie einer Beziehung bei erfolgreicher Bewältigung eine besondere Qualität, mehr Nähe und Tiefe. Wir können anderen zeigen, dass wir auch in heiklen Situationen fair und loyal zu ihnen stehen – wie schon das Sprichwort sagt: In der Not erkennst du den wahren Freund.

Manchmal reagieren wir zu spät auf Störungen im Miteinander. Im empfindlichen Gewebe einer frischen Freundschaft können solche Verzögerungen für nie mehr heilende Risse sorgen. Warten Sie nicht zu lange, wenn Sie den Eindruck haben, dass die Vertrauensbasis ins Wanken gerät. Es wird kein Gras über die Sache wachsen. Wo Vertrauen gefährdet ist, empfiehlt sich schnelles

Eingreifen. Verzichten Sie auf Vorwürfe und Beleidigungen. Das heißt nicht, dass Sie anderen keine Vorschläge unterbreiten, wie Dinge Ihrer Ansicht nach besser geregelt werden können, oder niemals aussprechen, was Sie auf die Palme bringt. Doch werfen Sie nicht mit Kokosnüssen. Als Agent sind Sie sich jederzeit darüber bewusst, dass Unstimmigkeiten die Vertrautheit verletzen können – gerade wenn eine Beziehung noch jung ist. Je länger man sich kennt, desto mehr hält man aus. Richtig gute Freunde dürfen sich auch mal deftig beschimpfen. Das gilt nicht als Gefahr für die Freundschaft, sondern eher als Freundschaftsbeweis. Solange Sie sich jedoch noch nicht in diesen wunderbaren Gefilden tummeln, wo Kokosmilch und Honig fließen, bleiben Sie auf der Hut.

»Vor jedem Konflikt- bzw. Kritikgespräch muss sich der V-Mann-Führer über sein Ziel (Was möchte ich erreichen?) im Klaren sein und sollte auch eine Zeitvorstellung für den Ansatz des Gesprächs haben, damit es nicht zu Endlosdiskussionen kommt. Zu Gesprächsbeginn ist ein positiver Kontakt, eine entspannte und offene Atmosphäre herzustellen. Im Gespräch ist von Tatsachen auszugehen. Es dürfen keine Gerüchte, Meinungen oder Hörensagen vorgehalten werden. Andererseits darf aber auch nichts bagatellisiert, übertrieben oder entschuldigt werden. Kritik kann kein Monolog sein.«
Quelle: Nachrichtendienstpsychologie, Band 1

Konflikt heißt im weitesten Sinne, dass zwei unterschiedliche Sichtweisen aufeinandertreffen und es auf den ersten Blick so aussieht, als wären sie nicht miteinander vereinbar. Als Agent wissen Sie natürlich, dass dem nicht so ist. Meistens. Hin und wieder passiert es uns, dass wir kurzzeitig vergessen, dass wir nicht allein auf der Welt sind und demnach im Extremfall eine zweite Meinung existieren könnte. Das kommt in den besten Häusern und je nach Temperament auch mal häufiger vor. Deshalb: Fenster und Türen auf. Blickwinkel erweitern, Perspektive wechseln. Sie wissen ja bereits: Die Realität, die unserer Meinungsbildung zugrunde liegt, ist relativ. Und wird oft überbewertet. Fragen Sie sich, ob Sie an der Stelle eines anderen Menschen in dessen Situation mit seinem Hintergrund genauso gehandelt oder entschieden hätten, wie er es zu Ihrem Missfallen getan hat. Sie werden prompt feststellen, dass Sie über die Situation und die Beweggründe Ihres Gegenübers relativ wenig wissen. Diese Erkenntnis gibt Ihnen geistigen Handlungsspielraum. Ersparen Sie Vorwürfe und Abwertungen nicht nur Ihren Mitmenschen, sondern auch sich selbst. Vor Fehlverhalten ist auch ein Topagent nicht gefeit!

Und wenn ihm ein Fehler unterlaufen ist, was macht er dann? Wird er unsichtbar? Sprengt er die Brücke und kapert ein U-Boot? Streckt der Staragent den Daumen raus und stoppt einen Starfighter? Nein. Er macht etwas ganz anderes. Etwas Unglaubliches: Er gesteht seinen Fehler sofort ein und entschuldigt sich aufrichtig. Und das war's dann auch, denn er wird diesen Fehler nie wieder machen. Und nie wieder ansprechen. Die Sache ist vom Tisch, und die Aufmerksamkeit richtet sich konstruktiv und lösungsorientiert in die Zukunft. Agenten begehen gewiss nicht den Fehler, Konflikte ohne Not zum Thema zu machen, indem sie sich wieder und wieder für dieselbe Sache entschuldigen. Auch begehen sie nicht den Fehler, Fehlverhalten ohne Not zu begründen. Dadurch würden sie dem Negativthema mehr Aufmerksamkeit schenken als notwendig. Langatmige Entschuldigungen, die für andere unter Umständen nach Ausreden klingen könnten, gehen immer auf Kosten Ihrer Persönlichkeit. Und Ihre Persönlichkeit ist das Einzige, womit Sie punkten, wenn Sie um Vertrauen werben. In den meisten Fällen ist Ihr Gegenüber glücklich über eine spürbar ernst gemeinte Entschuldigung und über Lösungsvorschläge, wie solche Vorfälle in der Zukunft vermieden werden können.

Sollte es wider Erwarten zu einem Kontaktabbruch kommen, obwohl Sie zu jedem Zeitpunkt fair agiert haben, halten Sie sich dennoch stets eine Hintertür offen. Das heißt, Sie beenden jeden Kontakt so, dass Sie ihn irgendwann wieder aufnehmen könnten. Hinterlassen Sie niemals verbrannte Erde! Agenten benehmen sich in jeder Situation so, dass sie ihrem Konfliktpartner jederzeit in die Augen sehen können. Und sich selbst im Spiegel. Das ist auch der Grund dafür, dass ich trotz meiner Jahre im Milieu dieses Buch schreiben und mich damit in die Öffentlichkeit begeben kann.

Schauen Sie nicht zurück. Wenn Agenten ihren Blick in die Vergangenheit richten, dann lediglich, um sich an die Ressourcen zu erinnern, die sie genutzt haben, um die Krisen und Konflikte von gestern erfolgreich zu lösen.

Bewältigte Konflikte und Krisen machen uns erfahrener und klüger, und es ist ein gutes Gefühl, sich in der Rückschau daran zu erinnern, was man alles geschafft hat. An unseren Krisen sind wir gewachsen. Deshalb sollten wir ihnen nicht aus dem Weg gehen, sondern sie stets als Chance für unsere persönliche Entwicklung begreifen. Was lernen wir daraus? Oft sind Rückschläge einfach nur eine kleine Korrektur auf dem Weg zum Ziel. Fragen Sie sich jeweils: Was ist gut daran?

Aus dem Agentenhandbuch:

- Seien Sie sich stets bewusst, dass Konflikte und Krisen gleichermaßen Vertrauen zerstören und aufbauen können.
- Gestehen Sie Ihre Fehler sofort ein und wiederholen Sie sie nicht.
- Heißen Sie Krisen als persönliche Wachstumschancen willkommen.
- Entschuldigen Sie sich ein einziges Mal. Ernsthaft und aufrichtig.
- Verzichten Sie auf Rechtfertigungen.
- Nehmen Sie die Position Ihres Gegenübers ein, um sein Verhalten zu verstehen.
- Beenden Sie jede Beziehung so fair, dass Sie später wieder Kontakt aufnehmen können.

Im Fadenkreuz

Das Anwerben von Vertrauensmännern besteht aus zahlreichen Etappen mit mehreren Treffen. Dabei gehören die erste *Kontakt-aufnahme* und die *Offenbarung* zu den wichtigsten und heikelsten Momenten. Nach einer kurzen Testphase, in der die Zuverlässigkeit des V-Mannes auf die Probe gestellt wird, geht die Anwerbephase in die Kultivierungsphase über.

Mittlerweile hatte ich mich mit Hilfe weiterer Berichte aus der Analyse bestens über Tichow informiert. Er wohnte in Bad Soden, außerhalb von Frankfurt am Main, zusammen mit einer ehemaligen Prostituierten, die als Bedienung in einem eher zwielichtigen Etablissement arbeitete. Amtlich gemeldet war er dort nicht. Er hatte jeden Monat eine relativ hohe, aber für diese Kreise nicht ungewöhnliche Mobilfunkrechnung, diese wurde über sein Privatkonto beglichen, über das ferner die üblichen Transaktionen des alltäglichen Lebens abgewickelt wurden. Außerdem gab es ein diskretes Firmenkonto. In der Regel fuhr er einen schwarzen tiefer gelegten Audi A5 mit Sportfahrwerk, Alufelgen und Ledersitzen. Das Fahrzeug war auf seine Freundin zugelassen, die keinen deutschen Führerschein besaß. Auf Tichows Namen war in Deutschland weder ein Fahrzeug noch ein Festnetzanschluss registriert. Auffällig war, dass er drei- bis viermal monatlich Mietfahrzeuge buchte. Immer sehr große, sportliche, schnelle und repräsentative Autos. Oft unter wechselnden Namen. Neben seinem eigenen tauchten der Namen seiner Firma, seiner Freundin, von deren Schwester oder deren Ehemann auf. Angemietet wurden die Fahrzeuge meistens in Frankfurt. In Ausnahmefällen in Wiesbaden, Hamburg, Berlin und in einem Fall in München. In einem Drittel aller Fälle wurden die Fahrzeuge am Flughafen Amsterdam zurückgegeben. Nach Frankfurt flog er immer mit demselben KLM-Flug am frühen Nachmittag.

Die Analyse hatte in Erfahrung gebracht, dass Tichow viel Zeit in Hamburg und in Berlin verbrachte, wo er bei Freundinnen wohnte, die offensichtlich nichts voneinander wussten. Er war geschieden und hatte einen sechsjährigen Sohn, der an Mukoviszidose, auch zystische Fibrose genannt, einer unheilbaren Stoffwechselkrankheit litt und bei seiner Mutter in Kasan, einer Stadt in Russland direkt an der Wolga lebte. Tichow besuchte die beiden regelmäßig und unterstützte sie finanziell mit stattlichen Beträgen. Sein Sohn brauchte teure, in Russland schwer erhältliche Medikamente. Mit seinen Mieteinnahmen aus der Lagerhalle konnte Tichow Ausgaben in diesem Umfang unmöglich bestreiten. Wahrscheinlich zweigte er deshalb heimlich Rauschgift ab. Der Verkauf brachte ihm leicht verdientes Geld, doch das Risiko war enorm hoch. Tichow wusste, dass er mit drakonischen Strafen rechnen musste, sollte dieses Geheimnis jemals auffliegen. Wem gegenüber er sich zu verantworten hätte, wussten wir zu diesem Zeitpunkt noch nicht. Auch konnten wir noch keine Verbindung zu Wladimir L. herstellen, doch unsere Chancen standen gut, denn Frankfurt und Berlin gehörten zu Wladimirs Revier.

Ich war hochzufrieden, denn nun war ich bestens über Tichow informiert. Das Spiel konnte beginnen. Mein Ziel war klar: Tichow für den Nachrichtendienst zu gewinnen. Die Voraussetzungen erschienen günstig. Dennoch wartete ein beträchtliches Stück Arbeit auf mich. Die Methoden, die ein Agent in der Anwerbungsphase anwendet, sind äußerst subtil und unterscheiden sich in jeder Hinsicht von den gängigen Klischees.

In Kinofilmen wird die Vorgehensweise der Geheimdienste als eher plump beschrieben. Dort folgen Agenten einfachen Regeln, nach dem Motto: Der Zweck heiligt die Mittel. Druck, Erpressung und Nötigung gelten als gängige Methoden, und wenn sie nicht zum Erfolg führen, wird mit Geld gefügig gemacht. Wissen wird gekauft. Aktenkoffer mit dicken Geldbündeln werden gegen Mikrofilme und CDs getauscht, Geld führt in Versuchung und bringt schließlich zu Fall.

Die Realität sieht anders aus. Die Informationen, auf die der Geheimdienst Wert legt, sind brisant. Für denjenigen, der sie verrät, steht vieles, wenn nicht alles auf dem Spiel. Auf jeden Fall seine Integrität innerhalb der Organisation, unter Umständen seine wirtschaftliche Existenzgrundlage, im Extremfall seine Gesundheit oder sein Leben. Warum sollte jemand eine solche Kooperation eingehen? Wo liegen die Motive, so etwas zu tun?

Kurzfristige Motive gibt es reichlich, abhängig von der jeweiligen Situation und dem jeweiligen Protagonisten. Ein handfestes Kompromat wie Tichows Rauschgift-Unterschlagung ist absoluter Luxus. In anderen Fällen bieten sich beispielsweise folgende Ansatzpunkte: Streitigkeiten innerhalb einer Organisation, rivalisierende Banden, zwischenmenschliche Konflikte, Geldnot, aber auch Spaß an Spiel und Spannung, Neugier, Nervenkitzel, die Hoffnung auf nützliche Informationen, Vorwarnungen, materielle Vorteile oder Schutz durch einen starken, unsichtbaren Partner, die Aussicht auf einen deutschen Pass und eine neue Identität. Für den kurzfristigen und schnellen Erfolg sind das perfekte und fast unverzichtbare Ausgangspunkte.

Mit Druck, Erpressung und Nötigung können keine langfristigen und tragfähigen Beziehungen aufgebaut werden. Westliche, auf rechtsstaatlichen Grundlagen basierende Geheimdienste denken immer mittel- bis langfristig, nie kurzfristig. Es bringt nichts, sich jemanden zu packen, ihn in die Ecke zu stellen und so lange Druck aufzubauen, bis er beichtet, wer sein Boss ist. Wir wollen in die Spitze der Organisation vordringen. Zu den wirklichen Auftraggebern. Wir wollen wissen, wer wann wo was mit wem tut. Wir wollen immer auf dem neuesten Stand sein und zu jedem Zeitpunkt Zugriff auf die aktuellen Informationen und Entwicklungen haben. Das funktioniert nur, wenn wir es schaffen, den richtigen Informanten langfristig an der richtigen Stelle zu platzieren.

Einen materiellen Gegenwert, der Gefahren und Risiken aufwiegt und die Zukunft absichert, wird der Nachrichtendienst sich nur in Einzelfällen leisten. Nicht aus Budgetgründen, sondern weil das Bezahlen von Informationen mit Geld seine Tücken hat. Obwohl viele Menschen es glauben, ist Geld niemals ein wirksamer Motivator. Nicht auf Dauer. Nicht in der Wirtschaft und erst recht nicht für die nachrichtendienstliche Arbeit. Im Gegenteil. Informationen mit Geld zu bezahlen birgt ein großes Risiko. Wenn Sie einem Informanten Geld für Informationen bezahlen, können Sie davon ausgehen, dass Sie bei jedem Treffen bessere, spannendere und raffiniertere Informationen bekommen, die höchstwahrscheinlich immer weniger mit der Realität zu tun haben. Bald zahlen Sie für Märchen – die dabei gewieft ausgearbeitet sind: stets garniert mit tatsächlich überprüfbaren Fakten.

Doch Sie können diesen Informationen nicht trauen, und das ist der Grund dafür, warum Geld als Führungsmittel nicht infrage kommt. Bloß was tun, um einen potenziellen V-Mann auf lange Sicht zu binden? Unterm Strich bleibt nur ein einziger Weg, und der führt über das Vertrauen. Der Informant muss lernen, Ihnen zu vertrauen, und sich sicher fühlen. Er muss überzeugt davon sein, dass Informationen, die er Ihnen offenbart, nicht dazu führen, dass er als Verräter enttarnt wird. Auf diesen Prüfstein stellt der V-Mann seinen Agenten von der ersten bis zur letzten Sekunde der Zusammenarbeit.

Alle wollen nur das Eine

Unser Ziel ist es, bei anderen Menschen etwas zu erreichen, sie für etwas zu gewinnen. Das gelingt, wenn wir die Bedürfnislage dieser Menschen treffen. Wohlgemerkt: die der anderen Menschen, nicht unsere eigene. Wer glaubt, er erreiche seine Ziele, indem er alles lediglich aus seiner eigenen Perspektive betrachtet, handelt ungefähr so wie der Mann, der nachts unter einer Straßenlaterne etwas sucht.

»Kann ich Ihnen helfen?«, fragt eine Frau.

»Ja, ich habe meinen Schlüssel verloren.«

»Und wo?«

»Dort hinten.«

»Warum suchen Sie dann hier?«

»Weil hier Licht ist.«

Wir können die Bedürfnisse anderer Menschen auf zwei Ebenen erfüllen. Zum einen können wir ihre aktuellen Bedürfnisse, zum anderen ihre Grundbedürfnisse befriedigen. Und selbstverständlich auch alles zusammen.

Die aktuellen Bedürfnisse sind bei jedem Menschen anders und können rasch wechseln. Max wünscht sich, bei *Stierblut* als Nächster bedient zu werden, weil dieses Glitzershirt im Schaufenster wie für ihn gemacht ist, Cossi möchte jetzt am liebsten sofort am Strand liegen, Tina hat Hunger, Tom braucht dringend einen Zahnarzt, V-Männer träumen von neuen Identitätspapieren, Führerscheinen trotz Fahrverbot und Koffern voller Geld und Gold. Sie sehen schon, die aktuellen Bedürfnisse eines anderen Menschen zu erfüllen, ist oft gar nicht so einfach. Teilweise *kann* man sie nicht erfüllen, teilweise *will* man sie nicht erfüllen. Für Agenten ist es sogar der Regelfall, dass wir die aktuellen Bedürfnisse unserer V-Männer nicht erfüllen wollen. Das ist aber auch gar nicht der entscheidende Aspekt.

Wenn wir vom Aufbau einer vertrauensvollen Beziehung sprechen, ist es weitaus wichtiger, die Grundbedürfnisse unseres Gegenübers zu erfüllen. Das ist überraschenderweise relativ einfach, denn die Grundbedürfnisse sind bei allen Menschen gleich.

Kennen Sie eigentlich Ihre Grundbedürfnisse? Nein, nicht die nach einem neuen Auto, einem neuen Boot, einem neuen Haus. Es geht um etwas anderes.

Sie möchten sich bestimmt gerne sicher fühlen. In Ihrem Leben, an Ihrem Arbeitsplatz, in Ihrer Wohnung, in Ihrer Umgebung und auch mit den Menschen, mit denen Sie zusammenleben.

Und Sie möchten wissen und spüren, dass die Menschen, mit denen Sie zusammenleben und denen Sie begegnen, Ihnen gegenüber wohlwollend und wertschätzend eingestellt sind. Dass Sie gehört werden, dass Sie geachtet und respektiert sind. Ja, dass Sie vielleicht auch geliebt werden.

Sicherheit, Liebe und Anerkennung – das wünscht sich jeder Mensch. Jeder.

In diesem Wunsch gleichen sich alle Menschen. Und diesen Wunsch können wir anderen Menschen auch fast immer erfüllen. Natürlich können wir nicht garantieren, dass sich ein anderer Mensch in seinem Leben insgesamt wahrgenommen und sicher fühlt. Aber wir tragen die Verantwortung dafür, ob er sich in unserer Gegenwart wertgeschätzt und sicher fühlt. Wenn wir ihm fair und authentisch begegnen, verständnisvoll und aufrichtig, wird er sich bei uns und mit uns wohlfühlen. Er wird vielleicht nicht benennen können, woher das genau rührt. Doch es ist da, und es entspannt ihn und trägt einen großen und entscheidenden Schritt zum Beziehungsaufbau bei.

Diese Haltung der Wertschätzung kostet Sie nichts. Ganz im Gegenteil: Sie bringt Ihnen etwas ein, denn sie strahlt auf Sie selbst zurück, und Sie werden sich besser fühlen. Das Einzige, was Sie investieren, ist positive Energie, die zu Ihnen zurückkommt, um gleich aufs Neue in die Welt hinausgeschickt zu werden.

Sicherheit + Liebe / Anerkennung = Wohlfühlen

Jeder Mensch hat ein Grundbedürfnis nach Sicherheit, will sich sicher fühlen und beschützt, und will, wenn es darauf ankommt, von starken Partnern geführt werden.

Jeder Mensch will geliebt werden, sich anerkannt, wahrgenommen, wertgeschätzt fühlen.

Jeder Mensch will sich wohlfühlen. In einer Umgebung, in der es ihm gutgeht, mit Menschen, in deren Gegenwart es ihm gutgeht.

Wenn wir es schaffen, diese Grundbedürfnisse, dieses Wohlfühlen auf subtile Art und Weise zu befriedigen, wirken wir attraktiv und anziehend auf andere Menschen. Andere Menschen werden beginnen, in uns zu investieren. Aus Leuten werden V-Leute, die etwas für uns tun. Doch für Sie ganz persönlich – nicht für die Organisation, der Sie vielleicht angehören. Und das auch noch gern.

Beziehungsarbeit

Zwischenmenschliche Beziehungen sind komplexe Prozesse, die keiner Logik gehorchen, sondern emotional ablaufen, überwiegend unterbewusst. Sie folgen tief verinnerlichten Denk- und Verhaltensmustern. Menschliches Verhalten kann deshalb lediglich zu einem gewissen Grad gesteuert und / oder vorhergesehen werden. Wir treffen unsere Entscheidungen nicht rational, sondern emotional, auch wenn wir noch so überzeugt davon sein mögen, alles cool und vollkommen vernünftig im Griff zu haben. Wir folgen unseren Grundbedürfnissen.

Vertrauen aufzubauen benötigt Ausdauer, Fingerspitzengefühl und Energie. Es ist fragil und kann jederzeit durch den geringsten Vertrauensbruch wieder zerstört werden. Also verwenden Nachrichtendienste in der Regel extrem viel Energie darauf, Vertrauen aufzubauen, um möglichst schnell die Beziehungsebene zu erreichen. Der Nachrichtendienst hat kein Produkt, keine Dienstleistung, mit dem er Informanten an sich bindet wie ein Unternehmen seine Kunden. Er arbeitet ausschließlich über Beziehungen. Das klare Ziel ist es, unter widrigsten Rahmenbedingungen in einem Minimum an Zeit so tief wie möglich auf die Beziehungsebene vorzustoßen. Um dieses Ziel zu erreichen, werden unendlich viel Zeit, Ressourcen und Know-how investiert. Vom allerersten Kontakt bis hin zur endgültigen Zusammenarbeit ist alles perfekt durchgeplant und lückenlos inszeniert. Kein Detail wird dem Zufall überlassen. Die Anwerbephase ist bereits weit fortgeschritten, wenn der potenzielle V-Mann allmählich versteht, was hier eigentlich passiert und mit wem er es zu tun hat. Er hat bereits ein ganz bestimmtes Bild von mir als Person, hat seine ersten Erfahrungen mit mir gemacht, kann mich, mein Verhalten, meine Werte einschätzen, er nimmt mich als selbstbewusst, kompetent und sympathisch wahr, fühlt sich sicher und hat eine gemeinsame, wenn auch noch kurze Vergangenheit mit mir. Erst wenn das geschafft ist, werden die Karten auf den Tisch gelegt. Verdeckt, noch nicht offen.

Auch im Fall Tichows hatte ich einen konkreten und ausgeklügelten Plan, wie ich sein Vertrauen gewinnen wollte. Fühlen Sie sich an meiner Seite sicher genug, um mich dabei zu begleiten? Dann bitte ich Sie nun in den zweiten Sicherheitsbereich.

2. SICHERHEITSSCHLEUSE: DIE CHARAKTERISIERUNGSPHASE

Die Kontaktaufnahme

Sie sind nun mental, inhaltlich und organisatorisch top vorbereitet. Ihre Einstellung ist optimal, Ihr Team ist bestens aufgestellt, Horchposten sind instruiert, jedes Detail ist überprüft, das Ziel klar definiert, die Logistik steht. So können Sie mit einem guten und sicheren Gefühl in die Mission starten. Denn Sie wissen: Sie sind nicht allein. Sie sind umgeben von Menschen, denen Sie vertrauen und die Ihnen vertrauen.

Auch ich hatte für unsere bevorstehende Begegnung mit unserer Zielperson alles vorbereitet. Jeder Schachzug war akribisch geplant. Meine Legende kannte ich in- und auswendig. Outfit und Accessoires hatte ich mit Bedacht ausgewählt. Ich wartete nur noch auf das Startsignal der Kollegen – und sie warteten darauf, dass Tichow wieder einmal nach Amsterdam fuhr. Mein Plan sah vor, Tichow im Flugzeug auf dem Rückweg von Amsterdam nach Frankfurt zu begegnen.

»Hat man erst einmal gelernt, Varianten möglicher Einsatzsituationen mental durchzugehen, sollte das bereits einen beruhigenden und natürlich vorbereitenden Effekt haben:

*Man fühlt sich gewappnet. Kognitiv stellt sich die Gewiss-
heit ein, der Sache gewachsen zu sein, und emotional werden aufkommende Ängste und Unsicherheiten vorwegge-
nommen und vorweg verarbeitet.*«
Quelle: Nachrichtendienstpsychologie, Band 3

Klingelton Rot

An einem Dienstag war es endlich so weit. Mein Handy klingelte.
Es klingelte nicht wie üblich, sondern mit dem Klingelton Rot,
den die Abteilung für Operative Angelegenheiten bei Ad-hoc-La-
gen einsetzt.

Ich hielt mich gerade mit einem V-Mann in einem Hotelzimmer in Berlin auf und sichtete die Unterlagen, die er für mich
beschafft hatte. Tisch, Bett, Nachtkästchen und Stühle waren
mit Papieren bedeckt, und auch auf dem Boden hatten wir sie
ausgelegt, wie ein roter Teppich führten sie bis ins Badezim-
mer. Mein V-Mann und ich hatten eben ein System in die Unterlagen gebracht, als sich mein Handy meldete. Er achtete nicht
darauf. Er war daran gewöhnt, dass ich während unserer Treffen keine Gespräche annahm. Doch dies war der Klingelton
Rot. Damit hatte ich keine Wahl, ob ich das Gespräch annehmen wollte oder nicht. Rot bedeutete absolute Priorität. Die Mit-
teilung der Einsatzleitung lautete: Zielperson 2201, Code 15.
Was so viel bedeutete wie: Tichow ist auf dem Weg zum vereinbarten Ort. In unserem Fall Amsterdam. Die Observationskräfte
hatten gemeldet, dass Tichow in Hamburg einen dunkelblauen
5er BMW angemietet hatte und auf der A1 Richtung Westen
fuhr. Die Gelegenheit, auf die wir gewartet hatten, war gekommen.

»Entschuldige bitte, ich muss weg«, sagte ich zu dem V-Mann, holte die digitale Spiegelreflexkamera aus meinem Koffer und sicherte die Unterlagen fotografisch. Der V-Mann, der eine solche Situation mit mir noch nie erlebt hatte, fragte verdutzt: »Ist was passiert?«

»Noch nicht«, erwiderte ich und verstaute die Kamera in meinem Aktenkoffer, griff nach Handy und Autoschlüssel.

»So eilig?«, fragte der V-Mann ein wenig amüsiert, und in seinem Gesicht las ich, dass er gern mehr gewusst hätte, obwohl ihm klar war, dass er nichts erfahren würde. In unserer Verbindung war er ausschließlich für die Informationsbeschaffung zuständig. Ich für alles andere.

»Lass hier im Zimmer bitte nichts liegen, wenn du gehst. Ich melde mich heute noch bei dir. Kann aber etwas später werden.« Ich schaute ihm in die Augen, schüttelte ihm die Hand. »Du kannst dich allerdings darauf verlassen, dass ich vor zweiundzwanzig Uhr anrufe«, versicherte ich ihm, denn ich wusste, er jobbte im Großmarkt und seine Nacht endete um vier Uhr morgens. Zum Abschied berührte ich mit meiner Hand leicht seinen Oberarm.

Auf der Straße vor dem Hotel rief ich die Zentrale an, die bereits alles Nötige organisiert hatte. Wir starteten einen Wettlauf gegen die Zeit. Tichow würde voraussichtlich mit der 14.20-Uhr-Maschine von Amsterdam zurück nach Frankfurt fliegen. Man hatte den nächsten Direktflug von Tegel nach Schiphol-Amsterdam für mich gebucht, der in einer Stunde geboardet wurde. Mein Kollege bat mich, den Dienstwagen stehen zu lassen, ein Taxi sei organisiert. Und da fuhr es auch schon vor. Ich stieg ein und hörte weiterhin aufmerksam zu, was mein Kollege mir am Telefon mitteilte. Ein anderer Kollege mit einer Zugangsberechtigung für den Sicherheitsbereich war bereits in Tegel. Er würde mich am Gate E5, wo ich abfliegen sollte, erwarten, um mir Aktentasche, Laptop und Anzug zu übergeben; jene Requisiten, die ich nach reiflicher Überlegung für diese Mission ausgewählt und im Büro deponiert hatte. Meine Legende für die Ansprache Tichows stand seit längerem fest. In meiner Aktentasche würde ich den Ausdruck für mein Online-Ticket von Amsterdam nach Frankfurt finden. Anweisungen, wie ich von Frankfurt wieder nach Berlin gelangen sollte, würden mir später mitgeteilt. Ich beendete das Telefonat und ließ mich für einen kurzen Moment in das weiche Polster des Taxis fallen. Die Kollegen dachten immer an alles. Sie vergaßen nichts. Ein gutes Gefühl!

Trotz des üblichen Staus langte ich rechtzeitig in Tegel an. Ich würde es schaffen, wenn ich mich beeilte. Das Boarding begann in dieser Minute. Ich bezahlte den Taxifahrer und spurtete zum Security Check und weiter zu Gate E5. Wie vereinbart überreichte mir ein Kollege dort meine Requisiten.

Der Flug dauert nur eine Stunde und zwanzig Minuten. In Amsterdam hatte ich genügend Zeit, mich mental vorzubereiten und in aller Ruhe umzuziehen. Tichow saß wohl noch im Auto, irgendwo zwischen Frankfurt und Amsterdam, knappe fünfhundert Kilometer, die, wenn es der Verkehr zulässt, in vier Stunden zu bewältigen sind. Wir vermuteten, dass Tichow Geld aus Drogenverkäufen übergab. Mit Vorliebe werden solche Aktionen an Autobahnraststätten getätigt. Doch wir hatten keine Beweise. Wir hatten lediglich die Fakten seiner gebuchten Flüge und Mietwägen und waren uns darüber im Klaren, dass wir uns irren konnten. Bis jetzt war der Geldtransport eine reine Hypothese.

Im Gegensatz zur regulären Wirtschaft laufen die Geschäfte in Tichows Kreisen nicht bargeldlos. Hier macht man sich gern die Hände schmutzig mit Geld. Es geht von Hand zu Hand, wobei jeder Geldgeber stets nur einen Geldempfänger – den nächsten in der Hierarchie – kennt. Irgendwann kommen die Gelder irgendwo an und werden von dort in den illegalen Wirtschaftskreislauf zurückgeführt: in neue Rohstoffe investiert, häufig Drogen und/ oder Waffen. Oder sie werden in den legalen Wirtschaftskreislauf eingeschleust. Die Geldwäschereien verkleiden sich als Scheinfirmen, auch Auslandskonten und Offshore-Banken reinigen fast porentief und strahlend weiß, ohne hässliche Flecken auf den weißen Westen der ehrenwerten Gesellschaft zu hinterlassen.

Falls unsere Hypothese stimmte, wurde bei der Geldübergabe nichts dem Zufall überlassen. Aber was konnte Tichow sonst nach Amsterdam locken? Noch eine Freundin? Das hätte ja eine ganz besondere Frau sein müssen, für die er diese Strecke auf sich nahm. Oder war das gerade der Hype? Ein Tête-à-tête an einer Autobahnraststätte? Nein, dann doch eher Geldübergabe. Die Route war ausgeklügelt und so ein Deal schnell über die Bühne gebracht. Im Anschluss gab Tichow in der Regel am Flughafen den Mietwagen ab und stieg in die 14.20-Uhr-Maschine. The same procedure. Fast. Mein Zielobjekt sollte nicht merken, dass sich diesmal eine Kleinigkeit verändert hatte, und auf keinen Fall ahnen, welche große Wirkung diese Kleinigkeit in seinem Leben entfalten sollte …

Wissen – so viel wie nötig und so wenig wie möglich

Vielleicht fragen Sie sich, warum Sie sich auf einen Kleinkriminellen konzentrieren sollen, der Rauschgift bunkert und eventuell als Kurier unterwegs ist. Warum Sie nicht höher in der Hierarchie einsteigen. Doch der Einstieg betrifft ja lediglich Ihre Startposition. Sie bestimmen darüber, wie hoch Sie in der Hierarchie gelangen – denn Sie können diese Hierarchie entscheidend »aufmischen«, falls es sich als nötig erweisen sollte.

Unser Ziel ist zuerst einmal der direkte Weg in die nächste Ebene. Wenn ein Mann sich zum V-Mann mausert, erhält er den gezielten Auftrag, Ohren und Augen in einer bestimmten Angelegenheit offenzuhalten. Wir möchten beispielsweise wissen, wohin die Gelder letztlich fließen, die er übergibt. Er kennt zwar eigentlich nur den Boten, dem er die Tasche mit dem Geld in die Hand drückt, doch es gibt dennoch Möglichkeiten, etwas zu hören, zu sehen – und so vielleicht in die zweite oder dritte Ebene vorzudringen. Früher oder später wird der V-Mann allerdings an eine Grenze stoßen. Die Organisationen verfügen über komplex durchdachte und bestens funktionierende Abschottungsmaßnahmen: So viel wie nötig und so wenig wie möglich wissen. In diesem Motto ähneln sich Mafia und Nachrichtendienste. Doch die Nachrichtendienste bevorzugen andere Methoden. Beispielsweise werden operative Maßnahmen oder Zugriffsmaßnahmen der Polizeibehörden eingeleitet, die nur einen kleinen Teilbereich der Organisation betreffen. Die Polizei bekommt gerade so viele Informationen, dass es ausreicht, einen oder zwei Köpfe aus der Organisation »herauszusprengen«, wie wir sagen. Das muss keine Verhaftung bedeuten. Oft genügen offene Überwachungsmaßnahmen oder ständige Einladungen zu Verhören. Solche Mittel führen dazu, dass in der Organisation ein »Vakuum« entsteht. Sie wird die Herausnahme ihres Mitarbeiters aus dem operativen Geschäft forcieren. Doch die Geschäfte müssen ja weiterlaufen. Wer soll sie übernehmen? Natürlich ein Nachrücker. Einer, den man schon kennt, der über ein gewisses Grundwissen verfügt und dem man vertraut. Und so kommt »unser« V-Mann letztlich doch an die Stelle, wo wir ihn haben wollen. Die Kunst liegt also darin, einen V-Mann zur richtigen Zeit am richtigen Ort zu platzieren – und dort selbstverständlich zu schützen. Der V-Mann muss so etabliert werden, dass er nicht als Verräter auffliegt. Er soll sich selbst nicht gefährden und sich zudem nicht strafbarer machen, als er es ohnehin schon getan hat. Dazu wird beispielsweise eine Ausstiegsstory kreiert, um ihn vor Beginn einer Aushebung aus dem Schussfeld zu bringen. Bewährt hat sich für solche Geschichten das private oder berufliche Umfeld, mit dem sich die Tätigkeit in der Schattenwelt angeblich nicht mehr verelnbaren lässt.

Der Beginn einer wunderbaren Freundschaft?

Als Tichow den Terminal betrat, wartete ich bereits auf ihn – im Anzug, mit Aktentasche und BlackBerry in der Hand. Für ihn sah ich aus wie einer der jungen, offensichtlich erfolgreichen Geschäftsmänner, die zu Tausenden die Flughäfen Europas bevölkern. Tichow stellte sich zum Einchecken in die Schlange. Ich trat mit einem schnellen Schritt hinter ihn. Wie ein Katze. Eine Raubkatze. Das erste Mal war ich dem Mann ganz nah, den ich bisher nur aus Akten, V-Mann- und Observationsberichten kannte. Seit Wochen hing sein Bild in meinem Büro an der Wand. Ich hatte eine klare Vorstellung von ihm in meinem Kopf entwickelt. Und nun begegnete ich ihm das erste Mal leibhaftig. Er stand nur vierzig Zentimeter vor mir und war etwas kleiner als ich. Gerade rief eine Frauenstimme laut »Hallo! Hallo!«, und wie viele andere wandte auch Tichow seinen Kopf nach links. Ich starrte auf die kleine Schnittwunde an seiner Wange unterhalb des Nasenflügels. Beim Rasieren ausgerutscht? Dafür erschien mir die Wunde fast zu tief. Doch da geriet sie auch schon wieder aus meinem Blickfeld, und ich schaute auf seinen Hinterkopf mit der dunkelblonden Stoppelfrisur. Ich prägte mir jedes Detail von Tichows Gestalt und seinen Bewegungen ein. Ich saugte sie förmlich in mich auf. Der leicht wiegende Gang, mit dem er sich dem Counter näherte. In seiner rechten Hand hielt er sein Ticket, und manchmal klappte er es zwischen Daumen und Zeigefinger zusammen. Er benutzte ein mir angenehmes Rasierwasser, das nur als kaum wahrnehmbarer Hauch in der Luft hing. Direkt vor ihm checkten fünf auffallend attraktive Frauen in zehn Parfümwolken ein – eine fröhliche Gruppe, bepackt mit Tüten und Taschen begehrter Designer. Die Ladys wirkten, als hätten sie sich nach einem ausgiebigen Shopping auch noch ein Champagner-Frühstück gegönnt – und sie schenkten mir einen erstklassigen Vorwand. Selbstverständlich wollte ich den Platz neben Tichow, doch nicht absichtlich, sondern zufällig. Ich setzte ein charmantes Lächeln für die KLM-Angestellte mit dem gelben Halstuch hinter dem Check-in-Schalter auf. »Normalerweise würde ich um einen Sitzplatz bei diesen jungen Damen bitten«, begann ich und seufzte dann bedauernd. »Leider muss ich auf dem Flug arbeiten – deshalb wäre es mir lieb, wenn ich einen Platz neben dem Herrn vor mir bekommen könnte.« Ich ließ ihr keine Zeit, nach einem anderen freien Platz zu suchen. »Der sieht aus wie ein Geschäftsmann.« Ich hätte natürlich auch ohne zu schäkern um den Platz neben diesem Geschäftsmann bitten können. Doch vielleicht hatte mich die Champagnerlaune der Clique ein wenig angesteckt. Die Frau am Schalter, deren Augenfarbe wunderbar mit ihrem blauen Kostüm harmonierte, lächelte verständnisvoll und buchte mich auf den Sitz neben Tichow. Etappenziel eins war erreicht.

Als ich kurz darauf am Gate ankam, schien Tichow sich in Luft aufgelöst zu haben. Da entdeckte ich ein Schild mit einem Verweis zur Raucherzone. Auf allen Fotos, die ich von Tichow kannte, rauchte er. Ich beschloss, seine Aufmerksamkeit noch nicht auf mich zu lenken. Er würde mir ja nicht entkommen. Ich nahm in der Abflughalle Platz und wartete. Als das Boarding begann, erspähte ich Tichow in der Schlange. Ich drehte mein Gesicht zum Fenster und beobachtete scheinbar wie gebannt die Flugzeuge auf der Startbahn. Mein Plan sah vor, dass Tichow seinen Platz zuerst einnahm. Als einer der Letzten bestieg ich die Fokker 70. Ich hatte deutlich vor Augen, wo ich Tichow finden würde; ich kannte die Maschine. Fünfundachtzig Sitzplätze, siebzehn Reihen: eins bis zehn Europe Select, elf bis siebzehn Coach. Fünf Sitze pro Reihe, A und C links vom Gang, D, E, F rechts davon. Trotzdem ließ ich meine Blicke artig über die Sitzplatznummern unter den Gepäckfächern gleiten. Das wirkt am natürlichsten. Sollte Tichow den Eindruck bekommen, dass ich ihn anvisierte, würden bei ihm sofort die Alarmglocken schrillen, und er würde jeden Kontaktversuch abblocken. Also verhielt ich mich wie die meisten Passagiere auf ihrem Weg zu ihrem Sitzplatz – suchend –, während ich mich an ihn heranarbeitete. Von außen betrachtet machte ich einen völlig normalen, harmlosen Eindruck; lediglich ein Mann, der seinen Sitzplatz finden wollte. Innerlich war ich hochkonzentriert, meine Sinne maximal geschärft. Bis jetzt hatte Tichow mich noch nicht wahrgenommen, doch der entscheidende Augenblick nahte. Als ich bei Reihe vierzehn ankam, schaute ich Tichow freundlich an. Für einen Moment trafen sich unsere Blicke. Zum allerersten Mal. Ich speicherte diesen Moment wie einen Schnappschuss ab. Tichows Gesichtsausdruck entnahm ich, dass er in mir sah, was er sehen sollte: Einen zufälligen Sitznachbarn auf einem Flug.

Wieder ein Etappenziel erreicht.

»Der erste Kontakt mit einer bis dahin unbekannten Person prägt oft das gesamte weitere Verhältnis der beiden Gesprächspartner. Noch bevor das erste Wort gefallen ist, wird

das Gegenüber gemustert und abgecheckt. Bei dieser Vorbeurteilung spielen Vorurteile eine große Rolle. Mit diesem Hintergrundwissen sollte der nachrichtendienstliche Mitarbeiter sein Aussehen und Auftreten dem Anlass anpassen. Ein solchermaßen angepasstes Auftreten allein reicht zwar noch nicht aus, doch es erleichtert den Einstieg und verhindert mögliche Blockaden aufgrund von Vorurteilen beim Gesprächspartner.«

Quelle: Nachrichtendienstpsychologie, Band 1

Ich verstaute mein Handgepäck im Fach über meinem Sitz und setzte mich neben Tichow. Dabei grüßte ich ihn mit einem »Hallo!«. Er schaute von seiner Zeitung auf, nickte mir einen Gruß zu, und das war's dann auch schon. Für den Rest des achtzigminütigen Flugs beschränkte sich unsere Kommunikation auf die obligatorischen Worte: »Bitte«, »Danke«, »Kein Problem« und »Gerne«. Alles lief nach Plan. Der erste Kontakt war initiiert und solide inszeniert. Jetzt ging es mir darum, ein Gefühl für Tichow zu entwickeln, ihn möglichst lange zu beobachten, mich auf ihn einzustellen und mich in ihn einzufühlen, sein Verhalten zu scannen. Auszuloten, wann welche Tools in der Anwerbephase sinnvoll sein könnten. Ich suchte nach weiteren Ansatzpunkten, um die geplante Taktik zu optimieren. Es wäre zu früh gewesen, bei dieser ersten Begegnung Smalltalk zu forcieren. Hätte sich von selbst etwas ergeben, wäre ich gerüstet gewesen. So konzentrierte ich mich darauf, das Bild von mir gemäß meiner vorbereiteten Legende zu installieren. Ich öffnete meinen Laptop und arbeitete an den Plänen zum Bau einer Luxusjacht, die unsere Firma für einen reichen Russen realisierte, der sehr viel Wert auf Diskretion legte. Diese Legende beherrschte ich blind. Die Abteilung für operative Sicherheit hatte sie mir auf den Leib geschneidert. Sie hatte mir über die Jahre hinweg gute Dienste geleistet und war mit der Zeit immer lebendiger geworden.

Alle Details hielten selbst einer gründlichen Überprüfung stand. Die Firma war real, es existierten Konten, Fahrzeuge, Adressen, Telefonnummern und Ansprechpartner vor Ort, in den Melde- und Gewerberegistern und im Internet. Nicht nur wir und der Rest der Bevölkerung, sondern auch die Mafia googelt erstmal, wenn sie mehr über jemanden wissen möchte.

Tichow las ein Boulevardblatt, Sport und Klatsch. Politik und Zeitgeschehen, ohnehin dünn gesät, überblätterte er. Gut zu wissen. Mit der etwas jüngeren Stewardess flirtete er hin und wieder, die anderen beiden würdigte er keines Blickes. Er war frisch rasiert, und jetzt konnte ich sein Aftershave deutlich riechen. Immer noch angenehm. In der linken Innentasche seines Sakkos steckte ein Handy, in der rechten Außentasche ein zweites. Ebenfalls gut zu wissen. Manchmal ließ er seinen Blick von der Zeitung auf meinen Monitor gleiten. Das wunderte mich nicht. Viele Männer mögen Jachten, auch wenn die Galionsfiguren im Bikini fehlen. Für alle anderen hatte ich auch ein paar Werbefotos meiner Firma auf dem Bildschirm, bei denen es weniger auf die Fuß- denn auf die Beinlänge ankam.

Da ich kein Gespräch erzwingen wollte, gab ich mich ganz in meine Arbeit vertieft. Ich wollte Tichows Interesse, seine Neugier wecken und in seinem Kopf ein möglichst sympathisches, spannendes und attraktives Bild von mir erzeugen. Mehr nicht. Irgendwann würde er mich ansprechen. Er mich, nicht ich ihn. Wenn nicht auf diesem Flug, dann auf dem nächsten. Und das wollte ich ihm nicht allzu leicht machen. Ein bisschen Mühe sollte er schon investieren. Als die Stewardess mit den Getränken kam, bat ich um ein Mineralwasser; er wollte eine Cola und nahm den uns angebotenen Snack, ein Sandwich, an, den ich dankend ablehnte. Er trug eine Lederjacke, Jeans, ein beiges Polohemd und bequeme, aber abgetragene Loafers.

Als die Anschnallzeichen in Frankfurt erloschen, verabschiedete ich mich mit einem »Auf Wiedersehen!« von Tichow und hatte großen Spaß an der tieferen Wahrheit, die in dieser Aussage steckte. Diesen Spaß sah er mir an. Der letzte Eindruck, den er von mir bekam, war ein fast freches Lächeln. Tichow nickte mir erneut zu, dieses Mal freundlicher als beim Einstieg. Ich war zufrieden. Der erste Schritt war getan. Ich hatte alle Etappenziele erfolgreich durchlaufen.

Ihre siebte Mission

Kontakttheorie:
Der Erstkontakt beginnt vor dem Erstkontakt

Der Agent ist sich jederzeit darüber im Klaren, dass bereits bei der ersten auch unbewussten Wahrnehmung durch die Zielperson der Prozess der Bewertung beginnt. Dieses Wissen nutzt er, um den Eindruck zu erwecken, der für seine Mission zielführend ist.

Die Kontaktphase beginnt bereits vor dem ersten Blickkontakt, und zwar in dem Moment, in dem Ihr Gegenüber Sie zum ersten Mal wahrnimmt. Die Kunst bei der Kontaktaufnahme besteht in dem scheinbar spontanen und ungezwungenen Impuls dieses bis ins letzte Detail geplanten Augenblicks. Für den Nachrichtendienst ist es extrem wichtig, dass ein Kontakt klappt, deshalb wird nichts dem Zufall überlassen. Alles ist inszeniert. Genauso sollten auch Sie vorgehen, wenn Sie Kontakte knüpfen, egal wo, egal ob privat oder beruflich. Ein Kontaktversuch, der gewollt und aufgesetzt wirkt, öffnet Ihr Gegenüber nicht, sondern verschließt es. Also machen Sie es richtig – ungezwungen und spontan – und behalten Sie die Führung. Ein Widerspruch? Nur auf den ersten Blick!

Nutzen Sie jede Möglichkeit, um positiv, sympathisch, interessant, attraktiv, kompetent und anziehend auf Ihr Gegenüber zu wirken. Welche Aspekte Sie betonen möchten, hängt selbstredend von Ihrer Legende und der jeweiligen Mission ab. Achten Sie stets darauf, in welchem Kontext Sie wahrgenommen werden und wahrgenommen werden möchten. Selbstverständlich werden Sie bei einem Bewerbungsgespräch in einem Unternehmen andere Prioritäten setzen als bei einem Bewerbungsgespräch anlässlich eines Speeddatings.

Haben Sie Lust, mich an die Hotelbar zu begleiten? Es ist schon nach zweiundzwanzig Uhr, und dort an der Bar sitzt diese coole Brünette. Sie ist allein, und sie sieht so aus, als hätte sie nichts gegen Gesellschaft ...

Wie lange wollen wir warten, ehe wir sie ansprechen? Wollen wir sie vielleicht erstmal eine Viertelstunde anstarren und – sobald sie unseren Blick erwidert – wegschauen? Würde das unsere Attraktivität erhöhen und unsere Eloquenz raffiniert rüberbringen?

Wollen wir dann vielleicht einen echten Knaller wagen, wenn wir sie ausgiebig gemustert haben? »Sind Sie öfter hier?« Und uns dann wundern, weil sie uns nicht nur die kalte Schulter, sondern eiskalt den Rücken zeigt. Nein, natürlich verhalten wir uns nicht so. Wir sind Agenten. Wir wissen, worauf es ankommt.

Für die Leserinnen, meine geschätzten Agentinnen, gilt das Gleiche. Frauen haben es beim Erstkontakt ohnehin leichter. Im Gegensatz zu vielen von ihnen leiden Männer nicht unter dem Stress, zu »Beuteopfern« zu werden. Männer fühlen sich häufig sehr geschmeichelt, wenn eine Frau sie anspricht.

Anspricht. Nicht anstarrt. Und deshalb stehen wir jetzt auch auf und gehen zu dieser Brünetten / diesem Brünetten an der Bar. Das können wir übrigens auch, ohne vorher Blicke gewechselt zu haben. Wir müssen keinen Blickkontakt abwarten. Wenn sie es darauf anlegen, mit einer ganz bestimmten Person in Kontakt zu kommen, würden die meisten Menschen erst den Blickkontakt suchen. Um eine natürliche und spontane Wirkung zu erzielen, ist es jedoch in der Regel besser, genau das nicht zu tun.

Sprechen Sie die Zielperson direkt an. Vielleicht sogar von der Seite. Vielleicht sogar, während sie etwas anderes tut. In die Schale mit den Pistazien greift. Nach einer Zigarette sucht. Und vergessen Sie nicht zu lächeln. Sie brauchen Ihre Gesichtsmuskeln nicht anzuspannen. Es passiert nichts Schlimmes. Entspannen Sie sich! Sie brauchen sich kein Stück Fleisch aus der Wange zu beißen oder mit den Zähnen zu knirschen. Sie brauchen nur zu lächeln. Niemand tut Ihnen weh. Sie bleiben locker. Was soll schon passieren? Es gibt fast sieben Milliarden Menschen auf der Erde. Einen davon werden Sie gleich ansprechen. Davon geht die Welt nicht unter, die Kontinentalplatten verschieben sich nicht. Alles, was geschehen wird, ist, dass Sie das Wort an einen Mitmenschen richten. Und Sie werden es nicht auf eine abgedroschene Weise tun.

Sie werden nicht sagen:

Darf ich Sie zu einem Drink einladen?

Sie haben aber schöne Augen!

Sind Sie allein hier?

Sind Sie öfter hier?

Kennen wir uns?

Denn, mal ehrlich: Das denken Sie doch gar nicht, oder? Sie denken doch etwas ganz anderes. Allerdings möchte ich gar nicht wissen, was Sie denken. Und es wäre wahrscheinlich auch nicht ratsam, es auszusprechen. Denn entweder ist es zu direkt: Wow, ist das ein scharfer Typ!

Oder es disqualifiziert Sie: Ach, ich würde dich ja gern ansprechen, aber ich trau mich nicht.

Möchten Sie von jemandem angesprochen werden, der sich nicht traut? Möchten Sie nach zweiundzwanzig Uhr an der Hotelbar nach einem anstrengenden Tag eine therapeutische Sitzung beginnen? Oder möchten Sie sich einfach gut unterhalten und freuen sich auf ein interessantes Angebot zu einem Gespräch? Schließlich hätten Sie ja auch zu Hause oder auf Ihrem Zimmer bleiben können, wenn Sie keinen Wert auf Gesellschaft legen würden.

Also locker bleiben. Das interessante Angebot auch noch attraktiv machen: lächeln! So nehmen Sie der Situation das Bedrohliche. Gehen Sie auf Ihre Zielperson zu, wenn Sie nicht schon dran sind. Schauen Sie ihr lächelnd in die Augen und sprechen Sie sie an. Es gibt nichts, was mehr entwaffnet als ein offenes und ehrliches Lächeln.

Und jetzt? Auf keinen Fall lang überlegen, was Sie sagen könnten. Das macht nichts besser, sondern alles nur noch schlimmer. Unter keinen Umständen sollten Sie sich nun auch noch mit Selbstvorwürfen belasten. Sie hatten schließlich viel um die Ohren in der letzten Zeit. All diese Security Checks und Zugangscodes. Da kann man schon mal aus der Übung kommen. Also nehmen Sie einen vielleicht suboptimal verlaufenen Auftritt an der Hotelbar nicht allzu ernst. Er ist Teil des Trainings, das Sie durchlaufen. Trainieren Sie täglich und überall, mit anderen Menschen in Kontakt zu kommen.

Und das bedeutet: Als heterosexueller Mann sprechen Sie jetzt einmal keine Frauen an, die Ihnen gefallen, sondern ausschließlich solche, die Ihnen nicht gefallen, und außerdem Männer, Senioren und Haustiere. So lernen Sie, dass Ansprechen nicht wehtut. Als heterosexuelle Frau sprechen Sie keine Männer an, die Ihnen gefallen, sondern ausschließlich solche, die Ihnen nicht gefallen, und außerdem Frauen, Senioren und Haustiere. Okay, die Haustiere dürfen Ihnen gefallen, und Sie dürfen sie auch mal streicheln. Auf die Art wird es für Sie etwas völlig Normales, fremde Menschen anzusprechen. Beginnend bei denen, an denen Sie kein tieferes Interesse haben, steigern Sie sich allmählich zu solchen, die Sie sehr wohl interessieren. Zuerst ein bisschen, dann immer mehr. So erwerben Sie sich Routine und lernen zu erkennen, worauf es ankommt. Wenn Sie weitere Hilfe benötigen: Bitten Sie Ihren Chef, Sie für ein Seminar freizustellen, oder gönnen Sie sich selbst eins. Beim Nachrichtendienst heißen solche Seminare *Werber-Trainings*. Sollten Sie hierfür noch keine Zugangsberechtigung haben, können Sie auch außerhalb des Nachrichtendienstes an Kommunikations- und Kontaktseminaren teilnehmen.

Mein erstes Werber-Training wird mir unvergessen bleiben. Ich startete in der Erwartung, in die Geheimnisse der Informantenwerbung eingeweiht zu werden. In Wirklichkeit wurde ich mit einem unterm Hemd versteckten Mikrofon ausgestattet und erst einmal ins eiskalte Wasser geworfen: in die Lobby eines internationalen Hotels. Dort durfte ich mir nicht aussuchen, wen ich kennenlernen wollte, obwohl ich das auf den ersten Blick gewusst hätte. Vielmehr wurde ich auf eine ganz bestimmte Person angesetzt. In kürzester Zeit sollte ich möglichst viel über ihr berufliches und privates Umfeld in Erfahrung bringen. Was ich nicht wusste, war, dass sich unter den Hotelgästen auch Undercoveragenten befanden. Es war ungefähr wie bei Faschingskrapfen: Es gibt nicht nur die süßen, sondern auch mit Senf gefüllte. Interessant für mich war es damals zu erkennen, dass beim Knüpfen von Kontakten jeder im Team eine andere Strategie einsetzte. Und dass es nicht nur auf die gute Methode ankommt, sondern darauf, dass Methode und Mensch zusammenpassen. Einer meiner Kollegen, Julian David, konnte die frechsten Sprüche bringen – er war ein charmanter Kerl, dem niemand etwas krummnahm. Der brauchte bloß seine stahlblauen Kulleraugen aufzureißen, und alles war wieder gut beziehungsweise besser als jemals zuvor. Hätte ein anderer dergestalt frech aufgetrumpft, wäre er damit angeeckt. Aus diesem Grund ist es enorm wichtig, dass Sie nicht nur wissen, welche Strategie am sichersten funktioniert, sondern dass Sie aus verschiedenen Möglichkeiten jene Empfehlungen herausgreifen, die zu Ihrer Persönlichkeit passen.

Was alle Spielarten gemein haben:

- Warten Sie keinen Blickkontakt ab.
- Sprechen Sie Ihr Gegenüber nicht frontal, sondern von der Seite an.
- Lächeln Sie bei der Ansprache.
- Eröffnen Sie das Gespräch mit einem Thema, das sich aus der aktuellen Situation ergibt.
- Stellen Sie nicht zu viele Fragen.
- Wechseln Sie die Gesprächsthemen.

Ihren persönlichen Weg finden Sie am besten durch stetes Training. Dazu brauchen Sie nicht auszugehen. Sie können ständig überall trainieren. Morgens in der Bäckerei beim Brötchenkaufen können Sie schon damit anfangen, wildfremde Menschen anzusprechen. Einfach so, ohne besonderes Ziel. Nur um in Kontakt zu kommen. Ein winziges Gespräch, das vielleicht nur aus zwei oder drei Wortwechseln besteht. Selbstverständlich sollte niemand spüren, dass Sie zu Beginn eventuell Stress damit haben oder unter Druck stehen. Sie sprechen die Leute so an, als würden Sie im Grunde genommen überhaupt keinen Wert darauf legen, sie anzusprechen. En passant. Im Vorübergehen. Beiläufig. Unkompliziert. Das ist die Kunst. Damit punkten Sie. »Wiederholung ist die Mutter der Weisheit«, besagt ein russisches Sprichwort. Irgendwann macht Ihnen das so viel Spaß, dass Sie es gar nicht mehr lassen können.

Nachfolgend zwei Erkenntnisse, die Sie vielleicht inspirieren:

1. Die meisten Menschen erzählen sehr gern von sich, da sie nur selten Gelegenheit dazu bekommen. Wir leben in einer Zeit, in der Zuhörer Mangelware sind. Wenn man auf einen stößt, dann behält man ihn gerne und redet und redet und redet. Sollten Sie das nicht glauben: Probieren Sie es aus.

2. Viele Menschen, die gern und ausschweifend erzählen, stellen keine einzige Gegenfrage. Nehmen Sie das nicht persönlich. Das ist so. Das hat nichts mit Ihnen zu tun. Es zeigt nur die Bedürftigkeit Ihres Gegenübers und die Freude darüber, endlich einmal einen aufmerksamen Zuhörer gefunden zu haben.

Sollten Sie gelegentlich auf Ablehnung stoßen, nehmen Sie das erst recht nicht persönlich. Sie sind auch nicht jeden Tag gut gelaunt. Schütteln Sie die Sache innerlich ab und starten Sie den nächsten Kontakt.

Aus dem Agentenhandbuch

⊕ Vermeiden Sie alles, was bei einem Kontakt gewollt oder inszeniert wirken könnte. Natürlichkeit ist der entscheidende Schlüssel zum Erfolg.

⊕ Überlassen Sie bei aller Natürlichkeit nichts dem Zufall.

⊕ Nutzen Sie jede Möglichkeit, sympathisch und anziehend zu wirken.

⊕ Meiden Sie Anmachfloskeln.

⊕ Üben Sie täglich.

⊕ Betrachten Sie die ganze Angelegenheit als Spiel.

Kontakt vertiefen

Drei Wochen später fand unser nächster gemeinsamer Flug statt. Dieses Mal machte Tichow sich an einem verregneten Dienstag auf den Weg nach Amsterdam. Ich war an diesem Tag im Haus, was die Koordination erleichterte, und so traf ich frühzeitig in Schiphol ein, setzte mich in ein Café und las Zeitung. Tichow hatte noch einige Stunden im Auto vor sich. Um dreizehn Uhr setzte ich mich auf eine Bank unweit des KLM-Schalters. Ich überprüfte, dass man mich von dort aus nicht sehen konnte, und ließ den Schalter dann nicht mehr aus den Augen. In einer ruhigen und konzentrierten Stimmung rief ich mir noch einmal alles ins Gedächtnis, was ich über Tichow wusste. Dabei achtete ich darauf, dass meine Personenbeurteilung nicht von Vorurteilen geprägt wurde. Es dauerte nicht lange, bis Tichow sein Ticket einer Angestellten im üblichen blauen Kostüm mit gelbem Halstuch vorlegte. Ich beobachtete ihn und wartete, bis er im Security Check verschwunden war. Anschließend trat ich mit einem Lächeln vor die KLM-Angestellte. Ich grüßte sie freundlich mit ihrem Namen, den ich von ihrem Schildchen ablas. Dann gab ich ihr mein Ticket und sagte: »Mein Kollege hat gerade bei Ihnen eingecheckt. Bekommen Sie es hin, dass ich neben ihm sitzen kann?«

Sie lächelte und antwortete höflich: »Er hat den Platz 14 F am Fenster. Wollen Sie 14 D am Gang mit einem Sitz dazwischen oder 14 E direkt neben Ihrem Kollegen?«

Ein paar Minuten später trat ich mit meinem Boarding Pass – Sitzplatz 14D – in die Sicherheitskontrolle.

Als ich am Gate anlangte, sah ich Tichow Richtung Toiletten gehen. Das Boarding begann, und ich beeilte mich, das Flugzeug vor ihm zu betreten. Ich setzte mich auf meinen Platz und legte meine Laptop-Tasche und meine Anzugjacke auf den freien Sitz zwischen uns. Auf Tichows Fensterplatz drapierte ich ein blaues Kuvert, es hatte fast die Farbe der Sitzbezüge. Für heute hatte ich den ersten Smalltalk geplant. Da stand Tichow auch schon neben mir und zeigte auf seinen Platz: »Darf ich?«

Ich lächelte ihn an. »Aber natürlich!« Unsere Blicke streiften sich flüchtig. Dann stand ich auf und ließ ihn durch. Ich nahm meine Jacke und Tasche und verstaute beides im Gepäckfach.

Tichow entdeckte das blaue Kuvert. »Ist das Ihres?«

Überrascht und als wüsste ich nicht, was er meinte, fragte ich: »Wie bitte?«

Tichow wedelte mit dem Kuvert durch die Luft.

»Oh! Ach das! Ja! Das gehört mir! Danke, sehr aufmerksam.« Ich nahm Tichow das dargebotene Kuvert aus der Hand und stieß einen tiefen Seufzer der Erleichterung aus. »Da drin steckt die Arbeit von zwei Tagen.« Wieder trafen sich unsere Blicke, verweilten kurz. Tichow setzte sich.

»Wir kennen uns aus der Norman-Werft!«, sagte ich.

»Von wo? Nie gehört. Aber …«, er kratzte sich am Kinn, »bekannt kommen Sie mir auch vor. Irgendwie.«

»Dann aus dem Monopol-Hotel?«, suchte ich eine neue Alternative.

Tichow schüttelte den Kopf: »Ich komme zwar oft nach Amsterdam, aber das Hotel kenne ich nicht.«

Ich zuckte mit den Schultern. »Vielleicht sind wir uns ja in der Stadt begegnet?«

Jetzt zuckte auch er mit den Schultern. Er war, wie zu erwarten, noch nicht darauf gekommen. Wir hatten uns bei unserem letzten Treffen vor drei Wochen kaum unterhalten.

»Amsterdam hat schon sein ganz eigenes Flair. Die Grachten. Die schmalen Häuschen direkt am Wasser. Und die Menschen sind echt locker drauf. Tausend Nationen. Mir gefällt dieses Multikulti.« Ich schaute ihn an.

Es dauerte eine Weile, ehe er nickte. »Ja, es ist sehr schön hier.« Seine Stimme war tief und sein russischer Akzent unüberhörbar.

»Leben Sie in Amsterdam?«, fragte ich.

»Nein.«

Er zog nicht so richtig, also setzte ich einen drauf und erzählte von mir. »Ich bin öfter geschäftlich hier. Zurzeit eigentlich fast jede Woche.«

»Ich habe Freunde besucht«, log er.

Eine Stewardess bot uns Zeitungen an. Tichow griff zu, entfaltete seine Zeitung, überflog die Schlagzeilen und blätterte dann zum Sportteil. Als ich den Eindruck hatte, dass er die beiden interessantesten Sport-Artikel gelesen hatte, eröffnete ich die nächste Runde: »Jetzt hab ich's! Wir sind vor zwei Wochen schon mal nebeneinander gesessen. Stimmt's?«

Er musterte mich verblüfft. »Das war vor drei oder vier Wochen. Sie haben Recht. Jetzt erinnere ich mich auch.«

Ich strahlte ihn erfreut an: »Ist das nicht ein Zufall? Fliegen Sie die Strecke auch regelmäßig?«

Er antwortete nicht gleich, sagte dann vorsichtig: »Zurzeit kann das schon mal vorkommen.« Dann lenkte er die Aufmerksamkeit von sich weg. »Was machen Sie in Amsterdam?«

Bereitwillig beantwortete ich seine Frage. »Ich arbeite für Rotter & Rotter. Ein Ingenieurbüro. Einer unserer Kunden ist die Norman-Werft in Amsterdam. Momentan fliege ich zwei- bis dreimal pro Woche diese Tour.« Dann erzählte ich von der Jacht, die wir derzeit bauten. Auf dieses Thema stieg Tichow sofort ein. Geradezu begeistert schwärmte er mir von der Jacht eines Freundes vor. Er kannte sich ziemlich gut aus. Auch mit den drei Jachten von Roman Abramowitch, die im Hamburger Hafen in Schuss gebracht wurden. Die Zeit verging wie im Flug, und bald erzählte er mir, dass er Geschäftsmann und FC-St.-Pauli-Fan sei und an Frauen ein heißblütiges Temperament liebe. Er erzählte mir sogar, dass er Vater eines Sohnes und nicht mit der Mutter verheiratet sei, und ich hörte den Stolz auf seinen Sohn in seiner Stimme. Wahrscheinlich hätte er mir noch viel mehr erzählt, doch das Flugzeug setzte zur Landung an. Dieses Mal verabschiedete ich mich mit den Worten: »Hat mich sehr gefreut!«, und schaute ihn mit einem offenen, strahlenden Lächeln an. Er lächelte zurück.

Von außen betrachtet könnte man meinen, dass auf diesem Flug nicht viel geschehen war. Doch für mich war dieses Treffen sehr erfolgreich gewesen. Ich hatte mein Bild über Tichow um wesentliche Details ergänzt und den ersten wichtigen Schritt auf dem langen Weg zur Beziehungsebene gemeistert. Ich hatte ihm ein klares Bild von mir vermittelt. Mehr als zufrieden verließ ich das Flugzeug vor Tichow und ohne mich nach ihm umzublicken.

Gefahren bei der Personenbeurteilung

✦ Verlassen Sie sich nicht auf den ersten Eindruck, den Sie von einem Menschen haben. Lassen Sie sich Zeit, um fremde Menschen besser kennenzulernen. Vorschnelle Beurteilungen bringen Sie häufig auf eine falsche Fährte, und wenn Sie der erstmal folgen, haben Sie die Spur verloren.

✦ Lassen Sie sich nicht von Äußerlichkeiten wie Kleidung und Titeln ablenken.

✦ Überprüfen Sie in regelmäßigen kurzen Zeitabständen eigene Voreingenommenheiten und Vorurteile. Machen Sie sich bewusst, dass sich Vorurteile manchmal auch als fundierte Beweise verkleiden.

✦ Richten Sie Ihren Fokus auf die Einzigartigkeit dieses Menschen.

- Menschen, die Sie auf Anhieb besonders sympathisch oder unsympathisch finden, sollten Sie genauer unter die Lupe nehmen. Versuchen Sie herauszufinden, warum Sie diese Gefühle haben.
- Achten Sie nicht bloß darauf, was ein Mensch tut und wie er handelt. Erforschen Sie die Gründe für sein Verhalten.
- Verlieren Sie bei der Bewertung eines Verhaltens niemals die Allgemeinsituation aus dem Blickfeld. Ein situatives Verhalten lässt keinerlei Rückschlüsse auf übliches Verhalten zu.
- Beobachten Sie Ihr Zielobjekt aus den unterschiedlichsten Blickwinkeln und bilden Sie sich erst nach gründlicher Informationsbeschaffung und Beobachtung ein Urteil.
- Vergessen Sie niemals, dass all Ihre Erklärungen lediglich Interpretationsmöglichkeiten sind. Auch die schlüssigste Erklärung ist nur eine Möglichkeit von vielen, und was schlüssig erscheint, muss deshalb noch lange nicht der Wahrheit entsprechen.

Ihre achte Mission

Die Ansprache: Das Netz zieht sich zu

Der Agent reagiert nicht – er agiert. Er ergreift die Initiative und bleibt zu jeder Zeit Herr der Lage. Veränderten Gegebenheiten und Umständen passt er sich flexibel an und nutzt sie für seine Zwecke und Ziele.

Eröffnen Sie ein Gespräch am besten mit einem Thema, das sich aus der aktuellen Situation heraus entwickelt. Es gibt ständig aktuelle Situationen. Überall, wo Sie mit anderen Menschen zusammentreffen, existiert eine aktuelle Situation. Wenn Sie im Supermarkt in der Kassenschlange stehen und der Mann vor Ihnen zentnerweise Grünzeug auf das Band legt. »Aha! Heute ist Rohkosttag!«

Wenn jemand Ewigkeiten in seinem Portemonnaie nach Kleingeld kramt. »Ja, ja. Die kleinen Münzen verstecken sich immer gern ganz unten.«

Wenn jemand angewidert eine Zeitung zusammenfaltet. »Die Nachrichten waren auch schon mal besser.«

Sie hören am Dialekt einer Person, woher sie stammt. »Sie kommen aus Franken, oder?« Selbstverständlich sieht Ihr Gesicht dabei so aus, als würden Sie seit dreißig Jahren mit Begeisterung in dieser Region Urlaub machen.

Schulen Sie Ihren Blick für aktuelle Situationen. Wenn Sie sich nicht gleich trauen, Statements abzugeben, tun Sie es zuerst in Gedanken. Statements sind ein optimales Mittel, um schnell und leicht Kontakte zu knüpfen. Höchst geeignet sind hierbei Vorfälle, die mehrere Menschen mitbekommen. »Haben Sie das gesehen, wie der Verkäufer den Kunden eben behandelt hat ...« – »Haben Sie das mitgekriegt, wie der mit seiner Frau umgeht ...«

Worüber Sie nicht sprechen sollten: Allgemeinplätze oder Wetter oder Politik. Diese Themen sind im leichten und beschwingten Kontaktspiel zu dröge, schwerfällig, langweilig.

Statements präsentieren uns bei anderen als aufmerksame Zeitgenossen, die ein Blick für ihre Umgebung auszeichnet: »Ich habe Sie in den letzten zwei Wochen vermisst – waren Sie im Urlaub?«

Trotz der Leichtigkeit von Statements müssen Sie auch hier gelegentlich mit Zurückweisung rechnen. Sie können schon mal ein »Was geht Sie das an?« ernten. Allerdings sollten Sie sich dann fragen, ob Sie Ihr Gegenüber zuvor richtig eingeschätzt haben. Oft merkt man bei genauer Beobachtung, ob Menschen offen für einen kleinen Plausch sind – oder eben nicht. Behandeln Sie solche Vorfälle, als würden Sie am Computer arbeiten und sich einfach auf die nächste Website klicken. Nehmen Sie so etwas niemals persönlich. Mit dieser lockeren Einstellung vermeiden Sie es, selbst als bedürftig zu gelten. Sie strahlen keinen Drang aus, unbedingt jemanden kennenlernen zu müssen. Sie stehen nicht unter Druck. Es geht Ihnen gut, und Sie freuen sich des Lebens. »Herrlich, wie warm es hier auf den Steinen am Abend noch ist, oder?«

Nerven Sie andere nicht mit ständigen Fragen – jedenfalls nicht zu Beginn eines Kontaktes. Später können Fragen Interesse signalisieren. Zu Beginn eines Kontaktes wirken sie eher neugierig, ausforschend oder so, als suchte man zwanghaft Anschluss.

Statt zu fragen, woher Ihr Gegenüber stammt, raten Sie lieber.
»Stuttgart!«

»Wie kommen Sie denn darauf?«

... Und schon sind Sie mitten in einer netten Plauderei mit Ihrer Zielperson, ohne dass Sie das Gespräch mit Fragen gewaltsam vorantreiben. Stressen Sie sich dabei jedoch nicht. Innere Anspannung und eine angenehme Unterhaltung vertragen sich nicht.

Was Sie erzählen, muss Ihr Gegenüber interessieren. Wieso sollte er oder sie Ihnen sonst zuhören? Pure Höflichkeit ist nicht von Dauer. Reden Sie also über witzige, interessante, emotional bewegende Themen, die Ihre Zielperson mitreißen. Woher Sie wissen sollen, was Ihre Zielperson spannend findet? Wenn Sie keine nachrichtendienstlichen Erkundigungen eingezogen haben, gehe ich davon aus, dass Sie das mit einer Mischung aus Erfahrungswerten, Spontaneität und Intuition entscheiden.

An den Reaktionen beim Zuhören und dem Feedback, das Sie erhalten, erkennen Sie sehr genau, in welche Richtung Sie das Gespräch lenken sollten, um zu punkten. Legen Sie es nicht gezielt darauf an, zu beeindrucken oder zu überzeugen. Verzichten Sie darauf, Schmeicheleien und Lobreden über sich selbst zu verbreiten, und meiden Sie schräge, gruselige oder alberne Themen. Aufmerksamkeit zu wecken führt ans Ziel, aber als jemand wahrgenommen zu werden, der es auf Aufmerksamkeit abgesehen hat, das haben Sie bestimmt nicht nötig!

Aus dem Agentenhandbuch

- ⊕ Schulen Sie Ihren Blick, um aktuelle Situationen zu erkennen, die Sie zur Kontaktaufnahme nutzen können.
- ⊕ Setzen Sie auf Statements.
- ⊕ Lassen Sie andere auch mal raten, anstatt gleich zu antworten.
- ⊕ Genießen Sie Ihre neue Leichtigkeit im Kontakten!

Kontakt festigen

Als Tichow und ich das dritte Mal mit der gleichen Maschine flogen, betrat ich das Flugzeug in der letzten Minute. Variationen bieten Abwechslung und erhöhen die Spannung. Diesmal hatte ich mir den Sitzplatz neben ihm frühzeitig gesichert. Tichow saß bereits, vertieft in die Schlagzeilen seiner Boulevardzeitung.

»Das gibt's ja gar nicht, ich glaube, du verfolgst mich!«, begrüßte ich ihn mit einem offenen Lächeln. »Ich bin der Leo, grüß dich!« Ich wählte das Du mit Bedacht. Es erzeugt Nähe. In Tichows Szene ist es zudem üblich.

Ich streckte ihm meine Hand entgegen.

Er schüttelte sie und sagte seinen Vornamen. Hochzufrieden nahm ich zur Kenntnis, dass er mein Du akzeptierte. Während ich mein Gepäck verstaute, fragte ich beiläufig: »Du hast wieder deine Freunde besucht?«

»Ja.«

»Ich glaube eher, es ist eine Freundin!«, scherzte ich.

»Kann man nie wissen«, erwiderte er gut gelaunt. »Und du bist wieder in den Armen deiner Luxusjacht gelegen?«

Ich grinste. »Leider nicht meine. Aber ja. Es gibt immer zu tun.«

»Das glaube ich«, nickte er.

»So eine Luxusjacht hat mehr Technik an Bord als das Flugzeug hier«, übertrieb ich ein wenig. Da er nichts darauf erwiderte, redete ich weiter, um den Gesprächsfaden nicht abreißen zu lassen. »Letzte Woche war ich ausnahmsweise mal nicht in der Werft. In dieser Zeit hätte die komplette Elektrik abgeschlossen werden sollen. Das haben die nicht ganz geschafft. Dafür wurden die Marmorböden in beiden Bädern verlegt.« Ich rollte meine Augen nach oben. »Mit weißem statt schwarzem Marmor.«

Tichow grinste.

»Das muss jetzt alles wieder raus«, seufzte ich.

»Wenn man auch nur eine Minute wegschaut«, sagte Tichow. Es klang verständnisvoll. Vielleicht sogar eine Spur mitfühlend.

»Das kostet mich eine ganze Woche Arbeit, aber wir werden trotzdem rechtzeitig zur Taufe fertig.« Ich machte eine kleine Pause. »Wenn nichts mehr schiefgeht.«

Tichow nickte. Auch er hatte Leute unter sich, trug Verantwortung und musste ein Auge auf alles haben. Obwohl er selbst wenig sprach, wirkte er nicht uninteressiert.

»Und, bei dir alles okay?«, wollte ich wissen.

»Mal so, mal so«, erwiderte er vage.

»Was macht der Sohnemann?«

Ein breites Lächeln überzog sein Gesicht. Die Falten in seinen Augenwinkeln wurden zu Sonnenstrahlen, die links in einem Grübchen an der Wange mündeten. »Ist in die Schule gekommen. Letzte Woche.« Und dann erzählte er mir mehrere Minuten lang von seinem Sohn. Zuerst von der Schule, dann dass er ein ebenso großer Fußballfan sei wie er selbst. Das schien ihn besonders zu freuen. Dass das Kind schwer krank war, verschwieg er. Stattdessen sprachen wir über den deutschen Fußball im Allgemeinen und den FC St. Pauli im Besonderen. Kamen zu der ehemaligen Golden-Goal-Regel, streiften den American's Cup und Formel 1, landeten schließlich bei holländischen Hausbooten. Dann kam das Gespräch ins Stocken. Ich führte abrupt ein neues Thema ein. »Du, was ganz anderes. Ich fliege übermorgen wieder rauf und bleibe diesmal, bis alles unter Dach und Fach ist.«

»Du passt auf, dass Sie dir keine Klos in die Küchen einbauen?«

Sein Humor gefiel mir. Ich reckte den Daumen in die Höhe. »Ich würde gern jemand Bestimmten«, ich räusperte mich, »zum Essen einladen.«

Tichow grinste. »Verstehe«, nickte er und schaute versonnen der hübschesten Stewardess auf diesem Flug nach, die soeben Kinderspielzeug verteilte.

»Kennst du in Amsterdam ein kleines gemütliches Restaurant?«, fragte ich ihn. »Aber nicht irgendwas. Es soll was Besonderes sein. Etwas mit Flair. Und am wichtigsten ist mir das Essen. Ein Lokal, wo man richtig gut isst. Einen Geheimtipp suche ich. Kennst du dich da aus?«

Tichow legte sofort los. Er hatte nicht nur einen Tipp, sondern viele – und das war keine Überraschung für mich. Die Observation hatte ihn regelmäßig in Top-Lokale begleitet. Schön für die Kollegen, bitter für die Reisekostenstelle. Wir redeten über unsere Lieblingsgerichte und -weine, und Tichow geriet geradezu ins Schwärmen, als er von einem Fischrestaurant in der Altstadt erzählte. Er beschrieb nicht nur die Speisen, sondern auch die Atmosphäre im Restaurant, erzählte von der Großmutter in der Küche und den beiden Enkelinnen im Service – »knackiger als das junge Gemüse neben der Dorade«.

Die Zeit verflog nur so, und beim Aussteigen verabschiedete sich Tichow diesmal zuerst von mir. Mit einem breiten Grinsen sagte er: »Na dann bis zum nächsten Mal.« Ich nickte und schenkte ihm ein strahlendes Lächeln. Ich liebe es, wenn meine Pläne funktionieren. Bald schon würden wir uns wiedersehen. Diesmal allerdings nicht in der Luft. Aber das konnte Tichow nicht ahnen.

Ihre neunte Mission

Verbaler Angriff: Geheimwaffen der Kommunikation

Der Agent achtet darauf, welche Themen sein Gegenüber interessieren. Er etabliert Insidergeschichten, die seine Beziehung zur Zielperson vertiefen und ihm jederzeit ermöglichen, erneut Kontakt aufzunehmen.

Allein die Angel auszuwerfen, verlockt den Fisch noch nicht dazu, anzubeißen. Gerade zu Beginn einer Beziehung gilt es, interessante Köder ins Spiel zu bringen. Für Sie als Agenten ist das kein Problem – schließlich haben Sie Ihre zukünftigen Vertrauensleute einer ausgiebigen Observation unterzogen und sich Gedanken über sie gemacht. Wie ist er so? Was mag sie? Wofür interessiert sie sich? Womit kann ich ihn für mich gewinnen? Was braucht er von mir, um mich optimal unterstützen zu können? In einem lockeren, interessanten Gespräch gewinnen Sie nicht nur den anderen für sich, auch Sie selbst werden sich gut unterhalten. Sobald Sie den richtigen Ton vorgeben, wird Ihnen Ihr Gegenüber folgen. Eine wärmere Atmosphäre stellen Sie her, indem Sie duzen anstatt zu siezen. Sollte das nicht möglich sein, bleiben Sie verbal beim Sie und sprechen Ihr Gegenüber in Gedanken mit Du an. Durch diesen Trick verliert die Sprache an Förmlichkeit. Mit einem stillen Du in Ihrer Haltung prägen Sie auch Ihre hörbare Kommunikation.

Jammern Sie nicht! Achten Sie darauf, mit welchen Themen Sie in Verbindung gebracht werden. Menschen fühlen sich von Machern angezogen, nicht von Schwarzmalern, Negativdenkern und Bedenkenträgern.

Sollten Sie zu den Menschen gehören, denen manchmal erst im Nachhinein einfällt, worüber sie hätten sprechen können – und da wären Sie in zahlreicher Gesellschaft –, beherzigen Sie alles, was Sie bislang gelernt haben. Halten Sie Ausschau nach aktuellen Situationen, machen Sie Statements und spitzen Sie die Ohren. Wenn Ihr Erstkontakt wie gewünscht verläuft, werden Sie sich erneut treffen. Deshalb sollten Sie jetzt schon Stoff sammeln, an den Sie beim nächsten Treffen locker anknüpfen können, damit ein leichter und logischer Gesprächseinstieg gelingt. »Und, wie ist das Treffen am Dienstag für Sie ausgegangen?«, können Sie fragen, wenn Ihnen Ihr Gegenüber in der Woche zuvor davon erzählt hat. »Wie fühlen Sie sich jetzt als Schwiegervater?«, wäre eine logische Frage, wenn Sie wissen, dass die Tochter in der Zwischenzeit geheiratet hat. »Ist dein Hund wieder gesund?« – »Haben Sie Ihr Portemonnaie im Auto gefunden?« Es gibt unzählige Anknüpfungspunkte. Jedes Gespräch lässt lose Fäden zurück, die wir beim nächsten Treffen aufgreifen können. Das zeigt dem anderen unsere Wertschätzung, und dass wir uns für ihn interessieren, macht uns sympathisch und bereitet den Weg zur Vertrautheit. Sie verlieren nichts, wenn Sie sich aufrichtig für andere interessieren. Seien Sie ein guter Zuhörer, lassen Sie den anderen von sich erzählen, und Sie werden immer wieder feststellen, wie viele Menschen gern von sich erzählen.

Nicht nur alltägliche Geschehnisse eignen sich als Anknüpfungspunkte. Auch die Interessen Ihres Gegenübers können Sie nutzen. Sie haben beispielsweise erfahren, dass er sich für Fußball / Gärtnern / eine bestimmte Rockband oder Schauspielerin / Motorradfahren / Katzenzucht interessiert. Diese Information haben Sie abgespeichert und immer mal wieder auf Wiedervorlage geschoben. Wenn Ihnen diesbezüglich etwas Bemerkenswertes begegnet ist, haben Sie sich eine geistige Notiz gemacht, die Sie bei einem weiteren Treffen anbringen können: »Ich habe übrigens gehört/gelesen, dass ...« Das kostet Sie nicht viel Aufwand, ganz im Gegenteil. Sie trainieren Ihre Aufmerksamkeit und Ihr Gedächtnis. Und bei Ihrem Gegenüber hinterlassen Sie den allerbesten Eindruck. Sie präsentieren sich als Anteil nehmender Mensch, der Vertrauen verdient.

Sollten Sie sich nur gelegentlich treffen: Notieren Sie sich solche Informationen. Vielleicht sogar in Ihrem Terminkalender zu den Daten des nächsten Treffens.

Und notieren Sie sich vielleicht auch den Namen mancher Menschen, gerade auch derjenigen, denen Sie nicht täglich begegnen und die vielleicht keine bedeutende Rolle in Ihrem Leben spielen. Allein dadurch, dass Sie sie mit Namen ansprechen, könnte sich dies ändern.

Das, was jeder Mensch am liebsten hört, ist sein eigener Name. Mit dem Namen bin ich gemeint. Ich werde angesprochen. Der Name versichert mir meine Existenz, und dadurch, dass ein anderer ihn ausspricht, bestätigt er mich darin. Das ist die einfachste Kontaktformel. Obwohl das uns allen klar sein dürfte, vergessen viele Menschen die Namen anderer, und selbst wenn sie sie kennen, sprechen sie sie nicht aus. Erinnern Sie sich an das Gefühl, das Sie haben, wenn jemand, den Sie regelmäßig treffen, dem Sie sich schon einige Male vorgestellt haben, schon wieder seine Stirn in Falten legt, gequält sein Gedächtnis strapaziert und Sie letztendlich dann doch nach Ihrem Namen fragen muss. Wer Vertrauen aufbauen möchte, begeht diesen gravierenden Fehler nicht.

Wunderbare Anknüpfungspunkte im Gespräch sind jede Art von Insiderthemen. Die müssen allerdings erst einmal entstehen – aus einer Situation heraus –, und wenn nicht: Etablieren oder inszenieren Sie welche. Je interessanter, außergewöhnlicher, emotionaler, spannender, lustiger, desto besser. Das erleichtert es Ihnen, beim nächsten Kontakt ins Gespräch zu kommen. Zudem kann diese »Gemeinsamkeit« eine unschlagbar vertrauensbildende Wirkung haben. Wir alle kennen solche Insiderthemen. Manche werden zu Running Gags. Die Frau im Flugzeug sagt zu dem Mann neben ihr, sie würde gerne mal wieder einen Trilli sehen. Thriller meinte sie. Drei Jahre und eine Hochzeit später heißt es bei den beiden noch immer: Schauen wir uns einen Trilli an?

Einmal saß ich mit zwei deutschen und einem befreundeten russischen Geheimagenten nach einer eiskalten Mission in St. Petersburg in einer Sauna. In Russland werden Geschäfte oft in der Sauna abgewickelt – sie heißt dort Banja und hat eine ganz ähnliche Funktion wie bei uns der Golfplatz. Plötzlich brach unter meinem deutschen Kollegen die Bank zusammen. Monatelang wurde er, wann immer er sich setzen wollte, gewarnt: Vorsicht! Pass auf!

Frauen knüpfen in ihren Unterhaltungen meistens ganz selbstverständlich ein Beziehungsnetz. Da wimmelt es nur so von *Weißt du noch, Erinnerst du dich, Heute vor einem Jahr …* So wird das Gegenüber ständig an die gemeinsame schöne Vergangenheit erinnert. Männer setzen diese vertrauensbildende Masche seltener ein. Dabei rufen Insiderthemen eine lange gemeinsame Vergangenheit zurück ins Gedächtnis. Und im Grunde genommen ist es auch keine Masche. Es ist die gegenseitige Versicherung, eine gemeinsame Geschichte zu haben. Diese Strategie, die auch im Unterbewusstsein Ihres Gegenübers Wirkung entfaltet, unterstützt Sie dabei, Vertrauen aufzubauen.

Begehen Sie jedoch nicht den Fehler, sich an einem gefundenen Gesprächsthema festzukrallen. Wir kennen alle diese verkrampften Situationen, in denen man – häufig beim Meeting-begleiten-den Smalltalk zwischen Tür und Aufzug, in Wartesituationen, auf dem Weg zum Mittagessen – irgendetwas Nettes, Ungezwunge-nes plaudern soll. Man greift zu Allgemeinplätzen, zum Wetter und anderen Langweilerthemen und beißt sich daran fest. Nur keine peinliche Stille aufkommen lassen! Glücklich ist, wer ein Thema findet, das sein Gegenüber zu interessieren scheint. Doch Vorsicht! Schlagen Sie hier keine Wurzeln. Reizen Sie das Thema nicht bis zum Ende aus, dann fällt Ihnen wieder nichts ein, und die nächste peinliche Stille droht. Dieser Leerlauf ist das Kennzeichen erzwungenen Smalltalks.

Versuchen Sie auch bei Neukontakten ebenso frei und locker zu switchen wie bei guten Bekannten und Freunden. Menschen, die sich gut kennen, knüpfen in ihren Unterhaltungen meist mehrere Gesprächsfäden gleichzeitig. Da sitzen zwei Freundinnen im Café und kommen vom Hundertsten ins Tausendste. Sie reißen ein Thema an, dann kommt schon eine ähnliche Erfahrung, es folgt ein Einwurf und eine neue Geschichte, die wiederum an eine gemeinsame Erinnerung anknüpft, zwei neue Themen wer-den auf den Tisch gebracht und sofort wieder verworfen, längst haben sich die Sätze verkürzt zu Halbsätzen, Andeutungen. Das ist eine echte, lebendige Unterhaltung. Menschen, die sich gut kennen und mögen, lassen in einem Gespräch viele Fäden lau-fen, die nicht alle zu Ende geführt werden müssen, nein, wozu auch? Da bleibt immer etwas offen und weht durch die Luft. Kunterbunte Gesprächsfäden. Was heute nicht verknüpft wurde, findet und bindet sich vielleicht ein andermal – oder auch nicht.

Neue Bekanntschaften wechseln eher linear von einem Thema zum nächsten. Durch das Sprechen über mehrere Themen kön-nen Sie das Gefühl entstehen lassen, als wären Sie und die

Zielperson schon alte Freunde. Wenn ein bestimmtes Gesprächsthema für Sie nicht sinnvoll ist, schneiden Sie diesen Faden getrost ab und ein neues Thema an. Manchmal ist es auch ratsam, Gesprächsthemen zu beenden, die Sie selber aufgebracht haben. Als aufmerksamer Agent merken Sie es frühzeitig, wenn das Gespräch im Sande zu verlaufen droht, Ihr Gegenüber sich langweilt oder genervt ist. So weit sollte es niemals kommen. Auch wenn Männer und Frauen gelegentlich in unterschiedlichem Tempo reden und Themen wechseln mögen – die Methode ist die gleiche. Themawechsel!

Aus dem Agentenhandbuch

⊕ Seien Sie ein aufmerksamer Zuhörer, um Anknüpfungspunkte für weitere Treffen zu verifizieren.

⊕ Achten Sie auf besondere Situationen, Umstände oder Begebenheiten, die Sie thematisch wieder aufnehmen können.

⊕ Finden Sie Gemeinsamkeiten, die Ihre Beziehung stärken.

⊕ Vermeiden Sie Negativthemen, jammern und klagen Sie nicht.

⊕ Nennen Sie beim Namen.

⊕ Duzen Sie im Geiste, wo es Ihnen im Gespräch nicht möglich ist.

⊕ Etablieren Sie Insiderthemen und halten Sie diese im Spiel.

⊕ Krallen Sie sich nicht an einem Gesprächsthema fest: Üben Sie sich im flotten Themawechsel.

Die Offenbarung

Die Auswahl des richtigen V-Mannes ist eine der entscheidenden Herausforderungen für den Erfolg einer Mission. Er muss in der Lage sein, mit seiner Doppelrolle, dem Druck, den Gewissens- und Loyalitätskonflikten und den regelmäßigen Vertrauensbrüchen umzugehen. Er braucht eine starke und belastbare Persönlichkeit. All diese Voraussetzungen erfüllte Tichow meiner Einschätzung nach. Doch ob ich damit wirklich Recht hatte, wusste ich nicht. Das würde ich erfahren, wenn ich in die entscheidende Phase vordrang. Wenn ich unsere Treffen nicht mehr als Zufall inszenierte, sondern die Absicht dahinter erkennen ließ. Wenn ich selbst mich zu erkennen gab.

Die komplette Vorgeschichte, alles, was bislang geschehen war, hatten wir einzig und allein für diesen Moment der Offenbarung geplant. Er würde über die Zukunft entscheiden, ähnlich wie bei einem Wettkämpfer, der monate- und jahrelang für die Olympischen Spiele trainiert.

Stellen Sie sich vor, Sie müssen mit einer ganz bestimmten Person, die »berufsbedingt« nichts mit Ihnen zu tun haben möchte, in Kontakt kommen. Und nicht nur das. Ihre Mission ist es darüber hinaus, genau diese Person dazu zu bringen, für Sie zu arbeiten. Und das auch noch unter extremsten Bedingungen. Hier geht es nicht darum, mal schnell ein paar Regale aufzufüllen, sondern vielleicht sogar brisante Aufträge zu übernehmen. An dieser Leistung werden wir als Agenten gemessen. Deshalb ist es unabdingbar, gut vorbereitet in die Offenbarung zu starten. Wie viele Hotelbars haben Sie in den letzten Tagen und Wochen observiert? Ich hoffe, es waren genug, damit Sie jetzt keinen Erfolgsdruck aufbauen. Denn dieser Druck würde unsere Mission gefährden. Ihre wichtigste Aufgabe in diesem Moment ist es, Kontakt zu einer Schlüsselperson herzustellen, um eine kriminelle Organisation, auf deren Fährte Sie schon lange sind, zu zerschlagen. In dieses Ziel haben Sie und Ihre Kollegen Hunderte, vielleicht Tausende von Stunden investiert. Jetzt bietet sich die erste vielversprechende Chance seit langem. Wenn Sie jetzt versagen, ist alles dahin. Die ganze Mühe: Strategiemeetings, Analysen, technische Aufklärungsmaßnahmen, Observationen, Überstunden, umfassende Budgets. So ist es doch, oder?

Nein, so ist es nicht. Im Gegenteil, diese geistige Haltung ist der Anfang vom Ende. Mit jeder Zelle Ihres Körpers, mit jeder Regung, Ihrem ganzen Verhalten, mit allem, was Sie tun, sagen und denken, würden Sie genau diesen Erfolgsdruck ausstrahlen. Ob Sie wollen oder nicht, Sie würden hölzern und gekünstelt wirken. Der Druck würde Sie lähmen. Er würde Ihre Authentizität und natürliche Sympathie blockieren und damit jede emotionale Attraktivität. Insofern möchte ich Sie an dieser Stelle bitten, noch einmal in sich zu gehen, ob Sie mich hier und jetzt bei der folgenden Mission begleiten oder lieber noch eine Runde in der Hotelbar drehen.

Das Sicherheitsventil

Erstaunlicherweise steigen Ihre Erfolgschancen ab der Sekunde, in der Sie für sich beschließen, dass es sehr viel Wichtigeres gibt, als Ihr Ziel zu erreichen. Es hat keine existenzielle Bedeutung, ob Sie jetzt erfolgreich sind oder nicht. Egal wie die folgende Mission verläuft, die Welt wird nicht untergehen. Es ist vielleicht unangenehm für Sie, doch ernsthafte Folgen für Ihr Leben hat das nicht. Sie sind erfahren genug, um zu wissen: Sobald sich eine Tür schließt, geht eine andere auf. Und wer sagt denn, dass die geschlossene Tür sich nicht doch noch öffnet. Nächsten Monat, nächstes Jahr, irgendwann. Sie stehen jedenfalls nicht davor wie bestellt und nicht abgeholt. Sie kontrollieren die Situation. Wann Schluss ist, bestimmen Sie. Sie legen die Spielregeln für Ihre persönliche Olympiade fest. Auch wenn es diesmal nicht klappen sollte: Sie haben hervorragende Arbeit geleistet. Es wird eine neue Chance geben. Sie brauchen bloß die Augen offenzuhalten, um sie zu erkennen – selbst Chancen kommen zuweilen undercover daher.

> *»Der Gespräch suchende Mitarbeiter des Verfassungsschutzes hat bei seiner Vorgehensweise in der Gesprächsführung den besonderen Charakter dieser Situation zu berücksichtigen. Immerhin ist es für den jeweiligen Gesprächspartner, egal ob Beamter eines Einwohnermeldeamtes oder Zielperson einer Werbung, eine nicht alltägliche Begebenheit, von dem Angehörigen eines Nachrichtendienstes kontaktiert zu werden. Entsprechend hat sich der Verfassungsschutzmitarbeiter auf das jeweilige Gespräch vorzubereiten. Leider kann er sich dabei jedoch nicht nur auf die Beachtung der Regeln der Gesprächsführung beschränken. Zur Erreichung seines nachrichtendienstlichen Zieles steht er vielmehr im Spannungsfeld verschiedener Befindlichkeiten: rechtliche Aspekte, taktische Aspekte, Fürsorgeaspekte.«*
> Quelle: Nachrichtendienstpsychologie, Band 1

Das Treffen

Die bedeutungsvolle Begegnung fand an einem Dienstag in Frankfurt statt. Und natürlich war sie ebenso perfekt inszeniert wie alle anderen. Diesmal trafen wir uns auf offener Straße. Zu einer Zeit und an einem Ort, die für Tichow absolut überraschend sein mussten. Wir hatten ein Observationsteam auf ihn angesetzt, das seine

Wohnung in Bad Soden überwachte. Tichow verließ sie gegen zehn Uhr morgens. Wir folgten ihm bis Frankfurt. Er stellte seinen Wagen in einem Parkhaus ab und ging zu Fuß weiter. Ich befand mich bereits in Frankfurt – wir waren sehr vertraut mit Tichows Gepflogenheiten. In angemessenem Abstand folgte ich ihm zu Fuß. Ich setzte gerade an, die Distanz zu verringern und mich ihm zu nähern, da klingelte sein Handy. Sein Schritt verlangsamte sich, er blieb stehen. *Was tun? Ich darf ihn nicht verlieren. Ich darf nicht auffallen.* Ich wechselte die Straßenseite und scannte die Gegend. Wo konnte ich motiviert Zeit verbringen? Wo konnte ich mich aufhalten, ohne aufzufallen. Da vorne, der Kiosk. Eine Packung Zigaretten kaufen. Und dort drüben. *Coffee to go.* Seit es das an jeder Ecke gibt, ist Observieren wesentlich einfacher. Coffee to go könnte ein Agent erfunden haben.

Diesmal jedoch sparte ich mir den Kaffee, denn Tichow steckte sein Handy zurück in die Jackentasche. Alles konnte planmäßig weitergehen. Ich wechselte wieder die Straßenseite, holte auf. Als er in Reichweite war, legte ich ihm die rechte Hand von hinten auf seine linke Schulter und sagte den Namen, unter dem er in Deutschland behördlich gemeldet war. »Nicht erschrecken!«

Er fuhr herum und starrte mich an. »Wir müssen reden«, sagte ich. An seinem Gesicht konnte ich ablesen, wie es in seinem Gehirn ratterte. Zwei, drei, vielleicht vier Sekunden war er sprachlos. Woher wusste ich seinen Namen? Woher wusste ich, dass er hier war? Wie hatte ich ihn gefunden? Wer war ich und was wollte ich von ihm? Ich überließ ihn diesem Schwall an Gedanken und Gefühlen, die seine ganze Aufmerksamkeit erforderten, und sagte dann: »Glaubst du, es war Zufall, dass wir im Flugzeug nebeneinander gesessen sind? Dreimal in Folge?«

Tichow schnappte nach Luft. Er war total verunsichert, wie alle seine Kollegen, mit denen ich in der Vergangenheit das Vergnügen solch einseitig überraschender Begegnungen hatte.

»Ich arbeite für den Geheimdienst, und wir wollen dich kennenlernen.« Tichows Augen wurden größer, er bekam immer noch kein Wort heraus.

»Was willst du von mir?«, keuchte er.

»Zehn Minuten von deiner Zeit. Am besten jetzt gleich!«

»Ich habe keine Zeit«, zischte er. Seine Stimme klang gepresst und dünn. Ganz anders als im Flugzeug.

»Zehn Minuten kannst du bestimmt erübrigen. Es lohnt sich für dich. Du kannst nur gewinnen. Deine Geschäfte interessieren uns nicht.«

Er riss die Augen auf. »Welche Geschäfte? Was willst du von mir?« Ein Schweißfilm bedeckte seine Stirn.

Ich lachte ihn an. »Hör zu, ich bin nicht hier, um ein Spiel mit dir zu spielen. Um deine Lagerhalle geht es uns auch nicht. Nicht wirklich.« Ich machte eine Kunstpause. »Es geht uns nur um einen winzig kleinen Teil davon. Die Parzelle 4 E«. Das saß. In der Parzelle 4 E wurde das Rauschgift gebunkert. Hier bediente sich auch Tichow, wenn er heimlich Stoff abzweigte. Er stieß einen dumpfen Laut aus. Dann sah er mir direkt in die Augen. Unsicher und forschend zugleich. Er suchte verzweifelt nach Halt, nach einer Information, einer Emotion. Er fand nichts. Nur meinen Blick, der ihn festnagelte. Diese Situation kostete ihn Kraft. Stress pur. Er versuchte cool zu bleiben. Doch sein Körper machte nicht mit und erzählte mir die Wahrheit. Aus Tichows Gesicht war jede Farbe gewichen. Fahl und in Sekunden um Jahre gealtert stand er vor mir. Nur die Vitalfunktionen seines Körpers hielten ihn noch aufrecht.

»Die offene Ansprache stellt für die Zielperson eine Ausnahmesituation dar, die zu einer erheblichen psychischen Belastung führen kann.«

Quelle: Nachrichtendienstpsychologie, Band 1

Tichows Blick suchte die Gegend ab. Wie ein bedrohtes Tier folgte er seinem Fluchtimpuls und wandte sich um, doch ich packte ihn an der Schulter und drehte ihn zurück: »Du kannst jetzt nicht weg.«

»Ich kann weg!«, widersprach er.

An seiner Körperspannung spürte ich, dass er sich wieder einigermaßen im Griff hatte.

»Ich brauche zehn Minuten von dir. Und zwar jetzt.«

Er zögerte. »Ich bin gerade auf dem Weg zu einem Termin«, erwiderte er. Auch seine Stimme klang gefasster.

»Sag ihn ab!«, drängte ich und deutete auf seine Jackentasche, worin sich sein Handy befand. Er wollte widersprechen, doch ich gab ihm keine Chance. »Wir treffen uns in drei Minuten im Baumarkt da vorne.« Ich wies die Richtung. »In der Lampenabteilung. Sag einfach, dass es später wird. Aber nenn keinen Grund.«

Ich wandte mich ab und ließ ihn stehen. In der Schaufensterscheibe eines Dessousladens sah ich, dass er noch ungefähr dreißig Sekunden reglos am selben Fleck verharrte, bevor er mit einer ruckartigen Bewegung nach seinem Handy griff.

Jetzt war alles möglich. Die meisten kommen. Aber es gibt auch Zeitgenossen, die einer Extraeinladung bedürfen, bevor sie verstehen, was Sache ist. Im Baumarkt stellte ich mich vor eine Wand mit Deckenstrahlern, Blick auf den Eingang, und wartete. Es dauerte nicht lang, da tauchte Tichow auf.

»Was hast du gesagt?«, fragte ich.

»Hab 'ne SMS geschrieben, dass es später wird.«

»Gut gemacht«, lobte ich ihn und ging einen Schritt auf ihn zu. »Wir beobachten dich schon eine ganze Zeit. Wir haben einen großen Aufwand betrieben, um dich kennenzulernen.« Tichow schaute mir in die Augen. Er wirkte erstaunlich gefasst. Fast ein bisschen neugierig. Während wir von den Lampen zu den Gartenmöbeln schlenderten, erzählte ich ihm, was wir in Erfahrung gebracht hatten. Ich gab nicht alles preis, doch genug, um ihm klarzumachen, dass wir sehr gut informiert waren. Dann schwieg ich. Auch Tichow schwieg. Wir standen vor einer Reihe blauer und grüner Blumenübertöpfe, als könnten wir uns nicht entscheiden. Grün oder blau. Ja oder nein.

Ich wiederholte mein Angebot. »Wir wollen, dass du für uns arbeitest.«

Tichow schwieg noch immer. Seine Wangenmuskeln mahlten. Kleine Klötze, die in seinem Gesicht auf und ab hüpften. Ich ließ ihm die Zeit, die er brauchte.

»Warum ich?«, fragte er nach einer Weile. Jetzt schwieg ich. Auf eine Diskussion darüber würde ich mich nicht einlassen.

»Ich kann euch nicht helfen«, stieß er hervor. »Ich weiß nichts. Ich bin der Falsche für euch.«

Ich ignorierte seine Einwände. »Gib mir morgen eine Stunde Zeit, und du erfährst, worum es uns geht. Eine Stunde – und danach entscheidest du.« Ich wiederholte das Angebot, um zu verdeutlichen, dass er die Verantwortung für seine Entscheidung trug.

»Morgen bin ich in Hamburg«, entgegnete er, als wäre das ein Hinderungsgrund.

»Perfekt, dann treffen wir uns dort. Wann?«

Tichow dachte nach. Er merkte, dass ich nicht lockerlassen würde. Schließlich verabredeten wir uns für den folgenden Tag um sechzehn Uhr auf dem Platz am Brunnen im Innenhof des Hamburger Rathauses.

Als ich ihn verabschiedete, musterte ich ihn ruhig, aber bestimmt. »Schlaf eine Nacht drüber. Morgen erfährst du die Details.« Bevor er etwas sagen konnte, fügte ich hinzu: »Tu dir und mir einen Gefallen: Rede bis dahin mit niemandem über unser Treffen. Hast du gehört? Mit niemandem. Was du danach machst, ist deine freie Entscheidung! Versprich mir das!« Ich streckte ihm meine Hand entgegen. Er zögerte einen Moment, dann schlug er ein. Ich ließ ihn bei den Dispersionsfarben zurück.

Ich hatte sehr viel erreicht, auch wenn mir bewusst war, dass sein Versprechen nichts bedeuten musste. Vielleicht zückte er jetzt schon sein Handy und berichtete jemandem von unserem Treffen. Viele unserer Zielpersonen halten dem hohen Druck nur stand, indem sie sich ihrem Ehepartner oder einem engen Freund anvertrauen. Das ist später relativ einfach in den Griff zu bekommen. Wenn die Zielperson sich ihrer Organisation anvertraut, wird es komplizierter. Doch auch ein Ehepartner kann zu einem Problem werden: Eine meiner wenigen V-Frauen, die Ex-Geliebte eines Waffenschmugglers, hatte ihrem Ehemann nichts von der Anwerbung erzählt. Der Ehemann schöpfte jedoch Verdacht, weil sie öfter mal weg war, ohne ihm zu sagen, wohin sie ging. Außerdem fand er in ihrem Handy den Namen Leo, auf den er sich keinen Reim machen konnte. Er engagierte einen Privatdetektiv, der glücklicherweise so dilettantisch observierte und ermittelte, dass er sofort aufflog und wir die Angelegenheit auf unsere Weise regeln konnten.

Ihre zehnte Mission

Überraschungsangriff: Der Faktor Stress und seine Folgen

Der Agent kennt die Prozesse der Informationsverarbeitung im menschlichen Gehirn. Er überfordert diese Prozesse nicht und ist sich jederzeit darüber bewusst, dass er Kommunikation nicht zu hundert Prozent kontrollieren kann. Dennoch kann er die Weichen für eine zukünftige Zusammenarbeit stellen, indem er die Faktoren Zeit und Verständnis beachtet.

Es gibt Momente, in denen kommt es darauf an, beharrlich zu sein und nicht von den eigenen Vorstellungen abzulassen. Und dann gibt es Momente, in denen sind wir gefordert, Verständnis für die Situation des Gegenübers zu entwickeln, um im weiteren Verlauf einer Aktion umso beharrlicher voranzuschreiten. Lernen Sie zwischen diesen beiden Verhaltensoptionen zu unterscheiden. Als Wegweiser hierfür dient Ihnen das Verhalten der Zielperson, aus dem Sie als erfahrener Agent lesen können wie in einem aufgeschlagenen Buch.

Achten Sie darauf, wann Ihre Zielperson aufmerksam und wann sie unaufmerksam ist. Wichtige Botschaften geben Sie nur dann weiter, wenn Sie sicher sind, dass Sie Gehör finden. Jeder Mensch schweift in seiner Aufmerksamkeit ab, besonders unter Stress. Bestimmt kennen Sie solche Situationen aus Ihrem Alltag. Sie hören einen Vortrag, und driften gedanklich zu einem unerfreulichen Erlebnis am Tag zuvor. Jemand erzählt etwas, und Sie bleiben an einem Satz hängen, der Sie wie ein fliegender Teppich in Ihren bevorstehenden Urlaub geleitet. Minuten später merken Sie auf einmal, dass Sie den Faden verloren haben. Dass Sie dem Vortrag, der Erzählung nicht mehr gefolgt sind. Sie waren mit eigenen Denkprozessen beschäftigt. Unter Umständen sind Ihnen in dieser Zwischenzeit wichtige Informationen entgangen. Sollten Sie mit einem bekannten Menschen unterwegs sein, zupfen Sie ihn vielleicht am Ärmel und erkundigen sich: »Was hat sie gerade gesagt?«

Sie sollten sich stets vergewissern, dass Ihre Zielperson alle wichtigen Informationen versteht. Mit Ihrer geschulten Wahrnehmung erkennen Sie, ob die Zielperson nicht nur körperlich, sondern auch geistig anwesend und vor allem aufnahmebereit ist. In der Offenbarungsphase hilft uns das Verständnis für unsere Zielperson, die sich in einer extremen Ausnahmesituation befindet, welche Konsequenzen für ihr gesamtes Leben haben kann. Im Kopf der Zielperson läuft ein Film ab. Warum ich, warum hier, was bedeutet das für mich, muss ich in den Knast, soll ich weglaufen, abtauchen, soll ich mich kooperativ zeigen, was passiert wenn …

Diese Fragen benötigen Zeit. Als Agenten wissen wir das und gewähren diese Zeit. In solche Prozesse hinein Anweisungen zu geben, ist sinnlos. Sie kämen nicht an. Sie würden zwar senden – doch der Empfänger ist besetzt. Er ist mit sich selbst beschäftigt. Darauf müssen wir uns einstellen und den Moment erkennen, in dem unser Gegenüber aufnahmebereit ist, immer! Auch wenn es darum geht, der zwölfjährigen Johanna zu erklären, dass sie anrufen soll, sobald sie ihre Freundin im Schwimmbad entdeckt hat. So lange Johanna anderweitig beschäftigt ist, hat sie keine Antenne auf Empfang geschaltet.

Agenten vergewissern sich, dass eine Information verstanden wurde, ehe sie die nächste losschicken.

Um das zu überprüfen, stellen sie Fragen. »Was tust du, wenn du Sophie im Schwimmbad gefunden hast?« – »Wenn Sie das Besprochene einmal überdenken: Was schlagen Sie vor? In welcher Reihenfolge würden Sie vorgehen?«

Wenn Ihr Gegenüber Ihre Hauptaussagen in seinen eigenen Worten wiederholt, können Sie davon ausgehen, dass Ihre Botschaft angekommen ist.

Der Chef ruft seine beste Mitarbeiterin zum Briefinggespräch in einer wichtigen Angelegenheit. Der Chef, keiner von uns, kein Agent, hat den Eindruck, alles wäre wie immer. Er erkennt die Zeichen nicht. Seine Mitarbeiterin verhält sich in seinen Augen wie sonst auch. Sie nickt und macht sich Notizen. Der Chef sieht natürlich nicht in den Kopf der Mitarbeiterin hinein, wo deren vierjährige Tochter die Hauptrolle spielt, die mit vierzig Grad Fieber zu Hause im Bett liegt. Allerdings könnte er wahrnehmen, dass seine Mitarbeiterin nicht so ganz bei der Sache ist. Sie macht sich zwar Notizen, doch ihre Konzentration kreist keinesfalls um die Frage, wie das aufgestockte Budget beim Kunden kommuniziert werden sollte, sondern darum, ob die Kompetenz ihres Ehemanns bei Kinderkrankheiten ebenso hoch ist wie bei Fußball, Modellbau und Computern. Vordergründig hört die Mitarbeiterin ihrem Chef zu. Doch sie hört nicht aktiv zu, sondern passiv. Das könnte der Chef merken. Aktives Zuhören lesen Agenten an der nonverbalen Kommunikation ab. Die Körperhaltung ist offen und zugewandt, es wird Blickkontakt gehalten und genickt. Sprachlich erfolgen Bestätigungslaute sowie Zusammenfassungen des Gesagten in eigenen Worten mit Rückfragen.

Genauso aufmerksam, wie Sie andere beobachten, beobachten Sie auch sich selbst, um sich keine eigene Grube zu graben und über eine zu hohe Erwartungshaltung zu straucheln. Vergessen Sie nie: Sie sind nicht abhängig von Ihrem Gegenüber und dessen Entscheidungen. Ja, Sie verfolgen ein Ziel. Vielleicht ist es ein sehr wichtiges, und ein bestimmter Mensch mag im Moment tatsächlich als derjenige erscheinen, von dem Ihr Erfolg oder Misserfolg abhängt. Dennoch: In der letzten Konsequenz sind Sie nicht abhängig von dieser Person. Sie werden zwar alles Mögliche unternehmen, um sie dahin zu bringen, so zu entscheiden, wie Sie das möchten. Sollte sie jedoch anders entscheiden, werden Sie auch damit gut umgehen können. Agenten lassen sich nicht entmutigen. Agenten gewähren sich kurz Zeit, um durchzuschnaufen, und holen dann Plan B aus der Tasche; wenn es den noch nicht gibt, fangen sie sofort damit an, ihn zu skizzieren. Niemand kann Sie daran hindern, Ihre Ziele weiterzuverfolgen und zu erreichen. Niemand! Wenn nicht auf dem ersten angepeilten Weg, dann auf einem anderen Weg mit einem anderen Partner zu einem anderen Zeitpunkt. Ihre geistige Haltung lautet: Das ist meine erste Wahl – aber nicht meine einzige Option. Sie haben viele Optionen, und ständig kommen neue hinzu! Nichts wirkt attraktiver und anziehender auf andere Menschen als emotionale Unabhängigkeit.

Aus dem Agentenhandbuch

⊕ Sorgen Sie für ein breitgefächertes Verhaltensrepertoire, das Sie je nach Erfordernis einsetzen können.

⊕ Achten Sie auf die Signale von Aufmerksamkeit bei Ihrem Gegenüber.

⊕ Schulen Sie Ihren Blick für Feinheiten des aktiven Zuhörens.

⊕ Senden Sie nur, wenn Sie sicher sind, dass die Gegenstelle frei ist.

⊕ Entlarven Sie eine zu hohe Erwartungshaltung.

⊕ Machen Sie sich bewusst, dass Sie nicht abhängig von anderen Menschen sind.

⊕ Sie selbst sind allein für die Erreichung Ihrer Ziele zuständig – und Sie haben alle Optionen, die Sie dafür benötigen.

Die Stunde der Wahrheit

Am nächsten Tag Punkt sechzehn Uhr rief ich Tichow auf seinem Handy an. Er wartete wie verabredet am Brunnen im Innenhof des Rathauses. Und zwar seit zehn Minuten. Er hatte zwei Zigaretten geraucht. Ziemlich nervös, wie mir meine Kollegen Claus und Robert berichtet hatten, deren Stimmen ich über einen kleinen Knopf in meinem Ohr hörte. Claus, Mitte vierzig, war schon lange beim Dienst. Der sportliche, immer braungebrannte Typ galt als Schwarm vieler Kolleginnen. Das schmeichelte ihm allerdings nicht. Als introvertiertem Familienvater war es ihm eher peinlich. Robert wäre das nicht peinlich gewesen. Leider schwärmte niemand so offensichtlich für ihn. Robert war allerdings auch erst seit kurzer Zeit beim Dienst und optisch eher das Gegenteil von Claus. Was die beiden gemeinsam hatten, waren ihr Humor und ihre Offenheit, ihre Fähigkeit, über Grenzen hinauszudenken. Das alles machte sie zu einem erstklassigen Team. Ich arbeitete sehr gern mit ihnen zusammen.

Claus stand mit einem Reiseführer in der Hand und einer Kamera um den Hals nur ein paar Meter vom Brunnen entfernt. Der perfekte Tourist an einem strahlenden Herbsttag. Blauer Himmel. Schnell ziehende Wolken wie Wattebällchen. Klare Luft. Robert saß in einem Café gegenüber, mit Blick auf den Haupteingang und auf Claus. Er hatte einen Kaffee und einen Laptop vor sich. Ein typischer Geschäftsmann. Ich selbst befand mich noch einen Kilometer entfernt von unserem Zielobjekt in einem Dienstwagen. Um 15.51 Uhr hatte Claus mir gemeldet: »Er ist da.« Und Robert hatte ergänzt: »Er ist allein.« Später erfuhr ich, dass Tichow nervös wirkte und rauchte. Auch die Marke wurde mir gemeldet. Das interessierte mich weniger als die gute Nachricht, dass er nicht telefonierte, mit niemandem sprach und – obwohl er sich mehrmals umdrehte – mit keinem Menschen Blickkontakt aufnahm. Das alles ließ uns vermuten, dass er wirklich allein gekommen war. Wenn er mit keinem Menschen über den gestrigen Vorfall gesprochen hatte, war Tichow aus unserer Sicht ein Optimalfall. Er hätte genauso gut mit einem Kumpel vor dem Rathaus warten können, dem er sich anvertraut hatte. Oder einen Kumpel in irgendeinem Auto warten lassen. Schlecht für uns. Und vielleicht auch für ihn. Denn wir sind ein starker Partner. Ist unser V-Mann kooperativ, behalten wir ihn stets im Auge. Sollte seine Organisation unter Beschuss geraten, ziehen wir ihn rechtzeitig heraus. Hier liegt die Betonung auf rechtzeitig. Und das heißt: nicht einen Tag vor dem Zugriff. Lange zuvor muss ein überzeugendes Motiv zum Rückzug gefunden werden, das bestimmte Veränderungen glaubwürdig macht und den Ausstieg aus der Organisation plausibel erscheinen lässt. Es würde Verdacht wecken, wenn alle bis auf einen verhaftet würden.

Der Anruf

Ich hätte Tichow bereits um 15.52 Uhr anrufen können, doch ich zog es vor, zu warten. Sechzehn Uhr war ausgemacht, und um sechzehn Uhr sollte er meinen Anruf erhalten. Genauso exakt würde ich in Zukunft alle meine Zusagen einhalten. So würde ich Tichow ein glasklares Bild von mir und meinen Werten übermitteln. Eindrücke, auf die er sich verlassen konnte. Verbindlichkeit und Zuverlässigkeit würden eine große Rolle in unserer Zusammenarbeit spielen. Beides wollte ich von Anfang an etablieren, besonders jetzt, zu einem Zeitpunkt, da Tichow vor einer schwierigen Entscheidung stand, die ihn, das war uns allen klar, in große Gefahr bringen konnte.

Claus und Robert beobachteten, wie Tichow sein Handy aus der Jackentasche holte, und meldeten es mir. Robert schickte noch ein »Na, dann kann's ja losgehen« in mein linkes Ohr. Im rechten Ohr erklang bereits Tichows »Da?«. Er meldete sich mit dem russischen Wort für »Ja«.

»Ich bin's, der Leo.«

Er grüßte mich mit einem weiteren, etwas entspannteren »Da«.

»Ich freue mich, dass du gekommen bist«, erwiderte ich. Das konnte er zwar nicht sehen, doch an meiner Stimme konnte er es hören.

»Wo bist du, ich sehe dich nicht«, sagte er, während Claus und Robert beobachteten, wie er sich suchend nach mir umdrehte.

»Wir werden uns gleich treffen«, erwiderte ich, »schau mal nach links. Richtung Ausgang.« Ich wartete kurz und erklärte ihm dann: »In der Großen Johannisstraße siehst du ein Taxi. Der Fahrer steht neben der Beifahrertür. Er trägt eine Jeansjacke und ein blaues Hemd.«

»Ich seh den Typen. Ja. Was soll das?«

»Den Wagen habe ich für dich bestellt. Setz dich in das Taxi und fahr in die Domstraße Ecke Große Reichenstraße. Die Fahrt dauert nicht lang.«

Tichow zögerte. »Wieso? Warum ein neuer Treffpunkt?«

Ich beruhigte ihn: »Steig in das Taxi und fahr zu der Adresse. Das ist ein kleines Café.« Ich beendete das Telefonat.

In meinem rechten Ohr hörte ich Claus' Stimme: »Er klappt sein Handy zu. Er scheint nachzudenken. Er zündet sich eine Zigarette an, nein, er steckt die Packung weg. Er geht in Richtung Josef.«

Josef, der Taxifahrer, war auch einer von uns. Das wusste Tichow natürlich nicht und würde es nie erfahren. Eine weitere Maßnahme, um auf Nummer sicher zu gehen. Er musste nicht wissen, wie eng wir an ihm dran waren.

»Er spricht mit Josef. Er steigt ein«, meldete Robert.

»Josef schließt die Tür hinter ihm«, mischte Claus sich ein.

»Ganz Gentleman«, kommentierte Robert. In seiner Stimme hörte ich ein Grinsen.

»Kein Wunder, dass der bei den Ladys so gut ankommt!«

»Wer? Er oder ich?«, ging Robert darauf ein.

Die Jungs hatten gute Laune. Die hatte ich selbst auch, schließlich lief alles nach Plan. Dennoch: Der Top-Act stand noch bevor. Und dabei würde ich ganz allein sein. Allein mit Tichow. Damit ging ich kein Risiko ein, auch wenn Tichow mittlerweile wusste, wer hinter dem sympathischen Passagier der KLM steckte. Vor der Offenbarung ist jeder Kontakt risikofrei. Deshalb werden hier auch keine besonderen Schutzmaßnahmen ergriffen, es sind keine sogenannten »Abdecker« involviert, die aufpassen und die Situation kontrollieren. Die Zielperson ahnt ja nicht, dass sie im Visier unseres Interesses steht. Und selbst wenn sie es wüsste, wäre die Situation nicht gefährlich. Bei der Offenbarung steht der potenzielle V-Mann ohnehin unter Schock. Er weiß nicht, wie ihm geschieht. Er ist mit sich selbst und seinen inneren Konflikten beschäftigt.

Weitere Mitglieder unserer Observationsgruppe, die an der Strecke vom Rathaus in die Reichenstraße stationiert waren, meldeten nach drei Minuten, dass das Taxi zwei Kontrollpunkte passiert hatte. Ohne Verfolger. Kein Beweis, aber ein Indiz dafür, dass Tichow dichtgehalten hatte. Das ist leider nicht immer der Fall.

Wir hatten bereits zwei Versuche unternommen, V-Männer, von denen wir glaubten, sie hätten eine Verbindung zur Gruppierung um Wladimir L., zu rekrutieren. Beide Male waren diese Versuche missglückt. Unsere Zielpersonen waren nach der Offenbarung in Begleitung bei dem vereinbarten Treffen aufgetaucht. Dieses Mal schienen wir mehr Glück zu haben. Es hätte auch passieren können, dass Tichow überhaupt nicht kommen würde. Dass er das gestrige Date nicht wirklich ernst nehmen würde. Noch nicht. Aber in solchen Fällen haben wir einen sehr langen Atem. Wann Schluss ist, bestimmen wir. Denn der Agent verliert sein Ziel nie aus den Augen. Und dieses Ziel heißt, die Organisation zu zerschlagen. Deshalb wird bei »Ungehorsam« noch lange nicht zwingend die Polizei eingeschaltet. Erst recht wird keine persönliche Rache an einem störrischen Kriminellen geübt.

Allerdings weiß er das nicht.

»Nur die wenigsten Zielpersonen dürften in der Lage sein, ein Werbungsgespräch ohne Hinzuziehung einer Vertrauensperson aus dem familiären Bereich oder dem engsten Freundeskreis psychisch zu verarbeiten. Dafür ist der Vorgang einer Ansprache durch einen Mitarbeiter einer Verfassungsschutzbehörde doch zu ungewöhnlich, und so ist es eine normale Reaktion, wenn sich eine Zielperson nach einem Werbungserstgespräch zum Beispiel ihrem Ehepartner oder einer anderen Vertrauensperson gegenüber offenbart und um Rat nachsucht.«
Quelle: Nachrichtendienstpsychologie, Band 1

Im Café

In dem kleinen Café in der Domstraße, das zu einer Konditorei gehörte, wartete ich auf Tichow. Bis auf einen Tisch, an dem zwei ältere Frauen vor Kaffee und Apfelkuchen mit Sahne saßen, war ich der einzige Gast. Als das Taxi vorfuhr, rief ich Tichow erneut an. Er war bereits ausgestiegen, als sein Handy klingelte.

»Komm einfach rein, ich sitze ganz hinten in der Ecke«, sagte ich zu ihm. Sekunden später meldete Josef, dass Tichow während der Fahrt keine Telefonate getätigt oder erhalten hatte. Er hatte seinen ersten Test bestanden. Zufrieden nahm ich den Knopf aus meinem Ohr und ließ ihn verschwinden.

Mit seinem leicht o-beinigen, wiegenden Cowboygang betrat Tichow das Café, nickte mir zu und ließ sich mir gegenüber nieder.

»Und? Alles klar bei dir?«, fragte ich ihn und schaute ihm direkt in die Augen. Müde sah er aus. Er hatte in der letzten Nacht wenig geschlafen, so viel war sicher. Ich wusste auch, dass er innerlich bis zum letzten Moment mit sich ringen würde. Ich war noch lange nicht am Ziel.

Tichow fuhr sich mit der Handfläche über die Stirn. Sein Gesicht war angespannt. Seine sehr blauen Augen musterten mich gleichzeitig durchdringend und unsicher.

»Hast du mit irgendjemandem über uns gesprochen?«, fragte ich.

Er schüttelte den Kopf. Ich glaubte ihm, ohne mich darauf zu verlassen. Zu hundert Prozent konnten wir uns trotz der vielen positiven Anzeichen nie sicher sein. Und letztlich spielte das jetzt auch keine Rolle. Was ist schon sicher im Leben?

»Ich will nicht lange um den heißen Brei herumreden«, begann ich. »Du kennst Leute, für die wir uns interessieren. Leute, die ihr Geld auf Kosten anderer Menschen verdienen. Mit Rauschgifthandel, Schmuggel, Betrug, Erpressung. Und genau für die interessiere ich mich.«

Tichow ließ seine Blicke durch das Café schweifen. Nach einer Weile sagte er betont gelangweilt: »Ich kenne viele Leute. Alle kennen viele Leute. Das ist normal.«

Seine Reaktion überraschte mich nicht. Ich hatte dieses Theaterstück schon ziemlich oft aufgeführt. Tichow war ein guter Schauspieler.

»Was fällt dir ein, wenn ich Heroin sage?«, fragte ich.

Tichow zuckte mit den Achseln.

»Was fällt dir ein, wenn ich Batumi sage?«

Tichow zuckte mit den Achseln.

»Was fällt dir ein, wenn ich Alexej Dima sage?«

Tichow zuckte mit den Achseln.

»Was darf ich den Herren bringen?«, fragte eine Kellnerin im selben Alter wie die zwei Damen mit dem Apfelkuchen.

»Kaffee bitte«, bestellte ich.

Tichow nickte.

»Zwei«, sagte ich.

Die Kellnerin ging weg.

Ich zückte mein iPhone und zeigte Tichow ein Foto von Alexej Dima. »Fällt dir jetzt was zu ihm ein?«

Er warf einen gelangweilten Blick auf das Foto. »Den kenne ich nicht.«

Ich zeigte ihm ein weiteres Foto. Es zeigte Alexej Dima zusammen mit Tichow. Sie saßen an einer Bar in einem Hotel, rauchten und unterhielten sich. Prompt wechselte Tichow die Gesichtsfarbe. Er wurde erst blass, dann rot und schließlich wieder blass. Sein Adamsapfel hüpfte auf und ab.

»Kann schon sein. Ja, den kenne ich vom Sehen. Irgendwo haben wir uns mal getroffen. Zufällig. Keine Ahnung, wer das ist. Man trifft sich eben irgendwo. Das ist normal.«

Für einen, der von nichts eine Ahnung hatte, machte er ziemlich viele Worte.

Ich lachte laut, sagte aber nichts.

Tichow schaute mich forschend an. »Du erwartest doch nicht, dass ich Sachen erzähle, mit denen ich mich selbst belaste?«

»Ich bin mir nicht sicher, ob du überhaupt was Belastendes über dich offenlegen kannst, das ich noch nicht weiß«, erwiderte ich und berührte Tichow leicht am Oberarm, ehe ich ihm das nächste Foto zeigte. Diesmal war nur er zu sehen. Mit einem Messer machte er sich an einer der Paletten in seiner Lagerhalle zu schaffen. Auf dem Boden war in gelben Druckbuchstaben die Aufschrift 4 E zu erkennen. Tichow fuhr sich mit der Hand über seine Stoppelhaare und lehnte sich in seinem Stuhl zurück. Ein dünner Schweißfilm glänzte auf seiner Stirn. Sein rechtes Bein begann plötzlich wie wild zu wackeln. Ein nervöses, schnelles Hoch und Nieder.

»Bitte die Herren, der Kaffee.«

Wir schwiegen, während die Kellnerin zwei ovale braune Tabletts mit Kaffee und kleinen silbernen Milchkännchen sowie verpacktem Sternzeichen-Würfelzucker servierte. Krebs für Tichow, Löwe für mich. Tichow zog eine Schachtel Zigaretten aus seiner Jackentasche.

»Hier bitte nicht!« Die Kellnerin deutete auf ein Nichtraucherschild.

Tichow knurrte irgendetwas. Hörte sich russisch an. Das gefiel mir. Es war ein Zeichen für Alarmstufe Rot in seinem System. Er hatte keine Kapazitäten frei, war bis zum Anschlag damit beschäftigt, sich eine Strategie auszudenken. Was wusste ich wohl noch? Wie war ich an die Fotos gekommen? Wer hatte ihn in der Lagerhalle fotografiert? Wie war derjenige da hineingelangt – immerhin war das Tichows Hoheitsgebiet.

»Wenn es mir darum ginge, dich in den Knast zu bringen«, begann ich, »hätte ich das bereits getan. Aber du sitzt hier als freier Mann. Und wenn es nach mir geht, dann bleibt das auch so.«

»Und wenn ich nicht mitmache? Was dann? Hä?« Mit einer schnellen Geste fuhr er sich über den Hals.

»Halsabschneiden habe ich nicht im Programm«, ging ich darauf ein.

»Aber du machst mich doch fertig? Das sind doch alles bloß Tricks! Erst quetschst du mich aus, dann lässt du mich fallen. Ich bin nicht blöd, weißt du.«

»Ja, das weiß ich«, erwiderte ich ernst. »Deshalb interessiere ich mich für dich.«

Er kniff die Augen zusammen und starrte auf die Strohblumen in der Tischmitte.

»Was habe ich davon, wenn ich für euch arbeite?«, wollte er wissen.

»Da gibt es viele Möglichkeiten.«

»Geld?«

»Selbstverständlich würden wir dir deine Auslagen erstatten.«

»Und sonst?«

»Das wird sich zeigen. Ich kann mir da einiges vorstellen. Nur mal angenommen, die Staatsanwaltschaft ermittelt gegen euch«, sagte ich und nahm mit großer Befriedigung zur Kenntnis, dass er das *Euch* schluckte. »Nur mal angenommen, ihr wärt kurz davor aufzufliegen. Beweismittel werden sichergestellt, Wohnungen und Lagerräume durchsucht und Zeugen vernommen. Dann wird es für dich ziemlich unangenehm. Ich glaube nicht, dass du mit deiner Ich-weiß-von-nichts-Tour durchkommst. Vielleicht hält man dich sogar für einen der Drahtzieher.«

Tichow hörte mir angespannt zu.

»So wie die Dinge jetzt stehen«, fuhr ich fort, »kann ich einiges für dich tun. Ich kann dir nicht versprechen, dass du straffrei davonkommst, aber ich würde alles daransetzen, dich so weit wie möglich aus dem Schussfeld zu halten.«

»Warum soll ich dir glauben?«, wollte er wissen.

»Du wirst erkennen, dass es sich für dich lohnt«, lachte ich ihn offen an. »Was das betrifft, sitzen wir in einem Boot.«

»Boot, ja, ja. Hör doch auf. Das ist wie mit den Jachten, oder? Das stimmt doch alles nicht. Scheiße, Mann.«

Er kippte die Milch schwungvoll in seinen Kaffee und rührte heftig in der Tasse, so dass der Unterteller schnell überschwemmt war.

»Wir zwei werden ein tolles Team abgeben«, sagte ich leichthin. »Ich habe ein klares Ziel für uns. Ein Langzeitziel. Und ich weiß, dass du genau der richtige Mann für uns bist.«

Tichow hob die Tasse zum Mund und trank sie mit einem Schluck leer. Ich winkte der Kellnerin und bestellte noch einen Kaffee für ihn, ehe ich fortfuhr.

»Früher oder später wirst du mir vertrauen. Am liebsten früher.«

»Vertrauen! Ich dir?«

»Ja«, nickte ich. »Wir haben die Transporte, die in deiner Halle landen, schon sehr lange im Auge. Wir kennen die Route. Wir wissen Bescheid über das Wann und Wo. Auch die Fahrzeuge und die wichtigen Köpfe sind uns bekannt.«

Er hob die Hände wie ein Priester beim Segen. »He! Wenn du das alles schon weißt – warum fragst du mich dann?«

Ich grinste. »Du bist der Cleverste von allen. Du bist der Einzige, der es geschafft hat, eine halbwegs griffige und glaubhafte Legende um sich herum aufzubauen. Du bist der Beste. Genau so jemanden brauche ich. Weil wir lange mit dir zusammenarbeiten wollen.« Tichow saß aufrecht und gespannt auf dem Holzstuhl mit dem rot-weißen Bezug. Seine Wangenmuskeln zuckten. Ich konnte mir gut vorstellen, welches Durcheinander widerstrebender Interessen in seinem Kopf herumschwirrte.

»Unklare, mehrdeutige, überraschende und damit schwierige Situationen richtig deuten ist das eine, hinzukommen muss die Fähigkeit, das Gedeutete in richtiges Handeln umzusetzen. ... Menschen scheinen sich demnach unter anderem darin zu unterscheiden, dass die einen den Willen aufbringen, ihre Absichten auch gegen innere und äußere Widerstände durchzusetzen, während andere von Schwierigkeiten stärker in Beschlag genommen werden und so von ursprünglichen Handlungsplänen schneller abkommen. Gerade unter Stressbelastung sollten handlungsorientierte Personen weniger leicht irritierbar und konsequenter in der Verfolgung und Umsetzung ihrer Handlungsabsichten sein.«
Quelle: Nachrichtendienstpsychologie, Band 3

Für dieses Treffen war genug passiert. Die Ermittlungen und Ausforschungen voranzutreiben, war zu diesem Zeitpunkt nicht das

Ziel. Es ging darum, Tichow dazu zu bringen, mit mir eine Beziehung einzugehen. Zunächst auf professioneller, später auch auf einer sehr persönlichen Ebene. Dazu war es notwendig, ihn möglichst oft zu treffen. In kurzen zeitlichen Abständen. Jedes Treffen musste einen Sinn haben, ein Thema, ein Motiv. Jeder Kontakt zu ihm war ein Ansatzpunkt, ihm klare und eindeutige Botschaften zu senden, ihm durch seine eigenen Erlebnisse mit mir Vertrauen zu vermitteln. Vertrauen in die Absichten des Nachrichtendienstes und vor allem Vertrauen in mich. Mit jedem Treffen erhöhten sich meine Erfolgschancen. Erst würde ich von ihm nur kleine Schritte in meine Richtung erwarten können, mit zunehmendem Vertrauen dann auch größere. Und irgendwann würde der Zeitpunkt kommen, an dem er mir blind vertraute. Ab diesem Moment würde er bereit sein, auch riskante Aufträge zu übernehmen; Aufträge ohne offenbartes Ziel, ohne jedes Hintergrundwissen. Ohne nachzufragen. Bis dahin lag noch ein weiter Weg vor uns. Ich musste Tichow beweisen, dass ich mir meiner Verantwortung ihm gegenüber bewusst war und ihr auch gerecht werden würde, und dass der Nachrichtendienst selbst in heiklen Situationen professionell, still und leise handeln kann.

»Bitte sehr, der Herr.« Die Kellnerin stellte eine frische Tasse Kaffee vor Tichow. »Vielleicht noch ein Stück Kuchen?«

Er reagierte nicht. Sein Blick klebte an einem Landschaftsbild. Jäger mit Gewehr im Anschlag vor einem Hirsch, dahinter die Alpen.

»Nein, danke«, lehnte ich ab und bat stattdessen um die Rechnung.

Ihre elfte Mission

Beschleunigung: Entwicklung einer vertrauten Routine

Der Agent nutzt alle psychologischen Tricks, um möglichst schnell und möglichst tief auf die Beziehungsebene zu gelangen. Mit einer hohen Erlebnisdichte beschleunigt er die Entwicklung und verkürzt damit die Zeit. Durch absolute Verbindlichkeit bietet er seinem Gegenüber eine berechenbare Konstante.

Zeit ist relativ. Das ist bekannt. Es gibt Stunden, die kommen uns so lang wie ein Tag vor und andere, die verfliegen scheinbar in einer Minute. Diese Verlangsamung oder Beschleunigung kann sehr wohl inszeniert werden – und wir tun das auch selbst. Vielleicht kennen Sie das: Es ist Freitagabend, nach einer arbeitsintensiven Woche haben Sie eigentlich keine Lust, noch irgendetwas zu unternehmen. Aber Sie tun es doch. Sie nehmen eine kalte Dusche und verlassen das Haus, denn Sie wissen: Wenn Sie am Freitag schon unterwegs waren, erscheint Ihnen das Wochenende insgesamt länger. Aus diesem Grund scheinen die Abende, die man auf dem Sofa vor dem Fernseher verbringt, auch wie im Flug zu vergehen. Selbst wenn Sie Zeuge einiger fiktiver Morde werden, ist die tatsächliche Erlebnisdichte doch gering. Ortswechsel führen zu einer besonders hohen Erlebnisdichte. Das können Sie nicht nur für sich selbst nutzen, sondern auch für Menschen, die Sie für sich gewinnen möchten. Treffen Sie sich an möglichst verschiedenen Plätzen mit ihnen. Je mehr Orte Sie zusammen besuchen, desto höher gestalten Sie Ihre gemeinsame Erlebnisdichte. Sie beschleunigen die Entwicklung. Es entsteht der Eindruck, als würden Sie sich schon lange kennen.

Schließlich haben Sie ja schon eine Menge miteinander erlebt, sind an vielen Orten gewesen. Das Unterbewusstsein speichert diese gemeinsamen Erfahrungen und Erlebnisse, wenn sie positiv gestaltet wurden, unter dem Motto vertrauenswürdig. Und wen man schon sooooo lange kennt und mit wem man schon sooooo viel erlebt hat, dem vertraut man auch leichter.

Mit vielen Treffen in möglichst kurzen Abständen beschleunigen Sie die Entwicklung zusätzlich. Verabreden Sie zum Ende eines Treffens bereits das nächste. Finden Sie Gelegenheiten und gute Gründe, warum Sie sich bald wieder treffen sollten. Hierbei ist es förderlich, ein aufmerksamer Zuhörer und Beobachter zu sein. Aber das sind Sie als Agent ohnehin. Sie wissen, wofür Ihr Gegenüber sich interessiert und unterbreiten spannende Angebote: »Du hast doch mal gesagt, du würdest gerne wissen, wie … Da gibt es jetzt eine Ausstellung / einen Vortrag / ein Event … Hast du Lust, mit mir hinzugehen?«

Regelmäßige Treffen kultivieren eine freundschaftliche, vertraute Routine. Sollte es aus irgendwelchen Gründen schwierig sein, sich gezielt zu verabreden, inszenieren Sie »zufällige« Begegnungen zu verschiedenen Zeiten an verschiedenen Orten – im Sportverein, im Restaurant, im Fitnesscenter, auf dem Weg zur Arbeit. Damit es nicht so aussieht, als würden Sie Ihre Zielperson verfolgen, muss jedes Treffen einen nachvollziehbaren und logischen Anlass oder Grund haben. Beginnen Sie in diesen Kategorien zu denken und zu planen. Gestalten Sie Ihre Verabredungen nach diesen Kriterien, und andere Menschen werden das tolle Gefühl haben, mit Ihnen immer so viel zu erleben! Das heißt, dass Sie bei jedem Treffen darauf achten, möglichst oft den Ort zu wechseln. Wenn Sie in einem Café verabredet sind, schlagen Sie im Anschluss einen kleinen Spaziergang durch den Park vor, stoppen kurz in einem Geschäft, um etwas zu besorgen, setzen sich auf eine Bank und genießen die Sonne, gehen in ein anderes Café / Restaurant, wechseln dort vielleicht sogar den Platz, wenn endlich ein Tisch auf der Terrasse frei ist ...

Beim Abschied und in der Erinnerung wird Ihr Gegenüber den Eindruck haben, unglaublich viel erlebt zu haben. Mit Ihnen! Es ist einfach toll mit Ihnen. Da ist immer was geboten. Mehr davon! Und Sie werden mehr bekommen, denn bei jedem Folgetreffen wird sich die persönliche und inhaltliche Qualität der Kontakte steigern. Dafür sorgen Sie selbst, indem Sie sich zu jeder Zeit absolut zuverlässig präsentieren.

Eine Grundvoraussetzung aller Beziehungen, seien sie geschäftlicher oder privater Natur, ist Verbindlichkeit. Sie müssen von Anfang an beweisen, dass Sie ein zuverlässiger Partner sind. Dabei handelt es sich nicht um eine einmalige Demonstration. Sie müssen immer wieder unter Beweis stellen, wie zuverlässig Sie sind. Auch nach Wochen, Monaten, Jahren, Jahrzehnten. Ihr Wort zählt. Jedes Zeichen von Unzuverlässigkeit schadet einer Beziehung und erfordert intensive Aufarbeitung, um das Vertrauen wiederherzustellen. Agenten halten jedes Versprechen und jede Zusage ein. Immer. Als vertrauensbildende Maßnahmen geben Sie zudem freiwillig Versprechen, die Ihnen nicht abverlangt wurden, und halten auch diese selbstverständlich ein. Wie oft sagt jemand: »Beim nächsten Mal bring ich dir das Buch mit.« Und vergisst es dann. Weil er oder sie eben nicht erkennt, wie wichtig diese Verbindlichkeit gerade in Kleinigkeiten ist. Auch Sie selbst erinnern sich bestimmt an Beispiele, wie Menschen Sie positiv damit überrascht haben, etwas scheinbar nur so Dahingesagtes ernst genommen zu haben. Oder an Situationen, wo andere das scheinbar Dahingesagte nicht nur scheinbar dahingesagt, sondern es tatsächlich schnell vergessen hatten.

Agenten haben ein gutes Gedächtnis und vergessen solche kleinen Gefälligkeiten nie. Sie werden das Buch / den Testbericht / die Zahlen beim nächsten Mal parat haben, denn Ihnen ist die vertrauensbildende Wirkung von Verbindlichkeit stets bewusst. Deshalb setzen wir sie erst recht bei Kleinigkeiten ein und reagieren hellhörig auf solche Situationen, in denen wir unsere Zuverlässigkeit unter Beweis stellen können. So lernen andere Menschen, dass wir zu unseren Zusagen stehen. Ob Sie dieses Verhalten als klassische Inszenierung bewerten oder es einfach gern tun – der Erfolg ist enorm.

Aus dem Agentenhandbuch

⊕ Sorgen Sie für schnell aufeinanderfolgende Treffen, die Sie, wenn nötig, auch akribisch planen.

⊕ Mit Ihnen zusammen erlebt man immer etwas: Sie inszenieren eine abwechslungsreiche Erlebnisdichte.

⊕ Verbindlichkeit ist oberstes Gebot. Andere wissen, dass sie sich auf Sie verlassen können. Immer.

⊕ Mit kleinen Gefälligkeiten präsentieren Sie sich als gern gesehener Partner.

3. SICHERHEITSSCHLEUSE: DIE KULTIVIERUNGSPHASE

Die Kultivierungsphase besteht, wie bereits die Anwerbephase, aus einer Reihe von Treffen. Grundsätzlich wird während dieser Phase das Vertrauen zwischen Werber und V-Mann weiter ausgebaut. Zuverlässigkeit, aber auch die Qualität der Informationen, die der V-Mann während dieser Phase liefert, sind von größter Bedeutung, denn nur dadurch lässt sich die Führbarkeit eines V-Mannes bestimmen. Ein V-Mann, der Termine vergisst, der zeitweise abtaucht, der keine oder unverwertbare Informationen mitteilt, ist bestenfalls eine Zeitverschwendung und im schlimmsten Fall eine Gefahr für die Mission und den Beschaffer. Deshalb wird der V-Mann in dieser Phase einer strengen Prüfung unterzogen. Wenn er diese Prüfung besteht, wird er später an seinen zukünftigen V-Mann-Führer übergeben, mit dem er – hoffentlich viele Jahre – erfolgreich zusammenarbeitet.

Es kommt nun also darauf an, zu testen, ob unser potenzieller V-Mann bereit ist, Informationen zu liefern, und zwar überprüfbare, verifizierbare – wahre Informationen. Selbstverständlich können wir nicht von Anfang an mit den ganz brisanten Fragen an ihn herantreten, dazu ist es noch zu früh. Wir werden also mit relativ unverfänglichen Fragen beginnen, die weder seine Hintermänner noch aktuell laufende »Geschäfte« betreffen. Denn dergleichen würde ihn in dieser Phase zu sehr bedrängen. Seine Hemmschwelle ist noch zu hoch, seine Bereitschaft zu niedrig.

Auch Sie unterziehen neue Bekanntschaften einer solchen Kultivierungsphase mit verschiedenen Tests. Wir überprüfen die Menschen, denen wir unser Vertrauen schenken. Sind sie zuverlässig? Halten sie ihre Zusagen ein? Kommen sie pünktlich zu Verabredungen? Sind sie aufmerksame Zuhörer oder fragen sie fünfmal das Gleiche? Zeigen sie ein aufrichtiges Interesse an uns? Merken sie sich Details unserer Lebensumstände? Können wir uns darauf verlassen, dass die Dinge, die sie uns erzählen, wahr sind? Haben wir das Gefühl, ihnen liegt wirklich an uns?

Wenn Sie diese Fragen mit Ja beantworten, öffnen Sie die Tür, damit aus einer Bekanntschaft eine vertrauensvolle Beziehung werden kann. Genau dies ist nun unser nächstes Ziel. Wir möchten, dass sich der Mann mit dem Decknamen Tichow zu einem Vertrauensmann entwickelt.

Die Testphase

Unsere nächste Begegnung sollte in meinem Dienstwagen beginnen. Wir hatten telefonisch verabredet, dass ich Tichow um vierzehn Uhr im Foyer des legendären Schmidts TIVOLI Theaters auf der Reeperbahn abholen würde. Ein mehr als angenehmes Ambiente, um sich ungestört zu treffen und eine Tour zu starten.

Relativ kurzfristig, nämlich um 13.30 Uhr an diesem Donnerstag, rief er an.

»Ja?«, meldete ich mich.

»Ich komme später. Geht nicht anders. In zwei Stunden.« Er klang gestresst.

»Ja, okay, bis nachher«, erwiderte ich und steckte nachdenklich mein Handy in die Jackentasche. Es gefiel mir nicht, dass er den Termin verschob. Und es gefiel mir außerordentlich gut, dass er den Termin – etwas später – trotzdem wahrnehmen wollte. Tichow hatte das Zeug dazu, Karriere als V-Mann zu machen. Sein Verhalten zeigte mir, dass er in unsere Beziehung investierte. Die Sache war ihm ernst. Er hatte mich angerufen. Das kam einem Meilenstein gleich. Bislang war ich derjenige gewesen, der den Kontakt zwischen uns herstellte. Tichow hatte sich lediglich gefügt. Nun meldete er sich. Er legte jetzt bereits ein Mindestmaß an Verantwortungsbewusstsein an den Tag und begegnete mir mit Respekt. Solche Verhaltensweisen sind in der Szene, in der er sich bewegte, nicht selbstverständlich. Tichow akzeptierte offenbar die ersten Spielregeln. In seinem Handy war ich als *Leo-Amsterdam* gespeichert. Ich war der Typ, der Jachten baute.

»Normale« Menschen, die weder eine Existenz in der Schattenwelt pflegen noch Hardcore-Networker sind, haben meistens einen mehr oder weniger überschaubaren Bekanntenkreis. Wenn wir jemand Neuem begegnen, checken wir ab, ob wir ihn näher kennenlernen möchten oder nicht. Manchmal ist von Anfang an klar, dass ein bestimmter Mensch für immer ein bloßer Bekannter bleiben wird. Aber er hat vielleicht eine gute Connection zu Autos oder kennt sich mit Computern aus oder vermietet ein günstiges Ferienhaus in Italien. Im Adressbuch heißt dieser Mensch dann Kurti-Auto, Foto-Fabian, Cossi-Ferienhaus. In Tichows Kreisen wimmelt es von solchen Bekanntschaften. Ständig werden Handynummern ausgetauscht. Das gehört zum Lifestyle der Schattenwelt. Heute Brüssel, morgen Berlin, übermorgen München. Überall neue Nummern. Leo-Amsterdam hätte auch als Leo-Jacht oder Leo-Flughafen gespeichert sein können. Das war nichts Ungewöhnliches. Damit war ich nur ein Name auf der langen Liste von Zufallsbekanntschaften. Meine Handynummer brachte Tichow nicht in Gefahr. Niemand würde erfahren, wer hinter dieser Nummer steckte. Niemand würde erfahren, wer ich war oder wie ich hieß. Meinen echten Namen ohnehin nicht. Solche Recherchen sind den Behörden vorbehalten. Und auch sie würden nicht beim Nachrichtendienst landen, sondern bei Rotter & Rotter, einem Unternehmen, das Jachten baut.

Zwei Stunden später als ursprünglich geplant schritt Tichow auf mich zu. Er trug dunkelblaue Jeans, knöchelhohe Stiefel und ein dunkles Armani-Sakko über einem hellblauen Hemd.

»Was war los?«, begrüßte ich ihn.

»Ich konnte nicht weg, ohne dass jemand Fragen gestellt hätte«, antwortete er und ließ sich mit einem Seufzer in einen der roten Plüschsessel fallen.

»Hervorragend«, lobte ich ihn. Tichow hatte alles richtig gemacht. Er hatte sich perfekt verhalten. Er hatte angerufen und mir damit gezeigt, dass er die Situation und mich ernst nahm. Und zum Ausweichtermin war er drei Minuten zu früh erschienen. Ich winkte dem Kellner.

Tichow stöhnte. »Das ist echt bequem hier, Leo! Lass uns so angenehm weitermachen. Was hast du vor, dass wir uns auf der Reeperbahn treffen?« Er grinste. »Ich glaube, das könnte mir gefallen.«

»Wir machen einen Ausflug. Ohne Damen. Frauen hast du eh genug.«

»Kann man gar nicht genug haben.«

Ich bezahlte meinen Espresso, und wir verließen das Schmidts TIVOLI Richtung Tiefgarage.

Wir fuhren an zwei Kontrollpunkten meiner Kollegen vorbei Richtung Hafen. Die Observationseinheit ging wie immer auf Nummer sicher und klärte ab, dass Tichow nicht verfolgt wurde – ob von einem misstrauischen Auge der Organisation, einem Privatdetektiv oder der Polizei, die ihn ebenfalls im Visier haben konnte. Tichow war ohne Anhang unterwegs. Es war ihm gelungen, seine Abwesenheit so gut zu organisieren, dass sein Umfeld nichts davon merkte. Ein weiterer Pluspunkt für ihn.

Wir sprachen nicht während der Fahrt. Ich kannte mich gut aus in dieser Gegend und hatte am Vortag die Stelle ausgekundschaftet, an der ich den Wagen parken wollte. Die Kollegen wussten Bescheid, auch wenn sie uns nicht hierher folgten. Wir waren allein, mein zukünftiger V-Mann und ich. Ich stellte den Wagen ans Wasser, damit wir Aussicht hatten. Ein paar Kräne. Ein paar Kähne. Viel grauer Himmel mit einigen wenigen blauen Löchern dazwischen und Möwen.

Dann fragte ich Tichow: »Was ging ab die letzten Tage?«

»Das weißt du doch sowieso«, scherzte er.

»Eins zu null für dich!«, konterte ich lässig und lenkte das Gespräch dann zunächst einmal auf sein Privatleben, genauer gesagt seine Freundinnen.

Tichow grinste. »Alles normal.« Dann erzählte er weitschweifig von Stress mit der einen und einer schönen Geburtstagsfeier mit der anderen. Klar. Was das betraf, fühlte er sich sicher. Er hätte mir wahrscheinlich auch von den zurückliegenden zehn Geburtstagen seiner vier Großeltern erzählt. Und falls nötig auch noch ein paar Frauengeschichten draufgepackt. Harmloses Thema. Alles hübsch unverfänglich. Ja, da gab es tatsächlich eine neue Frau. In Berlin. Eine ganz heiße Nummer. Tichows blaue Augen funkelten. Innerlich seufzte ich. Äußerlich nickte ich ihm aufmunternd zu. Diese Affären beinhalteten für mich zugleich positive und negative Aspekte. Auf der einen Seite ahnte ich bereits, mit welchen emotionalen Ups und Downs ich in Zukunft rechnen musste, auf der anderen Seite konnte ich mir sicher sein, dass ein Mann, dem es gelang, zwei oder drei Frauen gleichzeitig nebeneinander laufen zu haben, ohne dass die eine von der anderen wusste, es auch schaffen würde, sich mit mir zu treffen, ohne dass jemand davon Wind bekam. Noch ein Pluspunkt für Tichow, der locker weiterplauderte. Im privaten Bereich fühlte er sich sicher.

Damit ist es in der Schattenwelt genau andersherum als in der Legalität. Wir fühlen uns wohler, wenn wir über Geschäfte reden oder über neutrale Themen. Das Privatleben lassen wir zuerst mal außen vor. Doch für Tichow war sein Privatleben wahrscheinlich das Einzige, was sich einigermaßen im Bereich des Legalen abspielte.

Es wurde Zeit, das kaffeelose Kaffeekränzchen zu beenden und sich dem Sinn und Zweck unseres Treffens zuzuwenden. Ich griff nach hinten und nahm den Umschlag mit den Fotos von der Rückbank.

»Ich hab was für dich dabei«, sagte ich und öffnete den Umschlag.

Die entspannte Atmosphäre fiel in sich zusammen. Tichow schaute aus dem Fenster. Ich ließ mich davon nicht beeindrucken, nahm das erste von sechsundzwanzig Bildern in die Hand und reichte es ihm. Auf jeder Aufnahme war ein anderer Mann zu sehen. Von einem wusste ich sicher, dass Tichow ihn kannte. Andere waren so ausgewählt, dass er sie eventuell kennen konnte, aber eben nicht zwingend. Wieder andere konnte er nicht kennen, da sie nicht aus dem Milieu stammten. Ich zeigte Tichow jedes dieser Bilder und wartete seine Bemerkungen ab. Mit der vollen Wahrheit war in diesem Stadium nicht zu rechnen. Tichow gab vorsichtige Antworten, die ihm möglichst wenig schadeten. Ich hörte aufmerksam zu. Die Qualität seiner Angaben legte fest, wie ich ihn in Zukunft führen würde. Tichow spielte den Klassiker. Er kannte niemanden. Er war praktisch allein auf dieser Welt.

»Aber den hier, den musst du kennen«, sagte ich und reichte ihm das nächste Foto.

Er schüttelte den Kopf. Ich kannte das Spiel. Wenn ich ihm nun anhand eines Fotos, auf dem er mit diesem Mann abgelichtet war, beweisen würde, dass er ihn kennen musste, nun, dann hatte er ihn eben irgendwann irgendwo zufällig getroffen. Mit einem Foto, das belegte, dass das Treffen kein Zufall sein konnte, würde er sich vielleicht erinnern, dass er den Mann ganz entfernt kannte. Man trifft sich. Man redet. Man weiß nichts. Das ist normal. Ja, es war alles völlig normal mit Tichow. Wie seine Kollegen würde er sich bei solchen Kriminellen, die er mochte, bedeckt halten. Über Kriminelle, die er nicht mochte, vielleicht sogar hasste, würde ihm hingegen ein ganzer Aufsatz einfallen. Das Interessante daran für uns ist es, dass Liebe und Hass in diesen Kreisen so schnell wechseln können wie das Wetter im April; irgendwann weht der Wind aus der richtigen Richtung, und wir Agenten können unser Puzzle zusammensetzen, früher oder später.

Wir fragen zu diesem frühen Zeitpunkt nicht nach dem Kern der Organisation. Das Umfeld wird erst einmal ganz weitläufig abgegrast. Diese Vorgehensweise setzt die Hemmschwelle des zukünftigen V-Mannes herab. Über Feinde gibt es immer viel zu plaudern. So lernt der V-Mann nach und nach in sicheren Gefilden, dass es nicht wehtut, etwas preiszugeben. Dass es keine schlimmen Folgen für ihn hat. Dass er nicht als Verräter der Information bekannt wird. Er entspannt sich und erlebt, dass er sicher ist und in guten Händen. Je brisanter die Informationen später werden, desto wichtiger sind diese guten Anfangserfahrungen, die eine vertrauensvolle Basis für eine erfolgreiche Zusammenarbeit bilden.

Auf Foto Nummer einundzwanzig war ein junger Russe zu sehen. Er war braungebrannt, hatte ein Piercing in der linken Augenbraue und trug modische Klamotten. Ich wusste, dass Tichow ihn kannte, denn er war auf einem der Fotos abgelichtet, das die Kollegen von der technischen Überwachung in der Lagerhalle gemacht hatten. Das konnte Tichow natürlich nicht wissen. Ich war gespannt, ob er etwas zu diesem Foto sagen oder wieder nur den Kopf schütteln würde.

Tichow nickte. »Das ist David. Er und Alexej haben mit Autos zu tun.«

»Wer ist Alexej?«, fragte ich, obwohl ich wusste, dass er einer von Tichows Handlangern war.

»Ein Kollege«, sagte Tichow.

»Und was haben die beiden mit Autos zu tun?«

»Sie nehmen die Autos an. Sie haben ein paar junge Typen, die die Autos zu ihnen bringen.«

»Und diese Jungs knacken die Autos und fahren sie zu David und Alexej?«, hakte ich nach.

Tichow nickte. Nach und nach erzählte er mir, dass in einer Lagerhalle in Brandenburg die Kennzeichen gewechselt und Fahrzeugidentifizierungs- und Motorennummern manipuliert wurden. Mit gefälschten Papieren ging die Reise dann weiter nach Polen.

»Weißt du, wohin genau?«, fragte ich.

»Nach Poznań. Dort werden sie weiterverkauft. Sie arbeiten für einen Mann namens Mickiwicz. Den kenne ich nicht persönlich. Ich weiß nur, dass das nicht sein richtiger Name ist. Sie nennen ihn so.«

Klar, dachte ich. Wer heißt schon so, wie er heißt. Das galt ja schließlich auch für mich. Ich reichte Tichow das nächste Bild. Und wieder hatte er etwas zu erzählen.

»Der da«, sagte er und zeigte auf einen der Männer in der Gruppe, »das ist Dimitri. Auch aus der Ukraine. Der wird es zu nichts bringen. Der taugt nichts. Diebstahl ja, Raub geht schon nicht mehr. Feigling.« Er lachte. Sein Wertesystem war eindeutig. Er zeigte auf die Männer neben Dimitri. »Der da, das ist ein kleiner Zuhälter, und der daneben verkauft Stoff. Kleine Mengen, direkt an fertige Junkies. Der ist selbst sein bester Kunde.«

Ich reichte ihm das letzte Foto. Tichow studierte es länger als alle anderen. Das wunderte mich. Ivan spielte schon längst keine Rolle mehr in der Organisation. Tichow seufzte. »Das ist Ivan. Aus Russland. Der war mal ganz gut. Dann hat er sich verliebt. Richtig verliebt. Eine Russin. Hat Medizin studiert oder so was. In München, glaub ich. Und er wollte weg. Raus. Nichts mehr mit der Vergangenheit zu tun haben. Denn sie wollte ein ehrliches Leben führen.« Er machte eine wegwerfende Handbewegung, mit der er das ehrliche Leben in die Elbe kippte. »Als sie rausbekommen hat, womit er sein Geld verdient, hat sie Schluss gemacht. Er hat gebettelt wie ein Hund. Auf Knien ist er gerutscht. Hat geschworen, dass er ein besserer Mensch wird. Aber für sie war Schluss. Ende. Aus. Sie hat ihm das Herz gebrochen. Er hat viel Wodka gebraucht. Russischer Wodka ist Medizin.«

Tichow hielt plötzlich inne, als hätte ihn das Ganze nachdenklich gemacht, und schaute zu den Kränen. Ein Stück dahinter konnte man die Speicherstadt mit ihren roten Backsteinhäusern erkennen.

Eine Spaziergängerin mit einem schwarzen Pudel, gewaschen, gelegt, gefönt, lief durch das Bild. Tichow lachte und fuhr sich durch die kurzen Stoppelhaare. Dann wurde er wieder ernst. Er gab mir das Bild von Ivan zurück. Ich spürte, dass er ihn gemocht hatte, und freute mich, dass Tichow ein Mensch mit Gefühlen, Emotionen und Geschichten war. Was für die meisten Menschen in der Legalität völlig normal sein mag, haben viele Kriminelle wie Tichow auf ihren Wildwechseln in der Schattenwelt verloren.

Tichow war emotional berührbar. Andere Kriminelle in dieser Liga sind das nicht mehr. Man nennt sie abgebrüht, und das ist kein Wunder. Ihr Job bringt das so mit sich. Andererseits ist es eine Frage des Blickwinkels. Wir empfinden diese Kriminellen als abgebrüht, weil wir uns auf ein anderes Wertesystem beziehen. Wie ich vorhin gehört hatte, stand auch in Tichows Wertesystem einer, der raubte, also vor körperlicher Gewalt nicht zurückschreckte, über einem, der bloß stahl. Es ging noch ein paar Stufen höher über Erpressung, Freiheitsberaubung bis hin zu Mord.

Ein Wertesystem entsteht nicht von heute auf morgen. Es wächst mit den Erfahrungen, passt sich an. In Tichows Kreisen relativiert es sich besonders schnell und besonders großzügig. Mit jeder Grenzüberschreitung der Gesellschaft gegenüber wird die Grenze niedriger. Bis sie flachgetrampelt am Boden liegt und nicht mehr als Grenze empfunden wird. Zuerst fällt die Unterscheidung zwischen Mein und Dein. Und so geht es weiter. Die Folge sind ein ausgeprägter Egoismus, Gefühlskälte, Machtbesessenheit und Rücksichtslosigkeit. Alles dreht sich nur noch um die eigenen Geschäfte. Koste es, was es wolle. Menschenleben sind wenig wert, wenn sie die eigenen Interessen behindern.

Doch die Mafia ist keine Einbahnstraße. Es gibt Wege zurück in die Gesellschaft. Die meisten Menschen, die zurückfinden, verdanken dies einem einschneidenden persönlichen Erlebnis, das ihr

Wertesystem wieder neu kalibriert. Ob das die Geburt eines Kindes ist, eine schwere Krankheit oder der Tod eines nahestehenden Menschen. Solche Ereignisse sind wie Wegweiser – und plötzlich gibt es doch wieder ein Leben außerhalb der Organisation.

Als ich die Fotos zurück in den Umschlag steckte, fiel mir das erste Foto ein, das ich von Tichow gesehen hatte. Das lag nun schon einige Monate zurück. Meine Intuition hatte mich nicht getäuscht. Tichow hatte das Potenzial, ein Großer zu werden, der lang und erfolgreich mit uns zusammenarbeitete. So wie er sich mir präsentierte, konnten wir ihn in vielen Fällen einsetzen. Denn er war nicht nur emotional berührbar, sondern auch intelligent, flexibel und mutig. Das machte es natürlich auch für mich leichter. Es ist unangenehm, mit Kriminellen zu arbeiten, für die ein Menschenleben nichts wert ist. Doch auch an ihnen ist ein positiver Aspekt zu finden. Ohne den geht es nicht. Ich habe zudem das Glück, dass ich leicht Grenzen setzen kann. Bestimmte Dinge lasse ich nicht zu nah an mich herankommen. Das erleichtert die professionelle Arbeit. Hierbei hat mir das Mindset geholfen, das ich im Laufe vieler Jahre entwickelt habe. Ich habe die Formel für Sie modifiziert. Sie finden sie im nächsten Kapitel. Die Zugangsberechtigung dafür erhalten Sie, sobald Sie die nächsten Missionen erfolgreich durchlaufen haben. Durch einen gesonderten Security Check gelangen Sie dann in den streng geheimen Sicherheitsbereich, der ausgezeichneten Agenten vorbehalten ist.

Tichows Antworten hatten sich für mich plausibel angehört. Vieles hatte ich bereits gewusst, einiges war mir neu. Nun galt es, den Wahrheitsgehalt seiner Informationen zu überprüfen. Schließlich befanden wir uns in der Testphase.

Ich startete den Motor und fuhr zurück in die Stadt. Tichow bat mich, ihn am Hauptbahnhof statt am Schmidts TIVOLI Theater abzusetzen, was ich gerne tat.

Beim Abschied reichte ich ihm ein Kuvert. »Hier, für deine Auslagen.«

Er grinste. »Ist da wieder die Arbeit von zwei Tagen drin?«, fragte er. Seine Augen blitzten. Ein gutes Gedächtnis hatte er also auch noch.

Ich grinste zurück. »Nein. Von zwei Monaten.«

Noch am selben Tag leitete ich Tichows Informationen an Sabine weiter. Sie und ihr Team prüften jedes einzelne Detail. Nach ein paar Tagen bekam ich einen Bericht der Analyse, die Auswertung der Information, die Tichow geliefert hatte. Volltreffer. Jede einzelne Aussage ließ sich verifizieren. Tichow hatte weder etwas hinzugedichtet noch etwas ausgelassen. Tichow war auf dem besten Weg zum V-Mann.

Ihre zwölfte Mission

Details wahrnehmen: positives Verhalten verstärken

Der Agent nimmt selbst kleinste Schritte in Richtung des Zielobjektes wahr. Er hält auf Kurs, verstärkt und beschleunigt sein Gegenüber auf diesem Weg. Lob und Bestätigung gelten als Instrumente der ersten Wahl in dieser Phase.

Auch wenn Sie vermuten, dass Sie belogen werden: Lassen Sie andere Menschen dennoch ihr Gesicht wahren. Finden Sie eine schonende Möglichkeit, andere auf Fehler oder Schwächen aufmerksam zu machen. Mit einer massiven Anklage, die dem anderen das Gefühl vermittelt, an die Wand gedrängt zu werden, erreichen Sie gar nichts. Machen Sie es sich zur Gewohnheit, Ihre Mitmenschen auch in schwierigen Situationen gut aussehen zu lassen – so gut wie möglich eben. Dabei hilft es Ihnen, wenn Sie sich Ihre Mission und Ihr Ziel ins Gedächtnis rufen. Zusätzlich können Sie sich vorstellen, wie Sie sich in der Position Ihres Gegenübers fühlen würden und wie Sie selbst gern behandelt werden würden.

Heben Sie die Stärken und guten Leistungen anderer Menschen hervor – und setzen Sie dann erst mit Ihren Kritikpunkten und Verbesserungsvorschlägen ein. Rufen Sie sich immer wieder ins Gedächtnis, dass Sie mit Ihrer wertschätzenden Denkweise anderen Menschen gegenüber die Weichen für eine vertrauensvolle Beziehung stellen. Und vergessen Sie nie: Die Kunst liegt darin, auch einen kriminellen Informanten als Menschen zu respektieren und nicht nur seine Machenschaften zu sehen und zu verurteilen.

Loben Sie erwünschtes Verhalten, selbst wenn der Schritt in die von Ihnen bevorzugte Richtung ein kleiner oder sogar sehr kleiner Schritt war, kleiner, als Sie es sich gewünscht oder erwartet hätten. Mit Lob bestärken und verstärken Sie die positive Entwicklung. Doch Vorsicht: Übertreiben Sie das Lob nicht. Auf die richtige Dosierung kommt es an. Nicht jeder Mensch verträgt und erträgt gleich viel Lob. Lob muss dem jeweiligen Menschen angepasst sein. Maßgeschneidertes Lob ist eine optimale Motivation. Es gibt Menschen, denen genügt ein »Gut gemacht«. Andere würden das überhören – sie brauchen mehrere Sätze oder ein strahlendes Lächeln, Schulterklopfen. Als Agent, der sich innerhalb der dritten Sicherheitsschleuse befindet, erkennen Sie, worauf es bei Ihrem aktuellen Kandidaten ankommt. Einen coolen Finnen werden Sie anders motivieren als einen temperamentvollen Spanier. Und das tun Sie ja ohnehin, intuitiv. Jetzt geht es darum, dieses intuitive Verhalten bewusst für Ihre Mission einzusetzen. Und zwar authentisch. Ein gespieltes Lob ist kein Lob und wird sehr wohl entlarvt. Finden Sie Aspekte, die Sie aufrichtig loben können, und verpacken Sie das Lob so, wie es am besten bei Ihrem Gegenüber ankommt.

Beziehen Sie Ihr Lob und Ihre Anerkennung konkret auf ein bestimmtes Verhalten, eine Eigenschaft oder Situation.

Mit Körperkontakt kann ein Lob verstärkt werden – doch Vorsicht! Körperkontakt zur falschen Zeit kann das Gegenteil bewirken. Achten Sie darauf, dass Körperkontakt nie kompromittierend oder anzüglich wirkt. Er kann eine vertrauensbildende Wirkung entfalten und die Tiefe einer Beziehung ausdrücken. Er kann sich aber auch wie ein Frontalangriff anfühlen. Deshalb sollten Sie ihn nach und nach vorbereiten:

1. Berühren Sie – ohne dabei Blickkontakt aufzunehmen – im richtigen Moment mit der Außenfläche Ihrer Hand kurz den Oberarm Ihrer Zielperson. Begleiten Sie diesen beiläufigen Körperkontakt beispielsweise mit Worten wie: »Schau mal da drüben, der Mann / das Auto / die Situation ...« Wichtig ist hierbei, dass Sie während der Berührung in Richtung des Gezeigten schauen, nicht in die Augen Ihres Gegenübers. So wird diese kleine Berührung kaum wahrgenommen werden, unbedeutend wirken und keinen Widerstand auslösen. Sie erscheint ganz natürlich aus einer bestimmten Situation entsprungen. Ihr Ziel ist es, Ihr Gegenüber an den von Ihnen initiierten Körperkontakt zu gewöhnen. Achten Sie darauf, dass Ihre Berührung eine freundschaftliche, vertrauliche Geste ist. Etablieren Sie solche Körperkontakte. Warten Sie jedoch immer einen wirklich passenden Moment ab. Fünf-, sechsmal genügen. Dann können Sie einen Schritt weitergehen.

2. Berühren Sie nun – wieder ohne Blickkontakt – mit der Innenseite Ihrer Hand kurz den Oberarm Ihrer Zielperson. Sagen Sie dazu etwas wie beispielsweise: »Komm doch mal bitte kurz mit da rüber ...« Die Hemmschwelle sinkt, und Sie etablieren und intensivieren den vertrauensbildenden Körperkontakt.

3. Nun verbinden Sie den zweiten Schritt mit einem Blickkontakt bei der Berührung und gelangen auf ein Level, in dem Berührungen als normal empfunden werden. Die Hemmschwelle für Körperkontakt ist abgebaut – er wird nicht mehr als Angriff, Unhöflichkeit oder Distanzlosigkeit empfunden, sondern gehört nun naturgemäß zu einer vertrauensvollen Beziehung und gibt Aufschluss über die bereits erreichte Intensität.

Aus dem Agentenhandbuch

- Lassen Sie andere Menschen zu jeder Zeit ihr Gesicht wahren.
- Anerkennen Sie auch die kleinste Verbesserung, seien Sie dabei herzlich und freigiebig.
- Ermutigen Sie andere! Lassen Sie ihre Fehler gering erscheinen.
- Finden Sie das stets individuelle Maß an Lob.
- Loben Sie nur, wenn das Lob auch wirklich angebracht ist, sonst bewirkt es das Gegenteil und wird als Schmeichelei abgelehnt.
- Verlangen Sie anderen Vertrauensbeweise ab. Das ist richtig und wichtig. Aber Sie sollten auch in Vorleistung gehen. Sie müssen selbst auch Vertrauensbeweise leisten.
- Etablieren Sie Körperkontakt mit Bedacht.

Vertrauen aufbauen

Vertrauen zu gewinnen ist ein Prozess, der auf Erfahrungen und Erlebnissen beruht, und kostet Zeit. Bei den ersten Treffen hat der Aufbau der Beziehung oberste Priorität. Als Agenten setzen wir auf die nachhaltige Entwicklung eines Vertrauensverhältnisses. Doch natürlich darf das auch nicht zu lange dauern. Schließlich haben wir eine Mission zu erfüllen. Aus diesem Grund stand beim nächsten Treffen mit Tichow einiges auf dem Spiel. Für uns und für ihn – was ihm allerdings nicht bewusst war. Bislang hatte er alle Prüfungen mit Bravour gemeistert. Nun würde ich ihm einen heißen Tipp zuspielen. Damit würde ich ihm einen Vertrauensvorschuss gewähren. Vertrauen wächst nicht beidseitig gleichmäßig. Mal öffnet der eine, mal der andere eine Tür.

Der Vertrauensbeweis, den ich Tichow geben wollte, war auf den zweiten Blick weitaus mehr. Es handelte sich dabei, obwohl von uns inszeniert, um eine echte Feuerprobe. Ich zweifelte nicht daran, dass Tichow auch diesen Test bestehen würde, doch sicher konnte ich mir nicht sein. Er musste uns beweisen, dass er brisante Informationen für sich behalten konnte. Würde er sich bewähren? Oder würde er die Informationen an seine Leute weiterleiten, die er länger und besser kannte als mich? Wenn er die Informationen verriet, hätte er unsere Mission offenbart – mit schwerwiegenden Konsequenzen.

Die Warnung

Am Telefon hatten Tichow und ich uns für vierzehn Uhr an der Stelle verabredet, wo er beim letzten Mal ausgestiegen war. Im operativen Alltagsgeschäft werden Trefforte am Telefon niemals namentlich genannt – eines der vielen Relikte aus den Hoch-Zeiten der Spionageabwehr. Als ich pünktlich eintraf, wartete Tichow bereits. Wie mit der Observation abgesprochen, lud ich ihn in einen Biergarten ein. Der Herbst hatte sich in den letzten Tagen erwärmt, und um die Mittagszeit konnte man den frühen Oktober mit ein wenig gutem Willen fast als späten August bezeichnen. Bei milden einundzwanzig Grad saß ich mit Tichow im Schatten unter einer Kastanie, die schon einige Blätter gelassen hatte, ein bunter Teppich um unsere Bierbank, und genoss ein kühles Radler. Die entspannte Atmosphäre zwischen uns freute mich; auch sie war ein gutes Omen für eine langjährige Zusammenarbeit. Im Biergarten herrschte ein fröhliches Treiben. Mütter mit Kindern, Radfahrer, Rentner, Pärchen und auch Geschäftsleute, die ihr Meeting kurzerhand nach draußen verlegt hatten. Tichow und ich sprachen über das Wetter und den FC St. Pauli. Die Hamburger hatten am Wochenende grottenschlecht gespielt, und Tichow hatte sich noch nicht davon erholt. Er war regelrecht deprimiert und kickte die Wenns und Abers hin und her. Ich hörte ihm eine Weile zu, doch als er zum dritten Mal eine in seinen Augen falsche Schiedsrichterentscheidung monierte, sagte ich unvermittelt: »Ich weiß, dass in den nächsten Tagen eine Lieferung über die Merw-Route kommt.«

Tichow starrte in sein Glas. Ja, da konnte man eine Menge beobachten. Wie die kleinen Schaumkrönchen aufplatzten. Wie Luftblasen hochstiegen. Dieses Sprudeln schien ihn mehr zu faszinieren als die Erkenntnis, wie viel wir wussten. In der Zwischenzeit hatte er sich anscheinend daran gewöhnt, dass wir sehr nah an ihm dran waren. Von unserem V-Mann Nord wussten wir, dass bei der letzten Lieferung abermals einiges schiefgelaufen war, wenn wir auch keine Ahnung hatten, was. Diese Probleme waren wohl dafür verantwortlich, dass der Abstand zur nächsten Lieferung verlängert worden war. Normalerweise hätte längst eine neue Lieferung unterwegs sein müssen – mindestens eine. Aber man ging auf Nummer sicher. Wartete ab, bis sich irgendwelche Wogen, die wir noch nicht benennen konnten, geglättet hatten. Dieser Zeitpunkt schien nun gekommen. Wir hatten über Nord Kenntnis von der bevorstehenden Lieferung erhalten.

Tichow schaute noch immer in sein Glas.

»Du darfst nicht am Treffpunkt sein, wenn die Lieferung ankommt. Falls du hinmusst, geh erst, wenn ich dir grünes Licht gebe«, bat ich ihn.

Überrascht blickte er auf. »Wie meinst du das?«

»Mehr kann ich dir nicht sagen«, antwortete ich.

Lang und prüfend musterte er mich. Diese Information ging ihm an die Substanz. Sie betraf das Kerngeschäft seiner Machenschaften in der Schattenwelt. Er war noch nicht so weit, sich mir in dieser Sache anzuvertrauen. Und das konnte ich gut nachvollziehen. Zu viel stand für ihn auf dem Spiel.

Tichow wollte wissen, was ich wusste, dabei war ihm klar, dass ich es ihm nicht sagen würde. Wir waren darüber informiert, dass das Landeskriminalamt, kurz LKA, einen Zugriff plante. Diesen wollten wir nicht bereits im Vorfeld vereiteln. Wir waren außerdem darüber informiert, dass das LKA nichts von der Merw-Route wusste. Es hatte einen Tipp bekommen, dass ein paar Georgier Haschisch nach Deutschland schmuggelten. Dass diese Georgier zum Begleittross einer großen Lieferung Heroin gehörten, wusste es nicht. Das LKA kannte allerdings die Fahrtroute und plante einen Zugriff. Nur wusste derzeit niemand genau, wann und wo.

Als Polizeibehörde unterliegt das LKA dem sogenannten Legalitätsprinzip. Sobald die Polizei von einer Straftat, wie es der Besitz und Handel mit Haschisch ist, erfährt, muss sie Strafverfolgungsmaßnahmen einleiten. Das ist ihre Pflicht. Ihre Ermittlungen muss sie nicht von Anfang an offenlegen. Auch die Polizei kann eine gewisse Zeit verdeckt arbeiten, um mehr zu erfahren und dann umso erfolgreicher einzugreifen. Doch dieser Möglichkeit sind zeitliche, rechtliche, operative und logistische Grenzen gesetzt, die beim Nachrichtendienst wesentlich weiter gesteckt sind. Darin besteht der große Vorteil der Geheimdienste. Sie unterliegen dem Opportunitätsprinzip und haben in den oben genannten Fragen einen gewissen Ermessensspielraum. Unsere leisen Aufklärungsmaßnahmen sind perfekt dafür geeignet, langfristig tiefer in eine Organisation einzudringen. Verdeckte Strukturermittlungen sind die Kernkompetenz des Nachrichtendienstes. Grundsätzlich stehen Polizei und Nachrichtendienst in einem kooperativen Kontakt und arbeiten eng zusammen – spätestens gegen Ende jeder nachrichtendienstlichen Ermittlung, wenn der Fall an die Verfolgungsbehörden übergeben wird. Von manchen Zusammenhängen erfährt die Polizei aus ermittlungstaktischen Gründen erst, wenn bei uns alle erreichbaren Informationen auf dem Tisch liegen und die Organisation transparent – gläsern, wie wir sagen – geworden ist. Hier übernehmen Polizei und Staatsanwaltschaft das Verfahren und gehen in die offene Phase der Ermittlungen über – mit Zugriffen, Durchsuchungen, Festnahmen, Identitätsfeststellungen, Beschlagnahmungen und allem, was dazugehört.

Wenn alles gut lief, würde den Kollegen vom LKA nicht auffallen, dass die Georgier Teil eines Konvois waren. Doch auch beim LKA gibt es mit allen Wassern gewaschene Profis. Da es bei dem Zugriff jederzeit zu unerwarteten Zwischenfällen kommen konnte, musste ich Tichow weiträumig fernhalten. Es wäre schon suboptimal für unsere Ermittlungen, wenn die Heroinlieferung auffliegen würde, doch sollte obendrein Tichow gefasst werden, wäre das sehr bitter für uns. Einen Mann wie ihn, mit so vielen Optionen, wollte ich nicht verlieren. Doch das konnte ich Tichow nicht sagen. Ich musste darauf vertrauen, dass er meine Warnung verstand, auch wenn sie ihn in eine schwierige Situation brachte.

Ich hoffte, dass Tichow bei der Übergabe nicht präsent war. Doch Genaues wusste ich nicht, und er sagte es mir nicht. Noch nicht. Es gab im Berichtsaufkommen eine Spur, die darauf hindeutete, dass Tichow nur einsprang, wenn Not am Mann war. Er war sozusagen der Ersatzmann für einen Letten, der sich von einer Schussverletzung erholte – so weit das Gerücht. Angeblich hatte er sich beim Reinigen seiner Waffe selbst verletzt. Leider hatte Nord nicht in Erfahrung bringen können, wann der Lette zurückkehren würde. Ich hoffte, bald; denn dass Tichow weiterhin Drogenlieferungen entgegennahm, vertrug sich nicht mit den Regeln für unsere Zusammenarbeit:

Du gibst mir Informationen.

Ich sorge dafür, dass du niemals als Übermittler dieser Informationen bekannt wirst.

Du wirst von uns niemals den Auftrag erhalten, dich strafbar zu machen. Du darfst dich in unserer Zusammenarbeit auch sonst nicht strafbar machen. Wenn du es dennoch tust, musst du mit den Konsequenzen leben. Ich kann mich dafür einsetzen, dich so gut wie möglich aus der Situation herauszuholen, doch ich kann dich dann nicht retten.

Als Mieter der Lagerhalle war Tichow eine kleine Nummer, und seine Weste zierten noch einige weiße Stellen. Als Geldkurier waren die weißen Stellen schmutzig geworden. Das Rauschgift bei einem Transport in Empfang zu nehmen, kam einer Schlammpackung gleich. Mit einer dergestalt schwarzen Weste konnte ich nicht zusammenarbeiten. Für eine langfristige, erfolgreiche Zusammenarbeit mit dem Nachrichtendienst brauchte Tichow eine Funktion in der Organisation, die es ihm erlaubte, an brisante Informationen zu gelangen, ohne dabei ein hohes Risiko einzugehen. An so einer Stelle wollte ich ihn platzieren. Mit der von ihm gemieteten Halle – eine ziemlich clevere Konstruktion – konnte ich mich abfinden, allerdings würde ich hier eine Veränderung forcieren. Tichow sollte sie untervermieten. Ich wollte ihn so weit wie möglich aus der Schusslinie ziehen. Und selbstverständlich würde Tichow seinen Job als Geldkurier aufgeben müssen. So sah meine Strategie aus, die es in der Zukunft mit kluger Planung, Bedacht und einigen Nachhilfeeinheiten zu verwirklichen galt. Wenn alles so funktionierte, wie ich mir das vorstellte, konnte ich Tichow innerhalb der Organisation in einem Vierteljahr neu positionieren. Das bedeutete nicht, dass er dann außerhalb des Spannungsfeldes leben würde. Den V-Mann mit der weißen Weste gibt es nicht.

Polizei und Nachrichtendienst haben unterschiedliche Aufgaben. Wo sich die Interessen überschneiden, muss gründlich abgewogen werden: Sollen wir das LKA unterrichten? Es so unterrichten, dass kein gesetzlicher Verfolgungszwang (Legalitätsprinzip) entsteht – oder alles laufen lassen, wie es läuft, und den V-Mann oder andere eigene operative Interessen so gut wie möglich heraushalten? Polizei und Nachrichtendienst unterliegen ihren eigenen gesetzlichen Verpflichtungen. Beide haben eine klare Aufgabenstellung, um die rechtsstaatliche Sicherheit und Ordnung zu gewährleisten. Beiden steht dazu ein eigenes rechtliches Instrumentarium zur Verfügung. Obwohl in der Theorie Aufgaben und Ziele optimal aufeinander abgestimmt sind, ergeben sich in der operativen Praxis große Herausforderungen und manchmal handfeste Interessenkonflikte. Das LKA in die Situation einzuweihen und zu offenbaren, dass ein Mann zu uns gehört, ist keine Option. Um einen V-Mann zu schützen, darf seine Zusammenarbeit mit unserem Haus nicht bekannt werden. Nirgendwo. Auch nicht bei der Polizei, den Ministerien oder anderen Sicherheits- oder Verwaltungsbehörden. Hier müssen zwar keine undichten Stellen vermutet werden, doch auch dort arbeiten Menschen, und ein Verrat passiert manchmal unabsichtlich, aus schlichtem Versehen. Quellenschutz hat oberste Priorität. Aus diesem Grund ist selbst hausintern die Identität eines V-Mannes kaum einer Handvoll Menschen bekannt: dem Werber, dessen unmittelbarem Vorgesetzten, einem Beschaffer und dem Leiter der operativen Sicherheit. Die Personalkarten der V-Leute, die sogenannte Quellendatei, ist das geheimste und am besten gehütete Herzstück jedes Nachrichtendienstes. Die einzige Möglichkeit, etwas geheim zu halten, ist – es geheim zu halten und mit niemandem darüber zu sprechen. Mit niemandem. Die kleinste Ausnahme ließe den Informationsprozess vollends außer Kontrolle geraten. Informationen sind eine heiße Ware im Geheimdienst. Und genau die versuchte Tichow mir jetzt zu entlocken.

»Warum soll ich mich raushalten?«, bohrte er nach.

»Ich kann dir nicht mehr sagen, außer dass es dieses Mal anders für euch ablaufen wird als erwartet.«

Tichow schaute eine Weile durch die Gegend, ohne wahrzunehmen, was um uns herum ablief. Er sah die drei jungen Frauen mit den Hüfthosen und Steißgeweihen nicht, die Richtung Ausschank scharwenzelten. Er sah auch den jungen Golden Retriever nicht, der sich in einem verunfallten Sauerkraut wälzte, was farblich kaum auffiel. Tichow schaute in sich hinein, schob das Für und Wider hin und her. Mir war klar, dass er, sobald gerufen, nicht einfach wegbleiben konnte. In seiner Branche gab man keinen gelben Zettel mit einer Krankmeldung ab, wenn man mal einen schlechten Tag hatte. Sonst wurde ein schlechter Tag sehr schnell zu einem ganz schlechten Tag. Falls seine Leute auch nur den geringsten Verdacht schöpften, würde es für Tichow eng. Die Russenmafia ist nicht zimperlich. Darauf brauchte ich Tichow nicht hinzuweisen. Er gehörte schließlich dazu. Vielleicht musste er bei der Übergabe präsent sein? Würde alles andere sein Umfeld alarmieren? Könnte man ihm sonst unterstellen, von dem Zugriff gewusst zu haben?

Tichow räusperte sich. »Das ist nicht so einfach«, sagte er zögernd.

Ich nickte. »Ich weiß. Aber ich weiß auch, dass dir was einfallen wird.«

Er verzog den Mund zu einem schiefen Grinsen. Es wirkte ein wenig kläglich.

»Versäum deinen Flieger oder setz dein Auto an eine Wand. Du findest einen Grund. Du bist Profi.«

»Okay«, sagte er. Seine Stimme klang heiser.

Ich ahnte, was ihm durch den Kopf ging. Mein Vertrauensbeweis an ihn entwickelte sich zu einem Alptraum. Wie konnte er seine Haut retten? In den Knast wollte er natürlich nicht, nicht einmal in einen deutschen Knast, obwohl dieser für ihn, der bereits in Russland hinter Gittern gesessen hatte, wie ich aus seiner Einbürgerungsakte wusste, vergleichsweise wie ein Wellnesshotel ausgestattet war. Wie sollte er seinen Leuten erklären, warum er diesmal nicht auf Abruf bereitstand? Oder sollte er seinen Leuten einen Tipp geben? Sie warnen? Sie würden wissen wollen, woher Tichow Bescheid wusste. Auch auf diesem Weg würde er sich Gefahren aussetzen, denn obwohl er bisher noch keine brisanten Informationen geliefert hatte, würde die Russenmafia es nicht goutieren, dass er sich auf all diese Treffen mit mir eingelassen hatte. Selbst wenn er behaupten würde, er hätte versucht, mich zu bestechen und als Spitzel zu werben – Tichows Lage war schwierig. Und meine auch, falls er ernsthaft die Möglichkeit in Betracht zog, seine Leute zu warnen. Sie war schon schwierig genug, weil es den Anschein hatte, Tichow würde auch bei der bevorstehenden Übergabe eine Rolle spielen. Das war keine Position, in der ich einen V-Mann langfristig akzeptieren konnte.

Tichow saß tief in seine Gedanken versunken neben mir. Dann auf einmal hob er den Kopf und schaute mich an. Ich wich seinem Blick nicht aus. Er suchte nach Antworten, die ihm bei der Entscheidung helfen sollten, ob er mir vertrauen könne. In seinen Augen las ich zum einen Dankbarkeit, denn mein Tipp bewahrte ihn vielleicht vor der Justiz. Zum anderen las ich den Vorwurf, ihn in solch einen Gewissenskonflikt zu stürzen und ihn nun in dieser prekären Situation, die gravierende Folgen für ihn haben konnte, alleinzulassen. Welches dieser beiden widerstreitenden Gefühle würde die Oberhand gewinnen? Ich blieb ruhig und gelassen. Ich vertraute darauf, dass Tichow die Situation gut meistern würde. In seinem Gewerbe war er an Spannungssituationen gewöhnt.

Er zündete sich eine Zigarette an, inhalierte tief und stieß den Rauch mit einer Entschlossenheit aus, die mir zeigte, dass er seine Entscheidung gefällt hatte. Und nach einem weiteren Zug erzählte er mir, was er über die Georgier, die das LKA im Visier hatte, wusste. Er berichtete mir nicht nur, wer die Ladung in Hamburg ablieferte, was uns aus Nords Berichten bereits bekannt war. Tichow erzählte mir auch von einem Evgenij, der für den Hafen in Batumi zuständig war. Evgenij schmiere die Verantwortlichen bei der Hafenbehörde und beim Zoll, damit sie wegschauten. Evgenij sei kein Georgier, lebe aber schon seit Jahren dort. Er stamme aus Moskau und habe eine Georgierin geheiratet. In seinem legalen Leben betreibe er einen Gemüsemarkt und beliefere mehrere große Restaurants und Hotels. Evgenij arbeite seit vielen Jahren für die Mafia und kassiere auch Schutzgelder. Zudem leite er einige Bordelle in Batumi. Also ein durch und durch sympathischer Geselle, dieser Evgenij. Tichow redete, als wäre ein Damm gebrochen, gerade so, als müsse er seinen Entschluss nun auch festigen. Er hatte sich für unsere Seite entschieden. Für den Augenblick auf jeden Fall.

Ihre dreizehnte Mission

Die Strategie der Nachhaltigkeit: das Prinzip Geben

Der Agent geht in Vorleistung. Er rechnet Geben und Nehmen nicht gegeneinander auf und erwartet von seinem Informanten nichts, was er an dessen Stelle nicht auch tun würde. Der Agent ist sich jederzeit darüber bewusst, dass er eine nachhaltige und langfristige Beziehung anstrebt.

Einer muss ja anfangen. Warum nicht Sie? Signalisieren Sie Ihrer Zielperson, dass sie Ihnen vertrauen kann, indem Sie ihr ein kleines, ganz persönliches Geheimnis preisgeben. Kündigen Sie das ruhig vorher an: »Keine Ahnung wieso, aber ich habe das Gefühl, als ob wir uns schon ewig kennen würden. Ich erzähle dir jetzt was, aber behalte es bitte für dich ...«

Selbstverständlich können Sie zudem Vertrauensbeweise von anderen Menschen erwarten. Das ist richtig und wichtig. Doch Sie sollten auch mal in Vorleistung gehen, wenn Sie die Vertrauensfrage stellen. Sobald Ihnen etwas anvertraut wird, beweisen Sie, dass Geheimnisse bei Ihnen gut aufgehoben sind.

Auch ohne ausgesprochene Vertrauensbeweise können Sie Vertrauen stärken, indem Sie positive Momente schaffen. Dann fühlt sich Ihr Gegenüber wohl bei Ihnen. So bauen Sie erfolgreich weiter an der Basis für eine vertrauensvolle Beziehung. Wir vertrauen niemandem, bei dem wir uns unwohl fühlen. Vertrauen und Wohlgefühl sind Geschwister. In einer von Sympathie bestimmten Atmosphäre gelingt es Ihnen auch, Ihr Gegenüber zu Veränderungen zu motivieren.

Beraten Sie die Zielperson, wie Sie einen Freund beraten würden. Helfen Sie weiter und vor allem: Verlangen Sie für Ihre Unterstützung keine Gegenleistung. Die Gegenleistung kommt dann von ganz alleine. Vielleicht nicht sofort, vielleicht nicht von Ihrem V-Mann, aber sie wird kommen. Irgendwo aus Ihrem Umfeld.

Nutzen Sie jede Gelegenheit, Ihr Gegenüber immer besser kennenzulernen. Dazu gehört eine Kommunikation, die über das sachlich und beruflich notwendige Maß hinausführt. Der direkte Weg ist nicht unbedingt der schnellste Weg zum Ziel. Nehmen Sie persönliche Informationen stets bereitwillig entgegen, um Ihr Interesse für einen anderen Menschen deutlich zu machen. So schaffen Sie eine gute Atmosphäre, in der Veränderung möglich ist. Unter Veränderung verstehen wir als Agenten jene Richtung, in der unsere Zielfahne flattert. Sie wissen ja bereits: Allein der Umstand, dass Sie ein klares Ziel verfolgen, bedeutet keineswegs, dass Sie Ihr Gegenüber manipulieren. Auf Ihr Ziel kommt es an. Was möchten Sie erreichen? Und warum? Sollten Sie bewusst zum Nachteil anderer Menschen agieren, würden Sie sich langfristig selbst schaden und sich als Agent disqualifizieren.

Vergessen Sie nie, dass eine produktive Zusammenarbeit Gegenseitigkeit voraussetzt. Und das gilt nicht nur für Vertrauensbeweise!

Aus dem Agentenhandbuch

⊕ Platzieren Sie an der richtigen Stelle einen Vertrauensvorschuss.

⊕ Gehen Sie verantwortungsvoll mit den Informationen um, die
Ihnen anvertraut werden.

⊕ Unterstützen Sie andere Menschen, wann immer es Ihnen
möglich ist.

⊕ Sorgen Sie dafür, dass sich Ihre Mitmenschen in Ihrer
Gegenwart sicher und wohlfühlen.

⊕ Rechnen Sie Geben und Nehmen nicht gegeneinander auf.

Vertrauensbeweise

Am Tag nach dem Zugriff trafen wir uns in Berlin am Alexanderplatz, direkt vor dem Eingang eines großen Mediamarktes. Pünktlich um vierzehn Uhr tauchte Tichow aus dem U-Bahn-Schacht auf. Ich rief ihn an, als seine Stoppelfrisur auf der Rolltreppe erschien, und beobachtete, wie er sein Handy aus der Jackentasche zog und es aufklappte: »Da?«.

»Ich bin's, hallo«, antwortete ich.

»Kommst du nicht?«

»Bin schon da. Am Eingang vom Mediatempel«, sagte ich.

Er schaute in meine Richtung, erkannte mich, ließ den Blick jedoch weiterschweifen, ohne sich irgendetwas anmerken zu lassen.

»Gut gemacht«, sagte ich anerkennend. Auch ein scharfer Beobachter hätte keine Verbindung zwischen uns feststellen können. Tichow hatte sich unter Kontrolle.

»Folge mir in einem unauffälligen Abstand«, bat ich ihn. »Okay?«

»Da«, erwiderte er.

Ich ging auf dem Alex Richtung Mitte. Mit meinem Knopf im Ohr hielt ich die Verbindung zu Claus und Robert, die Tichow seit seiner Ankunft auf dem Alex observierten.

»Er folgt dir«, berichtete Robert mir.

»Bin dabei«, meldete Claus sich. »Unsichtbar.«

Die Observation hatte diesmal auch den Zweck, festzustellen, ob Tichow bemerkte, dass er verfolgt würde. Wie würde er reagieren? In solch einer brisanten Situation durfte er keine Fehler machen, die uns beide in Gefahr bringen konnten. Nach überraschend kurzer Zeit meldete Robert sich: »Er hat mich entdeckt, denke ich.«

»Wow, das ging aber schnell«, warf Claus ein.

»Bin gespannt, was er macht«, sagte ich.

»Blickkontakt hat er jedenfalls vermieden«, ließ Robert mich wissen.

Ich konnte mir ein gemurmeltes »Ausgezeichnet« nicht verkneifen. Wenn Tichow Blickkontakt aufgenommen hätte, würde sich ein dilettantischer Verfolger entlarvt fühlen und wäre alarmiert. Er könnte annehmen, dass der Observierte ab sofort nach einem Notfallplan handeln und brisante Kontaktstellen meiden würde. Wesentlich intelligenter ist es, keinen Blickkontakt herzustellen und seine Schatten an bedeutungslose, unübersichtliche Stellen zu führen, um sich im richtigen Moment in Luft aufzulösen.

»Er schaut sich um, und zwar sehr geschickt«, meldete Claus. »Sieht nicht nach Suchen aus. Also, wenn ihr mich fragt: Das macht der nicht zum ersten Mal.«

»Achtung! Er telefoniert!«, rief Robert.

»Wen wird er wohl anrufen?«, fragte ich und hegte nicht den geringsten Zweifel. Bis jetzt hatte ich Tichow richtig eingeschätzt. Ja, er war ein Profi. Mein Handy klingelte. Mit überraschter Stimme meldete ich mich und fragte: »Ja? Alles klar?«

»Wir werden verfolgt«, sagte Tichow. Er klang gepresst.

»Einer von euren Leuten?«, fragte ich schnell und spürte Genugtuung, weil Tichow *Wir* gesagt hatte. Wir wurden verfolgt. Er und ich.

»Hab den Typen noch nie gesehen. Aber das muss nichts heißen. Der fiel mir vorhin schon auf. Er stand an der U-Bahn, als ich ankam.«

»Du …«, begann ich.

»Wenn das deine Leute sind, brauchen sie Nachhilfe«, unterbrach Tichow mich.

Seine Aufmerksamkeit beeindruckte mich. Ich ließ mir das jedoch nicht anmerken, sondern sagte cool: »Okay. Häng ihn ab. Wir treffen uns in fünfzehn Minuten in dem Café südlich der S-Bahn unten im Fernsehturm.«

»Da«, erwiderte er und legte auf.

Ich steckte mein Handy weg und verabschiedete mich von Robert und Claus: »Bis später.«

»Jep«, meldete Robert sich. »Ich lass mich jetzt mal abhängen, aber leicht mache ich es ihm nicht!«

»Typisch«, kommentierte Claus.

Robert lachte. Er liebte solche Spiele.

»Na, dann viel Spaß«, wünschte ich und verschwand in einem großen Kaufhaus, wo ich mir den Knopf aus dem Ohr nahm. Gut gelaunt verließ ich das Kaufhaus durch einen Nebenausgang. Mit seinem Verhalten hatte Tichow bewiesen, dass er mich und sich als Team betrachtete, ohne dass es ihm vielleicht bewusst war.

Eine Viertelstunde später saßen Tichow und ich uns in dem Café am Fernsehturm gegenüber.

»Das war kein Russe«, sagte Tichow nachdenklich.

»War jemand bei ihm?«, fragte ich.

»Ich glaube nicht. Ich habe nur den einen bemerkt«, erwiderte Tichow. Damit hatte er Recht. Claus war wie geplant unsichtbar geblieben.

»Und du hast dich nicht getäuscht?«, fragte ich vorsichtig.

Tichow knurrte irgendetwas. Er war sich absolut sicher. Auch das gefiel mir. Er ließ sich nicht beirren. Und Tichow beeindruckte mich noch stärker, denn als Nächstes beschrieb er Robert bis ins letzte Detail, schätzte sogar sein Alter korrekt, fast als hätte er ihn fotografiert. Ich hätte mir keinen besseren V-Mann wünschen können. Eine exakte Beobachtungsgabe, gekoppelt mit einem fotografischen Gedächtnis, war in diesem Job eine großartige Hilfe.

»Saubere Arbeit«, lobte ich, »gerade jetzt ist es wichtig, dass wir auf der Hut sind.«

Tichow nickte. Seit dem Zugriff des LKA am Tag zuvor waren seine Hintermänner besonders aufmerksam. Auch wenn er nicht in

Verdacht geraten war, konnte es sich um eine Routineüberwachung handeln. Ich hätte Tichow lieber bereits gestern getroffen, doch das war leider nicht möglich. Nun war ich sehr froh, dass er mir unbeschadet gegenübersaß.

»Es war einer von unseren Leuten«, sagte ich in nebensächlichem Ton. »Ich wollte sichergehen, dass niemand an dir dranhängt. Wegen gestern.«

»Versager«, zischte Tichow. Dann grinste er und fuhr sich mit der rechten Hand durch die Stoppelfrisur. Selbstzufrieden stellte er fest: »Der Typ hätte genauso gut gleich eine Fahne schwenken können.«

Ich ließ mich nicht auf diesen Verbesserungsvorschlag ein. »Du hast gut reagiert. So wünsche ich mir das. Mit dir kann man arbeiten.«

Wir nippten beide an unserem Kaffee.

Plötzlich sagte Tichow: »Danke für den Tipp.«

Ich schwieg.

»Sie haben die ganze Ladung kassiert«, fuhr er fort.

Ich nickte. Das hatte ich bereits von Sabine gehört. Ursprünglich hätte sich der Zugriff gezielt auf den Wagen der Georgier richten sollen. In letzter Minute war den Eingriffskräften ein Begleitfahrzeug aufgefallen, und die Aktion wurde ausgeweitet. Bei der Polizei haben offensichtlich nicht nur die Drogenhunde sagenhafte Spürnasen. So flog auch der Lkw mit der Heroinladung auf. Dieser Fang war das Top-Thema der Hamburger Zeitungen. Sogar der Tagesschau im Ersten war er ein paar Sekunden wert gewesen.

»Die Georgier haben Haschisch mitlaufen lassen«, erzählte Tichow mir.

»Deshalb sind sie überhaupt erst in das Visier des LKA geraten«, erwiderte ich.

Tichow kniff die Augen zusammen und legte den Kopf schräg. Ich ließ ihm Zeit, diese Information zu verdauen. In seinem Blick las ich die Frage, ob das wirklich stimmte. Und wie viel ich im Voraus über den LKA-Zugriff gewusst hatte. »Normalerweise bin ich nicht bei den Übergaben dabei«, begann Tichow zögernd.

»Ich habe ein Foto von dir, auf dem du bei einer Übergabe zu sehen bist.« Ich lächelte ihn offen an. Das war kein Bluff. Ich bezog mich auf das Bild, mit dem Tichow vor einigen Monaten meine Aufmerksamkeit erregt hatte. Einen langen Arbeitstag hatte ich im Biergarten ausklingen lassen wollen – bis Sabine mit der roten Mappe auftauchte … Das war im Frühling gewesen. Damals hatte ich noch keine Ahnung von Tichow gehabt. Ich vermutete damals, er wäre derjenige, der die Ware entgegennahm. Sicher wussten wir bis heute lediglich, dass er der Mieter der Halle und als Geldkurier unterwegs war.

Ich nahm einen Schluck von meinem Mineralwasser, das ich zu den zwei Kaffee bestellt hatte, und fragte: »Hast du Ärger bekommen?«

Tichow zögerte und kramte nach seinem Feuerzeug. Seinen Gesten entnahm ich, dass das zutraf.

»Was hast du ihnen gesagt?«, fragte ich.

Tichow zuckte mit den Schultern.

»Keiner hat Verdacht geschöpft?«, bohrte ich nach.

Er funkelte mich an. »Ich hab sie zur Sau gemacht: Erklärt mir gefälligst, wie das passieren konnte. Ich will wegen so einer Scheiße nicht auffliegen, kapiert!«

Zufrieden lehnte ich mich zurück. Etwas Besseres, als in die Offensive zu gehen, konnte er gar nicht tun. Er hatte das gemacht, was ich ihm geraten hätte, wenn er mich gefragt hätte.

Er spielte abwechselnd mit dem Feuerzeug und einer Zigarettenschachtel. Es machte ihn nervös, wenn er nicht rauchen konnte. Er steckte die Schachtel zurück in seine Jackentasche, knipste das Feuerzeug an, aus, an, aus, schüttelte den Kopf. »Die Georgier also. Und das stimmt?«

Ich nickte.

Tichow würde nun wahrscheinlich Nachforschungen anstellen und beweisen, dass die Georgier die Lieferung verraten hatten. Das hätte ich jedenfalls an seiner Stelle getan. Und ich war sicher, dass er dasselbe im Sinn hatte, als er mich wissen ließ: »Ich habe die Sache unter Kontrolle.«

»In dieser Position *kannst* du die Sache nicht unter Kontrolle haben. Wir werden was Besseres für dich finden.«

Wieder holte er die Zigaretten aus seiner Jackentasche. Er musste jetzt dringend eine rauchen. Ich spürte, dass ich ohnehin nicht mehr erfahren würde bei diesem Treffen, auch wenn ich nur zu gern gehört hätte, was an jenem Morgen genau vorgefallen war. Tichow war noch nicht bereit dazu, es mir zu erzählen. Bis jetzt deckte er seine Hintermänner, von denen ich nicht wusste, wie viele er kannte. Wie wichtig war Tichow derzeit für die Organisation? An einer Schlüsselstelle würden wir ihn erst nach einiger Zeit installieren können. Andererseits war er intelligent genug, um vielleicht mehr zu wissen, als gut für ihn war, was er sich wiederum nicht würde anmerken lassen.

Ich beschloss, es für heute dabei bewenden zu lassen. Tichow hatte mich, den Nachrichtendienst und unsere Arbeit geschützt. Hätte er sich anders verhalten, hätten die involvierten Organisationen alle Mann abgezogen und die Lieferung gestoppt. Tichow hatte ein zweites Mal bewiesen, dass ich mit ihm rechnen konnte. Nun musste er beweisen, dass er innerhalb der Organisation jeden Verdacht, dass er etwas von dem Zugriff gewusst hatte, erfolgreich abstreiten konnte. Er musste sich decken und schützen und sich dabei gleichzeitig immer weiter öffnen. Das Ziel war es, dass er mich zu seinen Hintermännern führte. Und vielleicht auch noch zu denen dahinter. So hoch wie möglich. Bei seinen Qualitäten konnte ich mir gut vorstellen, dass wir mit seiner Hilfe bis in die Spitze vorstoßen würden.

»Die Phase vom Erstkontakt bis zur Preisgabe von Fakten aus dem Beobachtungsobjekt (etwa der Nennung von Namen anderer

Aktivisten) kann sich über Monate hinstrecken. Entscheidend hierfür ist, inwieweit es dem Werber in den Unterredungen gelungen ist, den Verratskomplex bei der Zielperson abzubauen. Dieser korreliert mit dem Aufbau des Vertrauensverhältnisses.«

Quelle: Nachrichtendienstpsychologie, Band 1

Obwohl ich Tichows kriminelle Geschäfte nicht guthieß, akzeptierte ich seine Andersartigkeit. Für Agenten gilt diese Haltung als unabdingbare Voraussetzung im Umgang mit einem V-Mann. Sobald wir dessen kriminelle Geschäfte abwerten, zerstören wir damit unsere Basis. Unser V-Mann misst unser Verhalten an seinem Wertesystem. Das muss uns zu jeder Zeit klar sein. Er selbst wird sein Verhalten nicht abwerten. Sonst würde er es ja verändern.

Als Agenten haben wir dennoch Spielraum und beziehen Stellung, ohne abzuwerten. Nach unserem Empfinden entspricht das Verhalten eines Kriminellen nicht der derzeit gesellschaftlich gewünschten Norm. Als logische Folge muss er mit den Konsequenzen leben, die sich daraus ergeben. Er entscheidet. Möchte er das – oder nicht?

So beziehen wir Stellung, ohne ihn abzuwerten.

Das führt automatisch dazu, dass ein Nein nicht bis in alle Ewigkeit ein Nein bleibt. Zum Beispiel, was die Frage betraf, die Tichow sich fortwährend stellen musste: Würde er mit mir kooperieren oder nicht?

Jeder Mensch bewertet Situationen ständig aufs Neue. Jedes Mal, wenn sich der Kontext und die Rahmenbedingungen wandeln, wenn sich ein Detail ändert oder ganz einfach wenn neue Informationen, Eindrücke, Erfahrungen hinzukommen. All dies führt zu einer fortwährenden Modulation unserer Sichtweise, und daraus resultieren neue Bewertungen. So kann aus einem Nein relativ schnell ein Ja werden. Manchmal dauert es auch länger. Wichtig ist die Erfahrung, dass ein Nein wandelbar ist. Ein Nein betrifft stets nur das Hier und Jetzt. Agenten wissen, dass es sich lohnt, dranzubleiben.

Ihre vierzehnte Mission

Andersartig, nicht abartig

Der Agent akzeptiert andere Menschen so, wie sie sind. Er weiß das Verhalten von der Person zu trennen. Auch wenn das Verhalten unerwünscht ist, kann die Person erwünscht bleiben. Und das ist für sie konstant erlebbar durch das Verhalten und die Kommunikation des Agenten.

Wir alle möchten so geliebt und angenommen werden, wie wir sind. Doch das scheint manchmal unmöglich. Ständig sollen wir die Erwartungen anderer Menschen erfüllen. Manche dieser Ansprüche sind nachweislich vorhanden, andere vermuten wir lediglich. In jedem Menschen gibt es die Sehnsucht danach, einfach so sein zu dürfen, wie er / sie ist. Wenn Sie diese Sehnsucht erfüllen, fühlen sich andere Menschen in Ihrer Gesellschaft wohl. Akzeptieren Sie andere, wie sie sind. Nötigen Sie niemanden, eine Rolle zu spielen, eine Maske zu tragen. Überprüfen Sie Ihr Verhalten aufmerksam auf diese Einschränkungen hin. Manchmal senden wir solche Signale ganz unbewusst aus.

Zeigen Sie Ihrem Gegenüber gerade auch in schwierigen Situationen, dass Sie ihn akzeptieren. Sie respektieren seine Andersartigkeit. Drängen Sie ihn nicht dazu, sich in Ihr Bild vom Leben einzupassen.

Sobald Sie emotionale Widerstände zu einem Thema bemerken, entschärfen Sie die Situation. Mit der Geschmeidigkeit eines Agenten wechseln Sie zu einem anderen, positiv belegten Gesprächsthema. Ihre Mitmenschen sollten stets wissen, dass Sie sich immer loyal verhalten, auch wenn sie Ihren Erwartungen vielleicht nicht entsprechen.

Ihr Gegenüber fühlt sich wohl mit Ihnen, weil Sie nicht immer Recht haben müssen. Deshalb widersprechen Sie auch nur dann, wenn es für die Durchsetzung Ihrer Ziele absolut nötig ist. Agenten kontrollieren jede Situation, und falls sie in Streit mit anderen geraten, überprüfen sie zuerst ihr eigenes Verhalten. Haben sie ein Thema vielleicht zu ernst genommen und sich hineingesteigert? Um mentale und emotionale Kontrolle zu erlangen, ist es hilfreich, sich die Ziele der Mission ins Gedächtnis zu rufen.

Das bedeutet keineswegs, dass Sie unangenehme Themen immer großräumig umfahren sollten. Sie können sie durchaus anschneiden – behutsam. Wenn Sie sich vor Augen halten, dass Ihr Gegenüber, wie alle Menschen, befürchtet, enttäuscht zu werden, verstehen Sie auch seine Hemmungen in Bezug auf brisante Themen. Gehen Sie immer wieder auf solche Problemthemen ein. Drängen Sie nicht, aber bleiben Sie am Ball. Dramatisieren Sie Situationen nicht. Wann immer eine realistische Chance auf ein Happy End besteht, thematisieren Sie die positive Seite und strahlen Zuversicht aus. Nach und nach werden die Bedenken Ihres Gegenübers verschwinden. Denken Sie daran: Ein Nein ist keine rote Ampel für immer. Sie bestimmen, wann Schluss ist. Jede Ampel schaltet irgendwann um. Erst auf Orange, dann auf Grün. Sie können andere Menschen zu einer neuen Erfahrung führen, damit sie es wagen, neue Entscheidungen zu treffen.

Aus dem Agentenhandbuch

⊕ Akzeptieren Sie die Menschen, wie sie sind.

⊕ Stellen Sie Ihre Loyalität unter Beweis.

⊕ Verzichten Sie auf Rechthabereien.

⊕ Seien Sie sich unterschiedlicher Wertesysteme bewusst.

⊕ Nähern Sie sich Problemthemen mit Behutsamkeit.

⊕ Strahlen Sie Zuversicht aus.

Das Spannungsfeld zwischen Vertrauen und Verrat

Bei unserem nächsten Treffen fuhr ich, kurz nachdem Tichow in meinen Wagen gestiegen war, in flottem Tempo über eine rote Ampel. Tichow umklammerte den Türgriff. »Hey! Rot!«, rief er. »Willst du uns umbringen?«

»Nein. In Sicherheit. Noch zwei solche Ampeln, und wir wissen, dass niemand an uns dranhängt.«

Er schaute mich fragend an.

»Standardmaßnahme«, erklärte ich knapp.

Für solche und ähnliche Fälle sind Agenten von den Regeln der Straßenverkehrsordnung befreit. Weil Dienstwagen von uns aus nachvollziehbaren Gründen weder über Blaulicht noch Martinshorn verfügen, führen wir eine sogenannte 46-2-Bescheinigung mit uns. Ein unscheinbares graues Stück Papier, das uns, immer dann, wenn es nötig ist, Ausnahmen von den üblichen Verkehrsregeln erlaubt. Wenn wir verfolgt werden, einen V-Mann in Sicherheit bringen müssen oder eine Zielperson observieren, können wir uns von roten Ampeln, Tempolimits und Einbahnstraßen nicht aufhalten lassen.

Tichow wandte das Gesicht ab und schaute aus dem Fenster. Den Türgriff ließ er nicht los.

Auch wenn die rote Ampel vor allem ein willkommenes Accessoire für meine Inszenierung darstellte, aus der Luft gegriffen war diese Vorsichtsmaßnahme nicht. Nach der LKA-Aktion vor einigen Tagen mussten wir mit einer erhöhten Aufmerksamkeit seitens der Organisation rechnen.

Solche Inszenierungen dienten auch dem hohen Status, den der Nachrichtendienst bei Tichow einnehmen sollte. Als Agenten sind wir uns stets über unseren Status bewusst und vergessen niemals, dass wir, auch ohne ein Wort mit anderen Menschen zu sprechen, ein Bild von uns im Kopf des anderen erzeugen. Dazu muss natürlich keine rote Ampel überfahren werden. Wir sind erfolgreich, wenn das Bild, das im Kopf des anderen entsteht, genau mit dem übereinstimmt, das wir für diese Mission anstreben. Und als Agenten wissen wir, dass es vieler Wiederholungen bedarf, ehe Vorsichtsmaßnahmen und Legenden zur Routine werden.

»Es liegt nach Erkenntnissen der Psychologie in der Natur des Menschen, dazu zu neigen, neue Erkenntnisse zu ignorieren oder zu verdrängen, wenn diese das bisherige Welt- und Lagebild infrage stellen.«
Quelle: Nachrichtendienstpsychologie, Band 1

Selbstverständlich war mir das aktuelle Spielergebnis des FC St. Pauli bekannt, und ich gratulierte Tichow zu dem Torsegen. Er winkte ab. »Nicht so wichtig. Hatte ein viel besseres Spiel am Wochenende.«

»Aha?«, fragte ich.

»Mein Sohn«, erwiderte er stolz. »Mit seiner Mannschaft.«

»Und sie haben gewonnen?«

Tichow strahlte. »Achtzehn zu zwölf.«

Ich grinste. »Solche Spiele sind mir auch die liebsten. Je mehr Tore, desto besser.«

Ich bog ab Richtung Elbe.

Tichow ließ den Türgriff los. »Ich habe ihm Kickstiefel gekauft. Neue. Die alten waren viel zu eng. Er wächst so schnell!«

»Na, das ist doch prima!«

»Jetzt zieht er aber die Schuhe nicht mehr aus. Will sogar damit schlafen. Seine Mutter schimpft. Die Schuhe machen den Fußboden kaputt, weißt du.«

Ich nickte.

»Aber weißt du, was?«

»Was denn?«

»Das ist mir egal!«

Wir lachten beide, und ich bog in eine schmale Straße am Elbufer ein. Dort kannte ich einen Platz, von dem aus man einen guten Blick auf einen abgelegenen Teil des Hafens hat. Hier parkte ich den Wagen.

Tichow löste den Sicherheitsgurt und wollte aussteigen.

»Lass uns im Auto bleiben«, bat ich.

Er zuckte mit den Achseln. Nach einer Weile drehte er sich zu mir. »Wer hat mich verraten?« Das hatte er mich schon mehrmals gefragt. Alle meine V-Leute haben mich das immer wieder gefragt, und nie hat einer eine Antwort auf diesen Klassiker bekommen.

Nord hatte Tichow verraten. Und andere. Doch das würde Tichow nie von mir hören. Ich gab ihm die Auskunft, die er bereits kannte. »Das werde ich dir nie sagen. Du wirst es niemals erfahren.«

Er knurrte irgendeine Erwiderung. Mir war klar, dass er es erneut versuchen würde. Regelmäßig würde er mir diese Frage stellen. Doch wenn meine Interpretation unseres Vertrauensverhältnisses dazu führte, dass ich ihm das verriet, hätte ich alles falsch gemacht und sein Vertrauen in mich in dieser Sekunde zerstört. Für immer und alle Zeit. Denn ich hätte damit mein wichtigstes Versprechen gebrochen. Tichow vertraute darauf, nicht als Informationslieferant bekannt zu werden. Wie alle anderen V-Leute auch. Indem ich Tichow verriet, wer ihn verraten hatte, verriet ich einen anderen und verriet Tichow dadurch, dass er sich auf mich nicht verlassen konnte. Unser mühsam aufgebautes und noch immer im Wachstum befindliches Vertrauensverhältnis wäre unheilbar zerrüttet. Wer über das Geheimnis eines anderen spricht, spricht auch über Ihr Geheimnis.

Agenten wissen, dass sie jederzeit an ihrem Verhalten gemessen werden. Wer schlecht über andere spricht, erweckt den Eindruck, schlecht über alle zu sprechen.

»Ich will dir was zeigen«, kündigte Tichow unvermittelt an, streckte die Beine, hob den Unterleib zu einer Art Yogabrücke und zog sein Portemonnaie aus seiner rechten Hosentasche. Er klappte es auf und reichte es mir. »Schau!«

Das Foto steckte offensichtlich noch nicht lange hinter der Plastikfolie der abgewetzten Brieftasche. Es zeigte einen mageren, blassen Jungen in blau-weißem Trikot.

Tichow deutete auf die Knie des Kindes, wo das Foto endete. »Scheißapparat. Da unten, die Schuhe. Abgeschnitten!«

»Aber ich kann es mir vorstellen«, nickte ich und gab ihm die Brieftasche zurück. »Er sieht dir ähnlich.«

»Das sagen alle«, erwiderte Tichow stolz.

Dass er mir das Foto zeigte, war eine Geste, die mir gut gefiel. Dennoch hatte es auch die Funktion, von für ihn unangenehmen Gesprächsinhalten abzulenken. Auf einem Umweg pirschte ich mich an ein neues Thema heran. »Jedenfalls finde ich es super, wie du dich um ihn kümmerst.«

»Er ist doch mein Sohn!«, rief Tichow, als ließe ihm das gar keine andere Wahl.

»Natürlich. Aber es gibt viele Väter, die nicht so denken wie du. Da bist du ganz anders. Das finde ich gut, richtig gut«, sagte ich. Und das meinte ich absolut ernst. Seine Liebe zu seinem Kind war einer der Aspekte seiner Persönlichkeit, die ich ohne Schwierigkeiten aufrichtig schätzen konnte. Bei Tichow gab es außergewöhnlich viele solche Aspekte. Selten war mir ein V-Mann wie er begegnet. Er bewies nicht nur Einfallsreichtum, Stärke, Intelligenz, Mut und Klugheit, er hatte sich zudem sehr viel Positives bewahrt.

Tichow machte es mir leicht, etwas an ihm zu finden, das ich mochte. Ganz anders als zum Beispiel einer seiner Vorgänger: Basmati.

Selbstredend darf der Name eines V-Mannes keine Rückschlüsse auf die Person zulassen. Nach einem Decknamen sucht man niemals in seinem Umfeld. Oft kommt der V-Mann durch Zufall zu seinem Namen. In der Mittagspause kauft ein Kollege ein, und weil seine Frau ihn auf dem Handy anruft und an den Reis erinnert, heißt der V-Mann, für den gerade ein Name gesucht wird, Basmati. Er ist in diesem Fall selbstredend kein Asiate. Es gibt keine verfolgbare Spur von einem Namen zu der entsprechenden Person. Natürlich sollte der V-Mann seinen Namen mögen, schließlich wird er damit Berichte und Quittungen unterschreiben. Doch bis auf einmal wurden alle Namen, die ich mir ausgedacht hatte, akzeptiert. Ausgerechnet einer meiner Star-V-Männer – wenig geschult in den Feinheiten der deutschen Sprache – war nicht begeistert davon.

»Ass! Was soll das! Ich nix Ass! Scheiße, Mann! Heißt auf Englisch Arsch«, beschwerte er sich, seines Zeichens ein Herzensbrecher, wie er im Buche stand.

»Quatsch *Äss*. Ass! Du bist meine Trumpfkarte. Das Ass. Ass wie Pik-Ass, Herz-Ass! Und den Namen bekommst du, weil ich weiß, dass du einer meiner besten Männer werden wirst!«

Da grinste er breit und reckte den Daumen in die Höhe. »Herz-Ass? Guuuuut!«

Tichows Kollegen

Basmati war nicht nur charakterlich wenig anziehend, sondern auch optisch. Er wog knapp unter zweihundert Kilo und wollte sich mit mir ausschließlich in *All-you-can-eat*-Lokalen treffen, wo er nicht bereit war, auch nur einen Mucks zu sagen, ehe er sich nicht zwei bis drei Teller vom Buffet geholt hatte, die er dermaßen belud, dass er eine Spur hinter sich herzog. Übrigens zuweilen auch Reiskörner, das ließ sich nicht vermeiden, tat aber nichts zur Sache.

Wenn Basmati dann den Mund aufmachte, log er mich pausenlos an. Seine Storys puzzelte er aus Zeitungsmeldungen und Gerüchten zusammen, die er dramatisch aufblies – und nicht ohne Geschick, denn meistens benötigten Sabine und ihr Team einige Tage, ehe sie ihm auf die Schliche kamen. Bei der kleinsten Nachfrage meinerseits – Kann es nicht ein ganz normaler Familienstreit gewesen sein? Können die nicht einfach zu viel getrunken haben? War das wirklich eine Messerstecherei? – ging Basmati in die Luft. Wild fuchtelte er mit seinen Armen wie mit Walrossflossen durch die Gegend, zog Aufmerksamkeit auf sich, schrie sogar einmal: »Ich lüge nicht!« Wenn es nach mir gegangen wäre, hätte ich Basmati abgeschaltet, was in diesem Zusammenhang bedeutet, die Zusammenarbeit formell einzustellen und ihn als V-Mann von seinen Verpflichtungen zu entbinden, ihn sozusagen zu entpflichten. Doch der Leiter der Analysegruppe wollte Basmati behalten, da er in seiner Region unser einziger Fuß in der Tür war, und somit stand die Erfüllung des seismographischen Prinzips über meiner Abneigung gegen *All you can eat*. Basmati litt stets unter Geldmangel, der seine einzige Motivation dafür bildete, mit uns zusammenzuarbeiten, und ich sorgte dafür, dass seine Informationen knapp bezahlt wurden. Für Zuschüsse sah ich keine Veranlassung.

Übrigens sind die operativen Kassen ordnungsgemäß vorversteuert! Sobald wir einem V-Mann seine ihm durch uns entstandenen Auslagen ersetzen oder ihm aus anderen Gründen Gelder oder Erfolgsprämien auszahlen, unterschreibt er eine Quittung – mit seinem Decknamen. Da seine Zusammenarbeit mit uns der absoluten Geheimhaltung unterliegt, kann er das Geld nicht als Einkunft bei den Finanzbehörden angeben, was er nach den Regeln des Gesetzes eigentlich müsste. Damit trotzdem alles mit rechten Dingen zugeht, sind die operativen Kassen des Geheimdienstes vorversteuert, das heißt, der Haushaltsausschuss weist dem Geheimdienst für einen bestimmten Bereich zum Beispiel ein Jahresbudget von dreihundertzwanzig Millionen Euro zu. Der Geheimdienst überweist nun sofort einen pauschalen, realistischen Einkommenssteuersatz zurück. Die restlichen Millionen machen dann sein tatsächliches Budget aus.

Obwohl es mir Basmati wirklich nicht leicht machte – auch an ihm fand ich Aspekte, die ich mögen konnte. Wie bei Rocco. Der Neffe eines in Düsseldorf lebenden kasachischen Unternehmers verriet seinen Onkel, zu dessen Penthouse er mir einen Schlüssel übergab. Rocco hätte seine eigene Mutter verkauft, so wie er auch seine Freundin ans Messer lieferte, weil er sich in eine andere verliebt hatte und das als bequemen Weg sah, sie loszuwerden. In der Zusammenarbeit mit solchen V-Männern entwickelt sich bei uns Agenten häufig ein schlechtes Gefühl. Es ist offensichtlich, dass manche V-Leute versuchen, uns ausschließlich einseitig zur Erfüllung ihrer eigenen Interessen zu instrumentalisieren. Dieses Spiel währt so lange, bis der Agent es schafft, zur Beziehungsebene vorzudringen. Bis dahin ist der V-Mann ein R-Mann, ein Risiko-Mann. Zu Beginn der Zusammenarbeit kommt das schon mal vor. Aber dieses Level muss schnellstens verlassen werden. Solange die persönliche Bindung fehlt, wird es immer an Ernsthaftigkeit und Verantwortungsbewusstsein mangeln. Ein V-Mann in diesem Stadium wird lediglich Informationen weitergeben, die er selbst gerne offenlegt – um seinen Vorteil daraus zu ziehen, beispielsweise in einer Organisation aufzusteigen oder einen Konkurrenten zu verdrängen. Er wird alles tun, um die sensiblen Bereiche zu verschleiern, und die Verbindung, wenn nötig, von einer Sekunde auf die nächste abbrechen. Ein V-

Mann, mit dem wir kooperativ zusammenarbeiten, wird das nicht in Erwägung ziehen, denn er kennt den Wert, einen starken Partner zu haben und nicht allein zu sein. Er kann bis zum Schluss darauf vertrauen, dass jemand da ist, der sich um ihn kümmert. Doch das sind völlig andere Ebenen. Der entscheidende Punkt ist, ob es gelungen ist, eine vertrauensvolle Beziehung aufzubauen. Solange das nicht geschehen ist, bleibt ein Agent des Nachrichtendienstes für den V-Mann austauschbar. Oder verzichtbar.

»Der V-Mann-Führer sollte der Quelle gegenüber sein Interesse als Mensch bekunden und ehrliches Interesse an ihrem privaten Wohlergehen zeigen. Dazu gehört, dass regelmäßig private und berufliche Angelegenheiten des V-Mannes erörtert werden und beim Auftreten von Problemen Hilfestellungen gegeben werden. Trotz der im Verhältnis von VM-Führer und VM erforderlichen menschlichen Nähe darf sich zwischen beiden Personen keine Kumpanei entwickeln. Der VM-Führer wäre dann außerstande, die Person und das Verhalten des V-Mannes einschließlich der von ihm übermittelten Informationen mit der notwendigen Objektivität zu betrachten. Zudem bestünde die Gefahr, dass der VM-Führer nicht mehr als Autoritätsperson respektiert würde und damit seiner Führungsfunktion nicht mehr gerecht werden könnte.«

Quelle: Nachrichtendienstpsychologie, Band 1

KGB

Tichow hatte mir stets die Wahrheit gesagt – das, was er mir erzählt hatte, konnte jedes Mal verifiziert werden. Doch bisher war es auch noch nicht um Dinge gegangen, die wehtaten, sondern um relativ kleine Fische. Nun war es Zeit, nach Hintermännern zu fragen. Herauszufinden, wie viel er wusste und wen er kannte. Sicher gehörte er nicht zu einer der oberen Führungsriegen. Andererseits war Tichow ein aufgeweckter Kerl, der Augen und Ohren offenhielt. Ich musste wissen, ob Tichows Verbindungen in Wladimir L.s Gruppierung hineinführten, denn dessen Ausschaltung war unsere erklärte Mission. Viele Menschen arbeiteten seit Jahren daran, Wladimir L. das Handwerk zu legen. Und das war alles andere als einfach, denn seine Abschottung schien bestens zu funktionieren. Unsere Annahme, Tichow gehöre zu seinem Netzwerk, bestand weiterhin. Dass Tichow mir dies bislang verschwiegen hatte, wunderte niemanden. Wladimir L. war eine zu große Nummer, und Tichow wusste, was mit undichten Stellen geschieht. Unser Plan sah vor, Tichow innerhalb der Organisation aufsteigen zu lassen, um mehr Licht ins Dunkel zu bringen.

Tichow musste seine Bewährungsprobe bestehen. Kannte er seine Hintermänner und würde er sie preisgeben? Solche brisanten Informationen zu liefern, bedarf einer soliden Vertrauensbasis: Sie stellen nicht nur die Loyalität des V-Mannes auf die Probe, sie setzen ihn zudem einer Zerreißprobe aus und auch größeren Gefahren. So etwas wie Vergebung ist in Mafiakreisen nicht bekannt. Ein Verrat wird nur einmal begangen, für ein zweites Mal fehlt dem Betreffenden der Atem. Buchstäblich. Trotzdem musste ich das Thema Hintermänner angehen. Nun würde unser »Spiel« wirklich beginnen. Die notwendige Vorarbeit war geleistet.

Inzwischen wussten wir viel über Tichow. Wir wussten aber auch, dass es noch mehr gab, was wir nicht wussten, und – das ist der wirklich spannende Teil – dass Tichow nicht wusste, was wir über ihn wussten und was nicht.

Ein V-Mann weiß nie, was der Geheimdienst weiß. Er bekommt von uns so viel Information wie nötig und so wenig wie möglich.

Unser Ziel ist es keinesfalls, ihm diese Unsicherheit zu nehmen und unsere Lücken zu offenbaren; vielmehr wollen wir unser Wissen durch sein Wissen ergänzen und auf den aktuellen Stand bringen. Dazu gehört manchmal, scheinbar mehr zu wissen, als man weiß – und manchmal weniger. Diese Taktik erfordert Fingerspitzengefühl. Ergänzt wird das durch die Erfahrung in solchen Gesprächssituationen. Letztlich ist es wie überall: Übung macht den Meister. Der Agent gibt einige wenige Informationen preis – ohne genau zu überblicken, was sie bewirken. Was geht im Kopf des V-Mannes vor? Je besser dieser seine Gefühle unter Kontrolle hat, desto schwieriger. Der Agent sieht nicht, wie groß die »Gedankenblase« ist, die sich im Kopf des V-Mannes öffnet. Ist er erleichtert, dass der Agent nur *so wenig* weiß? Oder erschrocken, dass er *sogar das* weiß? Welche Bedeutung hat diese Information für das System der Organisation?

»Der Russe an sich«, wie mein Mentor Gerhard Walt gern zu sagen pflegte, assoziiert Geheimdienst mit KGB. Beziehungsweise mit dem Klischee des russischen Geheimdienstes, und zwar aus jenen Zeiten, als der Eiserne Vorhang noch stand. Seinerzeit war der Комитет государственной безопасности, kurz KGB, eine allgegenwärtige und allmächtige Institution mit Geheimdienst- und Polizeibefugnissen. Der Einfluss des KGB entschied über Gefängnis oder Freiheit. Und hin und wieder verschwand auch mal jemand. »Der Russe an sich« glaubt also zu wissen, was ihn erwartet, wenn er Geheimdienst hört, und das ist gewiss nichts Angenehmes. Die Palette der Möglichkeiten reicht bis zu Berufsverbot, Sippenhaft, Verbannung.

Die Realität des deutschen Geheimdienstes ist damit natürlich nicht zu vergleichen. Und das ist auch gut so. Auf der einen Seite können uns Klischees dieser Art in der Anfangsphase zwar unterstützen, auf der anderen Seite gilt es sie danach schnell zu entkräften. Denn auch wenn sie anfänglich vielleicht das Erinnerungsvermögen oder die Bereitschaft zur Zusammenarbeit beschleunigen, boykottieren sie im weiteren Verlauf doch den Vertrauensaufbau. Und der hat Priorität. Immer. Schließlich ist er die Voraussetzung für alles Folgende.

Das Schließfach

»Wer gibt dir das Geld, das du nach Amsterdam bringst?«, fragte ich Tichow.

Mittlerweile lagen mir Fotos vor, die ihn in der Cafébar einer Autobahnraststätte in Amsterdam zeigten, während ein unbekannter Mann eine schwarze Puma-Tasche aus dem nicht abgeschlossenen Kofferraum von Tichows Leihwagen, einem dunklen 5er BMW holte. Wir wussten nicht, was sich in der Tasche befand, doch der Schluss lag nahe: Geld aus Drogen- oder anderen illegalen Geschäften.

Tichows Augen wurden noch blauer. »Welches Geld?«, fragte er.

»Willst du schon wieder Fotos mit mir anschauen?«, fragte ich leicht gelangweilt.

»Nur Frauen schauen gerne Fotos an«, entschied er, kratzte sich am Kinn und gab mir Auskunft: »Aus einem Schließfach.«

Ich schwieg. Er wusste sehr wohl, dass mir diese Antwort nicht genügte. Er kaute auf einer neuen Antwort herum, wie ich seinen malmenden Backenmuskeln entnahm. Geduldig wartete ich das Ergebnis ab. Sagte nichts. Irgendwann würde er es nicht mehr ertragen und die Stille brechen. Ich fixierte ihn, ließ nicht locker.

»Ich hole mir den Schlüssel in einem Restaurant ab. Einem Steakhouse in Frankfurt.« Er zögerte. »Da musst du mal hin«, riet er mir. »Die Ofenkartoffeln ...«

Gleich würde er mir die Speisekarte vortragen. Vorwärts und rückwärts. Ich hob die Hand. Prompt wechselte Tichow zur Belegschaft. »Der Besitzer ist ein guter Mann, ein braver Mann. Hat fünf Töchter. Eine schöner als die andere, weißt du.« Er zwinkerte mir zu.

»Super«, sagte ich. »Ofenkartoffeln. Frauen. Und weiter?«

»Er weiß nicht, was läuft. Er gibt mir nur den Schlüssel.«

»Und warum macht er das?«

»Das ist ein netter Mann. Er tut einen Gefallen. Ist doch nichts dabei.«

»Nein, klar. Man kann ja sein Schutzgeld auch in Naturalien bezahlen, stimmt's?«

Tichow verdrehte die Augen. »Immer denkst du gleich so was.«

»Rate mal, wer mich auf solche Ideen bringt.«

»Da. Gut. So könnte man es sagen«, gab Tichow zu.

Auch wenn die Geschichte nicht zwangsläufig stimmen musste, klang sie doch realistisch, denn wer auch immer sein Boss war, ihm war daran gelegen, nicht mit diesen Geschäften in Verbindung gebracht zu werden, deshalb würde er wohl kaum Tichow zu sich nach Hause einladen – »Was darf ich dir zu trinken anbieten? Scotch? Whiskey? Oder bleibst du bei Wodka?« –, um ihm dort einen Schlüssel für ein Schließfach zu übergeben.

»Das Geld ist meistens in einer schwarzen Tasche. Die fahre ich nach Amsterdam. Kurz vor Amsterdam, an einer Raststätte, wird sie abgeholt. Ich weiß nicht, von wem.«

»Und warum sperrst du den Wagen dann nicht ab?«, ließ ich mich auf sein Spielchen ein.

»Weißt du, Leo: Weil ich an das Gute im Menschen glaube.«

»Da haben wir ja eine Gemeinsamkeit«, erwiderte ich.

Tichow grinste.

»Und du fährst immer nur an einer Raststätte raus?«, fragte ich in dem Wissen, dass Tichow mehrere Raststätten ansteuerte. Das war ziemlich gewieft und erschwerte uns die Observation, da wir viele Leute platzieren mussten. Normalerweise werden solche Verschleierungsmaßnahmen nur bei einem konkreten Verdacht gefahren. Oder jemand will wirklich auf Nummer sicher gehen. Ein Profi wie Tichow.

»Nein, das mach ich öfter. Ich mag Raststätten«, behauptete Tichow mit ernster Miene.

»Ach ja. Die gute Luft. Und das gute Essen.«

Er nickte. »Da.«

Ich schwieg.

Nach einer Weile seufzte Tichow. »Okay. Ich sage es dir. Der Typ ist Afghane. Mehr weiß ich nicht. Wir reden nie. Ich gebe ihm das Geld für die nächste Lieferung. Das ist alles. Je weniger man weiß, umso besser.«

»Klar. Aber manchmal weiß man mehr, als man wissen sollte.«

»Kann schon sein«, erwiderte er vage.

»Und dann?«, bohrte ich. »Wie geht es weiter?«

»Ich fahre nach Schiphol und treffe manchmal im Flugzeug so Leute, die Jachten bauen, weißt du. Eigentlich nette Leute. Aber sie haben zu viel Hunger auf Antworten.«

Tichow nahm also kein Rauschgift entgegen. Er war lediglich als Geldkurier unterwegs. Diese Information beruhigte mich. Da konnte er gern seine Witze darüber reißen, dass ich unter falscher Flagge segelte.

Üblicherweise tauschen Kuriere Geld gegen neuen Stoff. Wenn Tichow das getan hätte, wäre es mein dringendster Job gewesen, ihn diesbezüglich arbeitslos zu machen. Mit mehreren Kilo Rauschgift im Gepäck hätte ich ihn nicht schützen können, er wäre vielmehr das Zielobjekt gewesen. Doch Tichow war nur der Geldkurier und Mieter der Halle und sprang hin und wieder bei einer Übergabe ein. Er passte gut auf sich auf. Auch das gehört zu den Fähigkeiten, die einen hervorragenden V-Mann auszeichnen.

»Ich bin nicht verrückt und fahre Ware über die Grenze!«, ließ Tichow mich mit einem leicht empörten Unterton wissen, als fände er es ärgerlich, dass ich ihn für so dumm halten könnte.

»Wie können wir es organisieren, dass deinen Job als Geldkurier in Zukunft ein anderer macht?«, fragte ich ihn direkt.

»Aber das ist ein guter Job! Triffst du so nette Leute im Flugzeug.« Er grinste mich breit an.

»Du kennst unsere Regeln«, erwiderte ich.

Für heute hatten wir meiner Meinung nach genug gescherzt. Ich schaute ihm in die Augen und fragte: »Was geschieht mit dem Stoff, der in deiner Halle lagert?«

Tichow merkte, dass die Stimmung gewechselt hatte. Er blickte starr geradeaus.

»Kann ich rauchen?«, fragte er nach einer Weile.

Ich nickte. »Aber mach das Fenster auf.«

Er drückte auf den Knopf, und die Scheibe fuhr hinunter.

»Was passiert mit den Drogen, nachdem sie in deiner Lagerhalle gelandet sind?«, wiederholte ich.

Er zuckte mit den Schultern. »Weißt du, so viele Leute haben Platz gemietet bei mir.«

»Willst du behaupten, dass du dir das Zeug zum Eigengebrauch bringen lässt?«, fragte ich ihn.

»Das reicht mir gerade mal übers Wochenende«, behauptete er.

»Deshalb siehst du montags immer so beschissen aus?«

»Das ist besser, als die ganze Woche beschissen auszusehen«, sagte Tichow und schaute mich lange an. Plötzlich mussten wir beide lachen. Es war ein angespanntes Lachen. Tichow kämpfte mit sich. Er brauchte Zeit. Schweigend rauchte er die Zigarette zu Ende, warf die Kippe aus dem Fenster. Als er endlich sprach, fauchte er wie ein Drache.

»Okay, ich habe zweimal was genommen von den Drogen. Für einen Freund.«

»Für dich oder für einen Freund?«, vergewisserte ich mich. Mit einem Drogenabhängigen zu arbeiten, hat keinen Sinn. Die Sucht würde immer stärker sein als jede Vereinbarung und auch als jedes Vertrauen. Diesbezüglich hatten wir Tichow überprüft.

»Bin ich verrückt?«, fragte Tichow. »Nicht für mich! Der Freund brauchte Stoff. Ich brauchte Geld. Mann, ich bin doch nicht blöd! Ich seh doch, was abgeht! Wie die Junkies rumhängen.« Er tippte sich an den Kopf. »Hier oben muss ich klar sein!«

»Genau. Wenn du noch einmal was für dich oder deinen Freund oder sonst wen abzweigst, dann begegnen wir uns in Zukunft unter anderen Vorzeichen.«

»Hey, was erzählst du mir! Willst du mir was verbieten?«

»Ich will noch sehr lang mit dir Geschäfte machen, und ich möchte nicht, dass du so ein dummes Risiko eingehst.«

»Ich habe alles im Griff.«

»Lass die Finger davon.« Ich musterte ihn eindringlich. »Ist das angekommen?«

Tichow zündete sich die nächste Zigarette an und sagte mit dem ausströmenden Rauch des ersten Zuges: »Ich kriege oft gar nicht mit, wer das Zeug holt. Aus meiner Halle. Was glaubst du, wie lang ich überhaupt keine Ahnung hatte, was da läuft.« Er legte sich die flache Hand mit der brennenden Zigarette zwischen den Fingern auf seine Brust. »Ich vermiete nur.«

»Und wieso fährst du dann nach Amsterdam?«

»Ich habe einen Freund. Der bittet mich um einen Gefallen. Weißt du, wenn ein Freund dich fragt … das musst du machen. Und er bezahlt gut.« Er hob seine Hand, legte Daumen und Zeigefinger fast übereinander. »Es ist nur ein kleiner Gefallen.« Er war ungefähr zwei Zentimeter groß. »Ich habe eine Tasche an einen Parkplatz gebracht. Mehr nicht.«

»Und was war in der Tasche drin?«

Tichow riss die Augen auf. »Ich schaue nicht in die Tasche von Freunden! Das macht man nicht! Du vielleicht? Hast du keinen Anstand? Deutsche Manieren?«

»Du wärst ganz schön naiv, wenn du eine Tasche, von der du nicht weißt, was drin ist, auf der Autobahn über eine Grenze in ein anderes Land schaffst.«

»Mann, Leo, das ist echt ein guter Freund«, versuchte er die Masche beizubehalten, musste dann aber selber grinsen.

»Wie viel ist normalerweise drin?«, fragte ich.

»Ist unterschiedlich. Mal fünfzigtausend, mal hunderttausend, mal mehr.«

»Euro?«

Er nickte.

»Wer gibt dir das Geld?«

»Hab ich schon gesagt. Das Schließfach.«

»Und wer tut es da rein?«

»Weiß nicht. Ich hole nur den Schlüssel, dann die Tasche und fahre Auto und fliege.«

»Und wer holt das Zeug aus deiner Halle?«

»So Leute.«

»Was für Leute?«

»Na, so Leute eben.«

»Immer dieselben Na-so-Leute eben?«, fragte ich.

»Mal so, mal so.« Tichow wand sich. »Ich habe damit nichts zu tun. Ich habe so viele Mieter. Die kann ich gar nicht alle kennen.«

»Es waren also dieselben Leute?«

»Ja.«

»Wie viele?«

»Zwei. Meistens.«

»Gleichzeitig?«

Er schüttelte den Kopf.

»Wie heißen sie?«

»Ich kenne sie nicht.« Er zögerte. »Einer heißt vielleicht Michail. Ein anderer Aljoscha. Vielleicht. Vielleicht auch nicht.«

»Michail und Aljoscha. Wie weiter?«

»Mehr weiß ich nicht.«

Das konnte stimmen. In seiner Szene beschränkte man sich auf den Vornamen oder Spitznamen. »Wie sehen sie aus?«, fragte ich.

»Wie Leute eben so aussehen.«

»Hör mal, ich weiß, dass du ein erstklassiges Gedächtnis für Gesichter hast. Deine Beobachtungsgabe ist außergewöhnlich. Aber man kann ja mal ein paar Lücken haben, oder? Das macht nichts. Ich helfe dir gern auf die Sprünge.« Ich griff in meine Jackentasche und holte ein braunes Kuvert heraus. Meine Kollegen waren in den letzten Wochen wachsam gewesen und hatten den Parteiverkehr in Tichows Halle dokumentiert. Aus diesen Fotos hatte unser hausinternes Fotolabor gestochen scharfe Porträts hergestellt – Köpfe mit freigestelltem Hintergrund. Es war nicht ersichtlich, wo und aus welcher Perspektive fotografiert worden war. Ein Sicherheitsstandard für Lichtbildvorlagen.

Ich drückte Tichow den Stapel Fotografien in die Hand. »Sag mir, ob du Michail und Aljoscha erkennst.«

»Ich weiß nicht, ob die so heißen.«

»Aber du weißt, wie sie aussehen.«

Tichow blätterte den Stapel schnell durch und schüttelte dann den Kopf. Ich wusste, dass er log – und er bemühte sich nicht, es zu verbergen.

»Okay, dann nochmal langsam von vorne«, verlangte ich. »Schau dir die Bilder genau an und sag mir, wen du kennst. Irgendjemand musst du kennen, denn all diese Leute sind in den letzten Wochen in deiner Halle gewesen.«

Tichow seufzte und erinnerte sich dann erstaunlich genau. Die meisten der Porträtaufnahmen zeigten tatsächlich legale Kontakte. Der Spediteur, der griechische Bibeln bei Tichow lagerte, die Töpferin, ein Modellflugbauer, die Lageristen von drei kleineren Unternehmen. Michail und Aljoscha erkannte Tichow auch beim zweiten Durchgang nicht. Dennoch blieb ein Porträt offen. Wir wussten nicht, wer der Mann war, doch wir hatten ein neues Gesicht. Arbeit für Sabine und ihr Team.

Fragen über Fragen

Ich hatte hunderttausend Fragen, aber ich wollte, dass Tichow mir frei erzählte, und so unterdrückte ich meine Neugierde und schaltete auf Non-Direktive-Gesprächsabschöpfung. Bei dieser Methode werden vor allem offene Fragen gestellt, die nur wenig Rückschlüsse auf den eigenen Wissensstand und das genaue Ziel der Ermittlungen zulassen. In der nachrichtendienstlichen Gesprächsführung ist es das A und O, virtuos zwischen den verschiedenen Fragetypen zu wechseln. Als Menschen tendieren wir dazu, vorwiegend solche Fragen zu stellen, deren Beantwortung unsere vorgefertigte Meinung bestätigt. Auch im ganz gewöhnlichen Alltag passiert uns das ständig. Meistens handelt es sich hierbei um geschlossene Fragen, die mit wenigen Worten zu beantworten sind, an der Oberfläche bleiben und auf Beweggründe und Motive verzichten. Oder um Suggestivfragen, die eine vorgefertigte Meinung als Antwort bereits in der Fragestellung mitliefern. Nichts dokumentiert so offen und schonungslos den Zustand einer Beziehung wie die Fragen, die gestellt werden. Es gibt keine guten oder schlechten Fragen, wohl aber den richtigen Moment, wann welche Frage gestellt werden sollte. Für jede Frageart gibt es einen optimalen Zeitpunkt.

»Fragen lenken das Gespräch in die gewünschte Richtung und signalisieren dem Gesprächspartner Interesse an seiner Person. Ihre Beantwortungen bringen Erkenntnisse sowohl sachbezoge-

ner Art als auch über die Persönlichkeit des Gesprächspartners. Sie beziehen diesen ein, bringen aber den Fragesteller in die aktive Position: Wer fragt, der führt.«

Quelle: Nachrichtendienstpsychologie, Band 2

Jeder Mensch ist anders. Je besser Agenten Bescheid über die verschiedenen Fragemöglichkeiten wissen, desto besser können wir sie einsetzen.

Eisbrecherfragen

»Hast du das Auto gekauft?«, »Wie war deine Woche?«, »Mal wieder was von deinem Sohn gehört?«

Mit solchen Fragen kommen Sie in Kontakt. Sie dienen als Einstieg in ein Gespräch, und Sie können weitermachen in Richtung Beziehungsebene – von hier aus haben Sie dann freie Sicht auf die interessantere Inhaltsebene. Bestens geeignet für diesen zielorientierten Durchmarsch ist ein Smalltalk, der nicht nur als Pflichtprogramm, gespickt mit Floskeln absolviert, sondern als Teil der Methode elegant eingesetzt werden sollte. Holen Sie Ihre Mitmenschen dort ab, wo sie stehen.

Offene Fragen

»Was denkst du darüber?«, »Was wäre der Vorteil daran?«, »Erzähl mir etwas über die Halle«, »Wie hast du das genau gemacht?«

Mit diesen Fragen zeigen Sie Interesse am Gegenüber. Sie tragen zum Beziehungsaufbau bei und werden viele Informationen gewinnen. Offene Fragen bieten großen Antwortspielraum und gehen in die Tiefe. Sie fragen ein ganz persönliches Meinungsbild ab.

Wenn Sie mit offenen Fragen nachhaken, erfahren Sie Hintergründe, Zusammenhänge und Motive. Die Kunst liegt darin, ein Gespür dafür zu entwickeln, wann welche Art von offenen Fragen nützlich ist. Einerseits können Sie mit offenen Fragen von Thema zu Thema in die Breite fragen, indem Sie viele Themen in schneller Abfolge abhandeln, ohne bei einzelnen Themen tatsächlich in die Tiefe zu gehen.

Andererseits können Sie »bohren« – ohne dabei aufdringlich zu wirken. »Was kannst du mir noch dazu sagen?« … »Und was noch?« … »Noch was?« … »Warum?«

Suchen Sie sich ein Thema aus und kommen hier vom Allgemeinen zum Besonderen. Vielleicht fragen Sie einen anderen Menschen: »Was fährst du für ein Auto?«

Eigentlich eine oberflächliche Frage? Von wegen!

»Warum hast du dich für dieses Auto entschieden? Was war dir wichtig, als du es gekauft hast?«

So erfahren Sie überraschenderweise einige persönliche Details, vielleicht sogar aus dem Wertesystem Ihres Gegenübers: »Die Marke ist mir egal. Mir ist wichtig, dass der Hund, nach dem Gassigehen oder dem Schwimmen, ohne Umstände in den Kofferraum springen kann.«

Sie haben nach dem Auto gefragt und Interessantes über seine Person erfahren: Dieser Mensch ist Hundehalter, mittags nicht zu Hause und betrachtet Autos als reine Gebrauchsgegenstände.

Wenn Sie geschickt nachhaken, erfahren Sie noch viel mehr – und Ihr Gesprächspartner fühlt sich wahrgenommen und beachtet, vielleicht findet er es sogar recht spannend, einmal aus einem ungewohnten Blickwinkel über verschiedene Dinge befragt zu werden.

Geschlossene Fragen oder Alternativfragen

»Hast du dort angerufen?«, »Stimmst du dem zu?«, »Wann?«

Geschlossene Fragen sind zu empfehlen, wenn es darum geht, Entscheidungen zu treffen, da sie die Dinge auf den Punkt bringen, und um ein Gespräch zu lenken. Die Antwortmöglichkeiten sind eingeschränkt. Eine präzise Antwort wird erwartet, häufig ein Ja oder Nein. Geschlossene Fragen sind bestens geeignet, um rasch zu einem Ziel zu führen.

Zirkuläre Fragen

»Was würde deine Frau dazu sagen, wenn sie wüsste, was du gestern Nacht getrieben hast?«, »Was würde dein Steuerberater sagen, wenn er wüsste, dass du dieses Geschäftsmodell anstrebst?«, »Was würdest du an meiner Stelle tun?«

Solche Fragen sind echte Geheimwaffen, wenn es darum geht, Menschen zu bewegen oder sie zum Umdenken zu bringen. Sie veranlassen andere dazu, die Perspektive zu wechseln, den Sachverhalt aus einem neuen Blickwinkel zu beleuchten. Es ist so, als würde Ihr Gegenüber in die Fußstapfen einer anderen Person treten – und von diesem Standort aus die nächsten Schritte tun. Eine interessante Erfahrung! Die Antworten in dieser Kategorie erweisen sich in der Regel als weniger gefiltert durch die eigenen Glaubenssätze und Einschränkungen.

Suggestivfragen

»Du willst doch auch, dass sich das schnell ändert?«, »Da hat es dir gut gefallen?«, »Bestimmt bist du jetzt müde?«

Solche Fragen drängen dem Gesprächspartner den eigenen Standpunkt auf, den er eigentlich nur bestätigen kann. Sie sind nicht vertrauensbildend und nicht zu empfehlen. Die gewonnenen Informationen sind nicht verwertbar, weil sie nicht der Wahrheit entsprechen.

Gegenfragen

»Wie meinen Sie das?«, »Was genau verstehen Sie unter Manipulation?«

So bringen Sie Ihren Gesprächspartner aus der Offensive. Gegenfragen können über unsichere Momente hinweghelfen. Sie sind sehr gut geeignet, wenn man Zeit zum Überlegen braucht, weil man beispielsweise einen Themawechsel einleiten möchte.

Es ist gar nicht so einfach, im Alltag stets die passende Frage parat zu haben. Doch Agenten wissen: Auch bei dieser Technik handelt es sich um reine Übungssache. Immer wenn Sie sich im Alltag dabei ertappen, darüber nachzudenken, was Sie sagen könnten, erweitern Sie Ihr Repertoire um das, was Sie fragen können! Sie werden feststellen, dass Ihre Gespräche sich verändern werden. Sie werden mehr über andere Menschen erfahren – auch über ihre Hintergründe und Motive.

Der Krankentransport

Meine Fragen erfüllten ihren Zweck. Tichow redete sich warm, und schließlich erfuhr ich sogar etwas über einen gewissen Boris. Von ihm gab es kein Foto in meinem Stapel, was mich irritierte. Wie kam Boris in die Halle, wenn unsere Kollegen alles und jeden abgelichtet hatten? Boris lagerte alte Möbel in einer Parzelle von Tichows Halle. Dieses Geschäft war nur ein Vorwand, auch wenn tatsächlich ein paar wurmstichige Pseudoantiquitäten in seinem Abschnitt herumstanden. Boris konnte ohne Verdacht zu erregen in die Lagerhalle. Er gehörte zu den Mietern. Doch er fütterte nicht die Würmer in seinen Möbeln, er holte Drogen. Die Ware chauffierte er in einem Krankentransport. Er benutzte verschiedene Nummernschilder, die er unterwegs auswechselte, damit sich keiner wunderte, wenn ein Krankentransport mit Hamburger Kennzeichen in Berlin, Frankfurt oder Köln auftauchte.

»Musst du schauen. Wohlfahrt Krankentransport steht drauf«, wurde Tichow sehr deutlich. »Rot auf schmutzig Weiß.«

»Super!«, entfuhr es mir.

»Das weiß ich nur aus Zufall. Eigentlich weiß ich das gar nicht«, versuchte Tichow seine Informationsschwemme zu relativieren. Wir waren nun an einem sensiblen Punkt angekommen. Die Hintermänner preiszugeben, ist ein großer Schritt auf eine tiefer liegende Vertrauensebene. Ich beschloss, es für heute gut sein zu lassen.

Ihre fünfzehnte Mission

In Stellung bringen: die Positionierung

Der Agent ist sich jederzeit bewusst, dass er Teil eines Netzwerks ist und somit Teil eines Systems, das nur in seiner Gesamtheit funktioniert. Er ist kein Einzelkämpfer. Der Einsatz seines Status innerhalb der Gruppierung ist ein sinnvolles Instrument, um im Netzwerk flexibel zu agieren.

Wann immer sich zwei Menschen begegnen, beziehen sie Stellung. Häufig ist einer oben, einer unten. Oft geht es um die Frage: Wer setzt sich durch, wer ordnet sich unter – gezwungen, freiwillig oder überzeugt, damit genau das Richtige zu tun? Unser Ziel als Agenten ist es, immer auf kooperativer Basis mit anderen zusammenzuarbeiten.

Im Kontakt mit Menschen, denen wir einen geringen oder einen hohen Status zuweisen, verhalten wir uns anders als bei Gleichgesinnten. Deshalb unternimmt der Agent in der Anwerbephase alles, um von seinem potenziellen V-Mann als attraktiv, interessant, anziehend und sympathisch wahrgenommen zu werden – und wechselt dabei je nach Bedarf zwischen hohem und niedrigem Status. Er kann den zukünftigen V-Mann für etwas bewundern, worin dieser besondere Fertigkeiten zeigt. Gleichzeitig kann er seine eigenen Fähigkeiten selbstbewusst ins rechte Licht rücken. Das funktioniert aber nicht durch lautstarke Prahlereien: Ich bin der Größte! Der Sockel eines hohen Status ruht auf der soliden Basis einer selbstbewussten Persönlichkeit. Ausstrahlung, Charakter, Charme, Coolness, Lässigkeit sind nur einige der Attribute, die ihn bilden und die sich in Körpersprache, Stimme und Auftreten spiegeln. Hinzu kommen die sogenannten Statussymbole, die gezielt eingesetzt werden können, um einen hohen Status zu inszenieren. Die meisten Menschen klassifizieren ihre Mitmenschen auch nach Statussymbolen. Dazu gehören Autos, Häuser, kostspielige Kleidung, Schmuck. Auch Titel – Frau Professor, Herr Doktor – sind gern gesehen. Ein attraktives Äußeres, Sportlichkeit, Spezialwissen und Gesundheit können den Status ebenfalls erhöhen.

In jeder Kommunikation wird um den Status gerungen. Dieses dynamische Hin und Her kann zu unseren Zwecken gesteuert werden. Die Voraussetzung dafür ist das Bewusstsein, wann welcher Status zielführend ist.

Selbstverständlich ist ein Status eng an ein Wertesystem gekoppelt. In einer kriminellen Organisation nimmt derjenige einen hohen Status ein, dessen Strafregister so umfangreich ist, dass er in der Legalität einen niedrigen Status innehat.

Agenten wissen, dass sie mit ihrem gesamten Auftreten fortwährend ihren Status kommunizieren. Es geht nicht darum, stets einen hohen Status zu demonstrieren, denn der hohe Status erntet niedrigere Sympathiewerte. Manchmal muss man sich klar entscheiden, was gerade wichtiger ist: Sich Respekt verschaffen oder Sympathien gewinnen. Je tiefer Sie in eine Mission einsteigen, desto sicherer werden Sie solche Entscheidungen fällen. Das bedeutet, dass Sie das alltägliche Statusgerangel von der unbewussten auf die bewusste Ebene bringen. Dort können Sie von Fall zu Fall entscheiden, wie Sie Ihre Ziele besser erreichen: Mit einem tiefen Status drücken Sie beispielsweise den Wunsch nach Nähe aus, mit einem hohen Status den Wunsch nach Distanz.

Ein Status ist nicht in Stein gemeißelt. Er wechselt ständig, je nachdem, wie wir uns fühlen, wem wir begegnen, wie sich unser

Gegenüber fühlt. Betrachten Sie Status als ein großartiges Transportmittel, das Sie dorthin bringt, wo Sie landen möchten. Bereits jetzt, auch ohne sich jemals zuvor in Ihrem Leben Gedanken über dieses Thema gemacht zu haben, sind Sie ein Statuskünstler. Denken Sie einmal kurz darüber nach, wie viele verschiedene Positionen Sie heute bereits eingenommen haben. Wem sind Sie begegnet? Ihrer Nachbarin, der Bäckereiverkäuferin, Kollegen, dem Chef, der Familie, Freunden, einem Fahrkartenkontrolleur, dem Lehrer Ihres Sohnes … Bei all diesen Menschen haben Sie einen anderen Status inne. Spannend wird es immer dort, wo das Gefälle gering ist und gerangelt wird. Wo der Status feststeht, haben wir wenig Spielraum. Mit einem Vorgesetzten brauchen wir nicht um die Führung zu wetteifern. Das wäre Zeit- und Energieverschwendung. Als Ehemann sieht Ihr Status anders aus als derjenige, den Sie als Sohn Ihrer Mutter kennen und als Tochter dieser Mutter haben Sie einen anderen Status als bei Ihren eigenen Kindern. Das jüngste Kind in der Geschwisterreihe – hier mit einem niedrigen Status – kann in der Schule als Klassensprecher einen hohen Status haben. Status ist wandelbar. Wir ändern unseren Status ständig. Den alten Nachbarn grüßen wir zuerst, während wir darauf warten, dass sein Enkel uns grüßt – tja, da warten wir unter Umständen lang. Wenn wir einem Menschen die Hand zum Gruß hinstrecken und er sie ignoriert, dann rutschen wir erstmal in einen tieferen Status. So wird ein Begrüßungsritual schnell zum Duell. Doch hier im Alltag wird nicht scharf geschossen, sondern geübt. So lernen Sie Ihre verschiedenen Positionen im Statusspiel kennen.

»Das Blickverhalten drückt auch den gesellschaftlichen Status einer Person aus. In einer Gruppe von Personen, die sich gegenseitig kennen, hat diejenige Person das größte Ansehen, die am meisten von anderen angeblickt wird. So kann

man feststellen, welche Person aus einer unbekannten Gruppe der informelle Führer ist. Jemand, der lange Blicke aussendet, wird als dominanter erlebt als jemand, der kurze Blicke sendet. Eine ausgiebige Verwendung des Blicks kann dazu dienen, eine dominante Beziehung aufzubauen. Ist die Beziehung stabil etabliert, reduziert die dominante Person ihre Blickhäufigkeit. Sie ist sich ihrer Dominanz quasi sicher und kann die Blickrate senken.«

Quelle: Nachrichtendienstpsychologie, Band 1

Aus dem Agentenhandbuch

⊕ Seien Sie sich darüber bewusst, dass in jeder Begegnung zwischen Menschen Status verhandelt wird.

⊕ Zeigen Sie sich flexibel in der Wahl Ihres Status.

⊕ Setzen Sie Ihren Status vorausschauend ein, um Ihre Ziele zu erreichen.

Die Bewährungsprobe

Die Köche mit den hohen weißen Mützen bereiteten die Eier und Steaks so zu, wie die vom Shoppen ermatteten Damen es wünschten. Tichow und ich blieben bei Kaffee. Er hatte diesmal zusätzlich Obstkuchen bestellt. Draußen regnete es in Strömen, was die Einkaufslaune der Kunden im KaDeWe in Berlin nur zu steigern schien, als könnten sie die Stadt trocken kaufen. Tichow und ich fielen auf. Es gab kaum Männer unter den Gästen, und wenn, dann waren sie über fünfzig und mit Tüten bepackt, die sie mürrisch hinter ihren Gattinnen hertrugen. Dennoch war es ein guter Treffpunkt – das KaDeWe ist alles andere als ein Szenetreff für kriminelle Russen.

Tichow allerdings war heute grantig. Er redete wenig und sah nicht gut aus. Dunkle Schatten lagen unter seinen Augen, in denen das Blau nicht leuchtete, sondern wässrig schwamm. Müde wirkte er. Meine Fragen beantwortete er mehr knurrend als sprechend. Ich ließ ihn erst einmal seinen Obstkuchen essen. Wahrscheinlich litt er am Verräterkomplex. Das ist eine weit verbreitete Krankheit unter V-Leuten. Jeden erwischt es, und nicht nur einmal. Der Verräterkomplex ist wie ein Virus, und wer mit dem Nachrichtendienst zusammenarbeitet, steckt sich früher oder später damit an. Hin und wieder bricht der Komplex aus. Und verschwindet dann auch wieder. Das ist Alltag in unserem Geschäft. Als Agenten verlieren wir in solchen Situationen keinesfalls den Überblick. Wir wissen, dass wir im Kontakt mit anderen Menschen auch mit Launen, Ängsten und Unwägbarkeiten konfrontiert sind. Gerade deshalb ist unsere konstante Souveränität und Loyalität so wichtig, um unser Gegenüber immer wieder auf sicheren Boden zu geleiten. Wir wissen, dass wir andere nicht mit Argumenten überzeugen können, die uns selbst beeindrucken würden. Wir wissen, dass jeder Mensch anders tickt. Manchmal sieht die Welt nach einem Stück Obstkuchen schon wieder freundlicher aus. Manchmal.

Der Verräterkomplex

Unser Informant bewegt sich in einem enormen persönlichen Spannungsfeld. Wir haben ihn in die Situation gebracht, nach und nach zunehmend entlarvende Informationen über sein kriminelles Umfeld preiszugeben. Das ist Nestbeschmutzung, denn in diesem Umfeld hat er jahrelang gelebt, gearbeitet, Freundschaften gepflegt und Feindschaften erklärt – Letzteres bindet zuweilen sogar fester. In diesem Umfeld hat er seinen Lebensunterhalt verdient oder mitfinanziert, er kennt die Spielregeln und hat sich abgefunden mit einem Dasein am Rande oder jenseits der Legalität, in dem er eine gewisse Rolle und einen Status innehat, der ihm vielleicht sogar gefällt, ihm schmeichelt. Sein kriminelles Umfeld ist so etwas wie eine Familie für ihn geworden. Auch Unternehmen, die legal wirtschaften, haben es gern, wenn sich ihre Mitarbeiter als Mitglieder einer großen Familie fühlen. Denn seiner Familie gegenüber verhält man sich loyal. Man teilt ein Wertesystem und verrät es nicht. Genau das geschieht aber in der Beziehung zwischen V-Leuten und Nachrichtendienst und geht auch hartgesottenen Gesellen an die Substanz. Einer meiner besten V-Männer saß mir einmal mit einem einwöchigen Stoppelbart gegenüber und sagte: »Weißt du, Leo, warum ich nicht rasiert bin? Kann mich selber nicht im Spiegel sehen. Ich ertrage mich nicht.«

Solche Momente sind sehr schwer für V-Leute, denen das V, das ja für Vertrauen steht, plötzlich als V wie Verrat aufstößt. Und brisant sind diese Momente auch für die V-Mann-Führer.

Der Verräterkomplex ist rational nicht wegzudiskutieren. Er ist nicht durch logische Argumente zu beseitigen. Es gibt nur einen Schüssel zum Verräterkomplex, und der führt über das Wertesystem des V-Mannes. Allerdings ist dies nur zurechtzurücken, wenn eine gute Vertrauensbasis besteht. Es ist wie bei einem Computer: Um Änderungen an den Einstellungen vorzunehmen, muss das Passwort bekannt sein. Damit identifiziert sich ein Benutzer als Freund, und er wird eingelassen in die tieferen Ebenen. Da bei jedem V-Mann mit dem Aufflammen des Verräterkomplexes gerechnet werden muss, ist es enorm wichtig, schnell Vertrauen aufzubauen, um sich Zugang zum Wertesystem zu verschaffen. Geheilt werden kann der Verräterkomplex nur selten, denn Heilung würde den sofortigen Ausstieg aus dem System bedeuten, das ein V-Mann preisgibt. Die Symptome sind gut in den Griff zu bekommen – zum Beispiel, indem die kriminellen Handlungen nicht mehr abgespalten, sondern in Verbindung zum eigenen Leben gebracht werden. Das Resultat: Empathie wird geweckt.

Wissen wir beispielsweise, dass ein V-Mann aus dem Rauschgifthandel Vater eines Sohnes oder einer Tochter ist, vermitteln wir ihm ein Szenario, das ihn berührt. »Stell dir vor, dein Kind würde sich mit dem Dreckszeug vollpumpen, und eines Tages wird es gefunden auf irgendeiner Bahnhofstoilette, halbtot. Möchtest du das?«

Natürlich möchte er das nicht.

»Kannst du dir vorstellen, wie es einem Vater und einer Mutter geht, die genau das erleben müssen?«

Bei kinderlosen V-Leuten können Freunde / Freundinnen / Partner als Beispiele dienen.

Hier ist Fantasie gefragt, um den V-Leuten eine Brücke zu bauen zu dem Leid, das sie anderen Menschen antun. Dieses Leid haben sie meistens erfolgreich verdrängt – eine Schutzmaßnahme, die wir unterlaufen. Je vertrauter wir als Agenten mit unseren V-Leuten umgehen, desto eher wird das gelingen. Übrigens wirkt diese Methode auch in der Legalität. Wann immer Sie andere Menschen an eine neue Sichtweise heranführen möchten: Schüren Sie Empathie! Ihre sanfte Geheimwaffe mit durchschlagender Wirkung heißt hier: zirkuläre Fragen.

Ich erinnere mich an einen V-Mann, der als Schutzgelderpresser unterwegs war. In diesem Metier wird Geschäftsleuten ein trügerischer Schutz verkauft. Sie sollen nicht unerhebliche Summen dafür bezahlen, in Ruhe gelassen zu werden. Bezahlen sie nicht, bekommen sie es mit denjenigen zu tun, die ihnen Schutz versprechen. *Wenn du uns bezahlst, sorgen wir für deine Sicherheit. Wenn nicht, schlagen wir dir alles kurz und klein.*

In Deutschland wird bei Schutzgelderpressung landläufig an Rockerbanden gedacht. In Russland und Italien an die Mafia.

»Mein« Schutzgelderpresser arbeitete zudem als Schuldeneintreiber. Solche Menschen verprügeln andere gelegentlich lebensgefährlich – auch wegen geringfügiger Beträge. Mancher Schuldner überlebt solche Überfälle nicht. Ich erzählte meinem V-Mann eine wahre Geschichte von dem Vater einer siebenjährigen Tochter, einem Unternehmer, der wegen tausend Euro, die er nicht bezahlen konnte, von einem »Kollegen« meines V-Mannes dermaßen brutal gefoltert wurde, dass er eine Querschnittslähmung ab dem Hals erlitt. Es war reiner Zufall, dass er überlebte. Meinen V-Mann, der zwar selbst keine Kinder hatte, doch seine beiden Nichten über alles liebte, stimmte dies sehr nachdenklich. Und das lag nicht nur an der Geschichte, sondern auch daran, wer sie ihm erzählte. Wir hören nur auf Menschen, denen wir glauben, was sie sagen.

Beim Aufflammen des Verräterkomplexes haben Agenten unterschiedliche Aspekte zu berücksichtigen, zum Beispiel: Wie schaffen wir es in der Befragung und Vernehmung eines solchen Kriminellen, dennoch unsere faire Einstellung zu bewahren und ihn nicht rundweg abzuwerten, zu verurteilen, als ganze Person zu verdammen und ihm das Schlimmste von dem an den Hals zu wünschen, was er womöglich anderen angetan hat. Agenten lassen sich nicht zu Vorverurteilungen und prinzipieller Abwertung hinreißen. Ein Agent, der von Rachegefühlen geleitet wird, disqualifiziert sich automatisch. *Ich werde alles dafür tun, dass du nie wieder Tageslicht siehst, und dich einbuchten bis zum Sankt–Nimmerleins-Tag* ist keine Option. Stattdessen nimmt er eine souveräne Haltung ein: Was du getan hast, musst du selbst verantworten und mit den Konsequenzen leben. Ich werde alles in die Wege leiten, damit du eine gerechte Strafe bekommst.

Obwohl weder der Sankt-Nimmerleins-Tag noch die gerechte Strafe offen kommuniziert wird, spürt der Täter sehr wohl, mit welcher Einstellung man ihm begegnet. Zwischen beiden Alternativen liegen Welten.

Im ersten Fall wird der Täter sich verschließen, und der Agent wird keine verwertbare Information erhalten. Im zweiten Fall bestehen gute Chancen, sich eine Aussage zu erarbeiten. Für Ihren Alltag bedeutet dies, dass Sie nachhaltige Veränderungen nur bei solchen Menschen erzielen werden, denen an Ihrem Rat liegt, weil sie Sie schätzen, Sie für glaubwürdig halten und Ihnen vertrauen. Je tiefer die Vertrauensebene, desto höher die Wahrscheinlichkeit, andere positiv zu beeinflussen.

Die gleiche Umsicht bestimmt auch das Maß, an dem ein V-Mann gemessen wird. Ein Hitzkopf, der sich in Konfliktsituationen leicht zu unüberlegten Handlungen hinreißen lässt, wird weniger erreichen als jener V-Mann, der auch in schwierigen Situationen den Überblick behält und deshalb im Nachhinein nichts bereuen muss, ganz einfach, weil er stets Herr der Lage geblieben ist und sein Ziel nicht aus den Augen verloren hat.

Wenn der Agent seinem V-Mann gegenüber eine faire Haltung bewahrt und deshalb Vertrauen sät, kann er beginnen, Empathie zu wecken. Dies ist der einzige Weg, wirklich etwas zu verändern: im Wertesystem. Das, was vorher für den V-Mann in Ordnung war, weil es mit seinem Wertesystem konform ging, muss er nun unter einem neuen Blickwinkel betrachten. Wenn dies gelingt, kann Einsicht erfolgen. Und schließlich die Umkehr: in ein neues Leben.

Jeder Mensch gerät hin und wieder in Konfliktsituationen, in denen er etwas oder jemanden zu verraten droht. Zum Beispiel, indem wir schlecht über andere sprechen, die wir eigentlich mögen. Wir tun es vielleicht, um uns gutzustellen mit solchen, die diejenigen, über die wir schlecht sprechen, nicht mögen.

Oder wir ertappen uns dabei, eigene Werte zu verraten. Eigentlich wollen wir die Umwelt schützen und ein Elektroauto kaufen. Dann erliegen wir unserer Lust auf den Geschwindigkeitsrausch, werden schwach und kaufen uns viele starke PS. Eigentlich wollen wir von unserer Berufung leben, trauen uns dann doch nicht und langweilen uns vierzig Stunden die Woche in einem Büro mit Ausblick auf ein Industriegebiet, in dem wir von einem anderen Leben, dem wahren, wirklichen, eigentlichen träumen.

Wir träumen davon, weil die Verwirklichung mit zu viel Angst besetzt ist. Auch der Verräterkomplex ist stark angstbesetzt. Intensive Emotionen liegen miteinander im Widerstreit. Als Agenten wissen wir, dass wir heftige Emotionen nicht mit einem Fingerschnippen besänftigen können. Auch auf logische Argumente pflegen sie nicht zu hören. Sie sind lediglich mit wiederholtem eigenem Erleben zu überzeugen. Immer wieder wird eine Alternative aufgezeigt – bis sie eines Tages fruchtet. Das heißt für Sie: dranbleiben! So lange, bis Ihr Gegenüber sein eigenes Wertesystem hinterfragt. Das funktioniert am besten, wenn Sie andere Menschen mit einer Frage zurücklassen.

Stell dir vor, du veränderst nichts an deiner Situation im Job. Wie wird dein Leben aussehen in fünfzehn Jahren? Bewohnst du dann auch ein Reihenhaus mit grauer Fassade und zeigst deine nonkonforme Verwegenheit, indem du einen Hund hältst? Sieht so dein Lebenstraum aus?

Wenn wir ins Tun kommen, fangen wir automatisch an, die Dinge in jene Richtung zu bewegen, die wir uns wünschen. Viele Menschen haben tolle Ideen. Doch nur, wer sie auch anpackt, wird sie verwirklichen.

Tu was!, ist eine der erklärten Botschaften an V-Leute. Man kann von einem Leben in der Legalität träumen, oder man kann es beginnen. Man kann von einem Leben mit der eigenen Berufung träumen oder es beginnen. Weniger reden und mehr tun ist ein Ratschlag, der den meisten Menschen, auch den Nichtkriminellen, weiterhilft. Jedes Mal, wenn Sie über einen Wunsch oder Traum sprechen: Tun Sie danach irgendetwas, und wenn es eine Kleinigkeit ist, um Ihr Ziel zu erreichen. Sollten Ihnen andere Menschen von ihren Lebensträumen erzählen, an die sie kaum zu glauben wagen, dann beschreiben Sie ihnen den Eindruck, den sie aktuell vermitteln: passiv, abwartend, lamentierend. Sie reagieren lediglich.

Und dann beschreiben Sie, wie es aussehen könnte, wenn die nötigen Entscheidungen gefällt sind und Ihre Mitmenschen aktiv handeln: agieren anstatt zu reagieren.

Und dann fragen Sie:

Was klingt besser für Sie / dich?

Was deckt sich für Sie / dich mehr mit den Dingen im Leben, die Ihnen / dir wichtig sind?

Lassen Sie die Frage im Raum stehen. Erwarten Sie keine Antwort und geben Sie auch keine. Vertrauen Sie darauf, dass Ihr Gegenüber sich die Antwort selbst gibt. Die Frage wird in ihm arbeiten. Er wird ihr nicht entkommen.

Der Verräterkomplex kehrt immer wieder – so wie auch manche Fragen im Leben Bumerange zu sein scheinen. Doch Qualität und Intensität verändern sich. Denn jedes Mal, wenn wir uns mit einer dieser brennenden Fragen beschäftigen, untersuchen wir sie unter einem neuen Aspekt. Wir drehen und wenden sie bis zu dem Augenblick, in dem wir die Frage für uns beantworten. Ob V-Leute den Verräterkomplex auflösen können, bleibt immer spannend – und nicht nur das. Denn wenn sie es tun, kündigen sie unter Umständen unsere Zusammenarbeit auf, was oft sehr bedauerlich ist. Fakt ist, dass die Abstände, bis der Verräterkomplex erneut auftaucht, mit der Zeit größer werden. Muss man zu Beginn einer Zusammenarbeit in zwei-, dreiwöchigen Abständen damit rechnen, können später Monate zwischen dem Aufflackern der Symptome verstreichen. Ich habe keinen V-Mann erlebt, der nicht mindestens alle sechs Monate wieder einmal damit begann. Doch die Kämpfe werden schwächer.

Als Agenten achten wir darauf, dass der Verräterkomplex nicht zu einem Dauerbrenner wird. Im günstigsten Fall leiten wir unsere V-Leute auf die Vertrauensebene der Werte und lassen sie dort mit einer Frage zurück: Möchtest du das? Stellst du dir deine Zukunft so vor? Und dann gehen wir wieder zum Alltagsgeschäft über. So vermeiden wir es, dass der Verrat zu einem omnipotenten Thema wird. Dennoch stellt der Verräterkomplex eine ständige Gratwanderung zwischen Kosmetik und Kern des Konflikts dar – wie so oft im Leben.

Was Agenten verraten

Bislang hatte ich Tichow sehr wenig von mir erzählt – doch eher aus Mangel an Gelegenheit als aus Mangel an innerer Bereitschaft: Unsere Treffen verliefen wegen der Entwicklung auf der Merw-Route und dem Zugriff des LKA turbulenter als geplant.

Ein Vertrauensverhältnis ist niemals einseitig. Es setzt voraus, dass man sich gegenseitig kennt und weiß, wofür der andere steht. Wie sollten wir Menschen vertrauen, denen wir fremd sind, von denen wir nichts wissen. Deshalb achten wir als Agenten darauf, für unsere V-Männer zu einer berechenbaren Größe zu werden. Dies gelingt uns zum einen, indem wir uns stets auf die gleiche Art und Weise zuverlässig und integer zeigen, also verbindlich sind, so dass der V-Mann uns gut einschätzen kann. Wir meiden jede negative Überraschung in unserem Umgang mit ihm. Zum anderen geben wir ihm hin und wieder gezielt Informationen aus unserem Privatleben. Würden wir dies unterlassen, wäre kein tieferes Vertrauensverhältnis möglich, und die Quelle würde nur tröpfeln, wenn wir Informationen abschöpfen wollten, die ja wiederum intime Bereiche des V-Mannes betreffen: seine Beweggründe, Kontakte, Verbindungen, Geschäfte, Finanzen und auch sein Privat- und Familienleben.

Vielleicht sind Sie auch schon einmal einem Menschen begegnet, dem Sie viel über sich anvertraut haben, und vielleicht ist Ihnen beim Nachhauseweg eingefallen, dass dieser Mensch wenig bis gar nichts von sich preisgab. Wahrscheinlich überkam Sie bei dieser Erkenntnis ein unangenehmes Gefühl. Dieses Gefühl ist für Agenten in der Beziehung zu anderen Menschen unbedingt zu vermeiden. Sie brauchen dazu nicht ihre geheimsten Gefühle und Gedanken nach außen zu stülpen. Es genügt, in einen freundlichen Smalltalk hin und wieder persönliche Informationen einzustreuen. Der Agent kann erzählen, was er am Wochenende gemacht hat, dass das Wetter leider so schlecht war, dass die Geburtstagsparty seiner Frau eine Woche verschoben wurde, dass er im Kino war oder was auch immer. Es müssen keine bedeutenden Erlebnisse sein. Doch sie müssen privat sein, den Agenten als Mensch mit seinen Einstellungen und Werten greifbar machen. Und: Sie sollten wahr sein.

»Die Praxis hat gezeigt, dass es dem VM-Führer nur schwer gelingen wird, zur wichtigsten Bezugsperson der Quelle zu werden, wenn er nicht bereit ist, auch Informationen aus seinem

privaten Umfeld preiszugeben. Für die Quelle stellt sich die Situation so dar, dass der Mitarbeiter des Nachrichtendienstes umfassend über sie informiert ist. Nun will sie sich ein Bild über den VM-Führer als Mensch machen und erwartet mit zunehmendem Kontakt und der Herausbildung des Vertrauensverhältnisses, auch etwas über diesen zu erfahren.«

Quelle: Nachrichtendienstpsychologie, Band 1

Unser Ziel ist es, dass sich der V-Mann mit seiner Mission für den Nachrichtendienst identifiziert. Der Nachrichtendienst ist eine anonyme Größe, die ihn als solche nicht begeistern wird. Also muss er sich mit den Menschen, die ihn repräsentieren – den Agenten – identifizieren, und dazu müssen wir ihm eines unbedingt bieten: Identität.

Bei oberflächlicher Betrachtung könnte man dem Trugschluss anheimfallen, der Agent würde am ehesten punkten, wenn er eine Geschichte erzählt, die in die Lebenswirklichkeit seines V-Mannes passt. Vielleicht liebt dieser Autorennen, und der Agent könnte von einem Besuch an der Formel-1-Strecke erzählen. Doch Vorsicht! Jede erfundene Geschichte birgt eine Gefahr, denn sie ist niemals so authentisch wie eine wahre Geschichte. Sie wollen mit Ihrer Persönlichkeit überzeugen. Das schaffen Sie nur, wenn Sie zu einhundert Prozent authentisch rüberkommen, was bedeutet: so wahr wie möglich.

Die beste Legende ist dicht an der Wahrheit angesiedelt. V-Leute merken sich erfahrungsgemäß jedes Detail, ganz besonders aus unserem Privatleben. Da wachsen die Ohren förmlich. Es wäre verhängnisvoll und würde einen eventuell nicht zu heilenden Vertrauensbruch darstellen, hier der Lüge überführt zu werden. Und wozu lügen? Es gibt genug Themen, mit denen harmlose Informationen über das Privatleben verbreitet werden können. Die eigene Karriere, ein chronisch schlecht gelaunter Nachbar, eine Neuanschaffung in der Wohnung, ein Wasserrohrbruch oder anderes Missgeschick, die Urlaubsplanung, Kinder, Hobbys, Sport und, immer wieder gut im Rennen: die Schwiegermutter. Gerade russische V-Leute lieben Schwiegermütter. Oder sind es doch eher die Geschichten über Schwiegermütter?

> *»Der VM-Führer sollte sich aber davor hüten, seine Privatangaben aus diesen Gründen denen der Quelle anzugleichen. Eine Quelle merkt sich erfahrungsgemäß jedes kleinste Detail, das der VM-Führer über sich preisgibt. Der VM-Führer muss daher ein extrem gutes Gedächtnis haben, will er sich diese Angleichungen bei allen seinen V-Leuten merken und nichts verwechseln. Da dies fast unmöglich ist, wird er irgendwann von einer Quelle bei einer Lüge ertappt werden, was zu einem folgenschweren Bruch im Vertrauensverhältnis führen wird. Der VM-Führer sollte sich also keine Lügengeschichten über seine persönlichen Umstände ausdenken, sondern wahrheitsgemäß bei solchen unbedeutenden/allgemeinen Details bleiben, die keine weiteren Rückschlüsse zulassen.«*

Quelle: Nachrichtendienstpsychologie, Band 1

Obwohl wir uns als Agenten also dafür entscheiden, Persönliches preiszugeben, legen wir dennoch genau fest, was wir preisgeben möchten. Wahrscheinlich handeln Sie auch in Ihrem Alltag so. Sie bewerben sich vielleicht für einen Job als Buchhalterin und werden beim Vorstellungsgespräch nicht von Ihrem Wunsch schwärmen, sich als Opernsängerin den Lebensunterhalt zu verdienen. Stattdessen werden Sie andere Qualitäten oder Ziele in den Fokus rücken. Bei einem Flirt werden Sie weniger über Ihre Ordnungsliebe sprechen als vielmehr über Ihre Lebenslust, und wenn Sie sich den Wagen der Nachbarin ausleihen, werden Sie ihr nicht unter die

Nase reiben, dass Sie schon zwei Autos geschrottet haben, wenn auch schuldlos. Wir selektieren ununterbrochen, was wir wem erzählen. Und genauso sollten wir es auch in der Zusammenarbeit mit unseren V-Leuten halten. Bei der Wahrheit bleiben, und zwar bei der richtigen Wahrheit.

Hier gibt es eine einfache Faustregel, die ich Ihnen ans Herz legen möchte – egal, ob Sie sie beruflich oder privat nutzen: Klammern Sie keine einzelnen Aspekte aus, sondern immer die ganze Sache. Manche Menschen machen den Fehler, einen bestimmten Aspekt aus einem Thema auszuklammern: Dass ich Autos super finde, sage ich, aber ich verschweige, dass ich sie in meiner Garage zusammenschweiße. Oder: Ich erzähle zwar, dass ich beim Sportverein im Vorstand bin, nicht aber in welcher Funktion, nämlich als Kassenwart.

Solche Einschränkungen limitieren Ihre Bewegungsfreiheit im Gespräch, und Sie kommen nicht mehr authentisch rüber. Besser ist es, einen gesamten Bereich auszuklammern. Und dann eben nicht über ein bestimmtes Hobby oder einen bestimmten Kollegen zu sprechen. Darüber hinaus gibt es ein paar No-Gos, je nach Umfeld. Zum Beispiel können Sexualität, Abwertung anderer Menschen oder die finanziellen Verhältnisse dazugehören. Daran sehen wir besonders deutlich, wie unterschiedlich die Werte in verschiedenen Kulturen sind. Agenten vergessen diese Tatsache nie und informieren sich stets gründlich über den kulturellen Background ihres Umfeldes. Während es in Amerika in manchen Kreisen üblich ist, sich schon beim ersten Shakehands zu erzählen, wie viel man pro Jahr verdient – Hi, ich bin George, und mein Einkommen beträgt zweihundertfünfzigtausend Dollar –, würde das bei einer deutschen Party eher auf Befremden stoßen.

In jedem Land gibt es gewisse Kulturstandards. Darunter versteht man alle Arten der Wahrnehmung, des Denkens, Wertens und Handelns, die von der Mehrzahl der Mitglieder einer bestimmten Kultur für sich und andere als normal, typisch und verbindlich angesehen werden. Alles, was anders ist, wird als fremd oder komisch beurteilt. Als Deutsche in Deutschland wird uns das nicht passieren. Wir kennen die Spielregeln in unserem Umfeld. Doch sobald wir mit Menschen aus anderen Kulturen zu tun haben, kann sich das ändern. Sicher fällt Ihnen dazu auch ein Bespiel ein – vermutlich aus der »interpersonalen Distanzregelung«. In Deutschland ist es üblich, zwischen bekannten und fremden Menschen zu unterscheiden. Fremde Personen, die uns vorgestellt werden, begrüßen wir per Handschlag mit distanziertem Körperkontakt, während wir bei Freunden zu näherem Körperkontakt tendieren und sie auch mal umarmen. So ist es »normal«, zumindest in Süddeutschland. Denn auch innerhalb Deutschlands wird der Deutsche schnell zum Fremden – das merken schon viele Norddeutsche in Süddeutschland. Fremde Länder, fremde Bräuche. Einen ganz wildfremden Amerikaner, der uns umarmt und noch dazu gleich duzt, oder gar einen Mexikaner, der uns freudig zwei Küsse auf die Backen knallt und uns am liebsten gleich seiner dreißigköpfigen Familie vorstellen möchte – und alle wollen küssen! –, finden wir vielleicht nicht mehr so normal. Nun, der Mexikaner findet uns auch nicht normal.

Das Wissen um die Verhaltensregeln innerhalb der Kultur jener Menschen, mit denen Sie zu tun haben, sollte Ihnen jederzeit präsent sein. Einem gläubigen Moslem gegenüber müssen Sie nicht unbedingt erwähnen, dass Ihre Frau jetzt einen Liebhaber hat und dass Sie das ganz spannend finden, so als Experiment. Und wo Golf als Hobby zu versnobt wirken könnte, lassen Sie es außen vor.

Prinzipiell gilt: Je privater Sie werden, desto besser ist das für ein Vertrauensverhältnis. Es ist nicht förderlich, Beruf und Privatleben strikt zu trennen, ganz im Gegenteil. Dennoch sollten wir die

Kontrolle nicht aufgeben und uns stets darüber bewusst sein, welche Bereiche wir vor der beruflichen Öffentlichkeit preisgeben – und welche eben nicht.

Die Ankündigung

Auch nach dem Obstkuchen besserte sich Tichows Laune nicht. Am Nebentisch packten zwei mittelalte Frauen Lesebrillen aus, die sie offensichtlich gerade erstanden hatten, und setzten sie sich abwechselnd auf die Nasen. Ich erzählte Tichow, dass ich meine Mutter in der letzten Woche zufällig bei einem Optiker getroffen und sie mit ihrer neuen Brille auf den ersten Blick kaum erkannt hatte.

»Mein Sohn braucht vielleicht auch eine Brille«, erwiderte Tichow, atmete schwer und schob seinen Teller weit von sich.

»Sonst alles okay?«, fragte ich. »Wie läuft's? Ist noch irgendwas passiert nach dem Zugriff?«

»Niemand denkt darüber nach, ob ich etwas damit zu tun habe. Die Polizei hat uns ja vor dem Treffen überfallen.«

Leicht amüsiert nahm ich seine Wortwahl zur Kenntnis.

»Ich war zu weit weg. Ist gut gelaufen für mich.«

»Prima«, erwiderte ich.

»Sie haben die Merw-Route jetzt eingestellt«, ließ er mich wissen.

»Damit habe ich gerechnet«, erwiderte ich und überlegte, ob ich es für heute gut sein lassen sollte. Tichow war überhaupt nicht gesprächig. Da räusperte er sich und sagte: »Leo, ich muss weg.«

»Wie weg?«

»Ich muss morgen nach Russland.«

Erfreut nahm ich zur Kenntnis, dass er mir seine Reise ankündigte. Das war ein gutes Zeichen. Er hielt mich auf dem Laufenden. Genauso sollte es sein. Er tauchte nicht einfach unter, er meldete sich ab.

»Gibt's einen besonderen Anlass?«, fragte ich locker.

»Mein Sohn. Er ist krank. Sehr krank.«

Ich musterte ihn fragend. »Hoffentlich nichts Ernstes?«

»Sehr ernst«, erwiderte er mit Grabesstimme. »Er hat Mukoviszidose. Das ist eine Stoffwechselkrankheit.« Er betonte das Wort so seltsam, dass ich es erst nach einer Weile verstand, obwohl ich doch darüber informiert war.

»Das tut mir sehr leid«, sagte ich und meinte es auch so.

»Das wird schon wieder«, sagte Tichow, doch überzeugt klang er nicht.

»Ist ein Scheißgefühl, wenn so ein kleiner Mensch krank ist und man kann ihm nicht helfen«, nickte ich mitfühlend. »Mein Patenkind, also der Sohn von meinem besten Freund ...«

Tichow beugte sich vor.

»Er heißt Ferdi. Und er hat schon seit seinem dritten Lebensjahr eine ganz seltene Allergie. Monatelang hat keiner gewusst, was mit ihm los ist. Einmal hat er keine Luft gekriegt, dann am ganzen Körper Pusteln, die auch noch aufgeplatzt sind, dann war er nur müde oder überdreht, und am schlimmsten war der nicht zu stoppende Durchfall. Er wäre fast ausgetrocknet, und als Eltern musst du hilflos danebenstehen und zusehen.«

»Schlimm, so was«, sagte Tichow leise.

»Ja«, nickte ich.

»Und wissen sie, was es ist?«

»Ja, wie gesagt, eine Allergie. Der kleine Kerl darf fast nichts essen, und alles ändert sich dauernd. Die Eltern sind fix und fertig.«

»Und wie alt ist er jetzt, dein Patensohn?«

»Ferdi wird sechs. An Weihnachten«, erwiderte ich wahrheitsgemäß.

»Hast du eine Freundin?«, fragte Tichow. Das war die erste direkte private Frage, die er mir stellte.

»Ich arbeite dran«, erwiderte ich.

Er grinste. »Kinder?«

»Dito«, sagte ich.

»Kannst du ja Vatersein üben bei Fußball mit Ferdi«, meinte er.

»Ja, das mach ich«, sagte ich.

Als ich das KaDeWe durch einen anderen Ausgang als Tichow verließ, durchströmte mich ein warmes Gefühl. Tichow hatte mir die Krankheit seines Sohnes anvertraut. Und nicht nur das. Er hatte mir auch dessen richtigen Namen verraten. Nicht Joshua, wie wir bislang geglaubt hatten, sondern Miro. »Wie mein Großvater«, hatte Tichow gesagt und mir auch noch seinen eigenen legalen Familiennamen genannt. Das war mehr, als ich erhofft hatte.

Ihre sechzehnte Mission

Regelmäßige Rituale

Der Agent weiß, dass Vertrautheit besonders schnell über Gewohnheiten entsteht. Er etabliert regelmäßige Rituale und nutzt so die Kombination aus Gewohnheit und Gemeinsamkeit als Wirkungsverstärker.

Fördern Sie den Prozess der Vertrauensbildung durch kleine Rituale. Etablieren Sie besondere Verhaltensweisen, vielleicht eine spezielle Begrüßung oder andere Eigenheiten, auf die Sie immer wieder eingehen. So verwandeln Sie Insiderthemen in Rituale. Jede gute Beziehung wird durch Rituale getragen. Und selbstverständlich gehört Humor zu den vertrauensbildenden Maßnahmen. In einer schönen, auch gelegentlich lustigen Atmosphäre wächst Vertrauen wie von selbst.

Finden Sie heraus, worauf Sie sich automatisch konzentrieren. Auf Ihre Stärken, die Ihnen weiterhelfen? Oder auf Ihre Schwächen, die Sie blockieren? Auch unsere Denkgewohnheiten sind Rituale, und Stärken und Schwächen sind nur die zwei Seiten einer Medaille. Die Frage lautet also: Konzentrieren wir uns zu achtzig Prozent auf unsere Schwächen und zu zwanzig Prozent auf unsere Stärken – oder umgekehrt? Ein Selbstversuch lohnt sich! Agenten wissen, dass sie mit achtzig Prozent bei den Stärken besser fahren. Und das betrifft nicht nur sie selbst: Ihr Blick sollte sich nicht nur auf Ihre eigenen Stärken richten, sondern auch auf die anderer Menschen, von denen Sie lernen können.

Am besten, Sie machen ein Ritual daraus. So wie auch aus Ihrer bewussten Gedankenkontrolle, die Sie aktiv betreiben sollten. Sobald Sie dazu tendieren, sich zu sehr auf Ihre eigenen Schwächen oder die anderer Menschen zu konzentrieren, korrigieren Sie sich. Der Fokus auf die Schwäche schwächt – und der auf die Stärke stärkt.

Verstehen Sie auch die Gestaltung positiver Erlebnisse als Rituale, also als ein Verhalten, das Sie oft wiederholen. Nutzen Sie positive Momente oder inszenieren Sie welche. Nehmen Sie in positiven Momenten Anteil, seien Sie spürbar präsent und freuen Sie sich aufrichtig am Glück und Erfolg anderer.

Auch das Verstecken positiver Botschaften über sich selbst können Sie ritualisieren. Legen Sie es nicht offensichtlich darauf an zu imponieren oder zu überzeugen. Verzichten Sie darauf, beeindruckende Tatsachen über sich selbst zu erzählen. Betten Sie stattdessen indirekt Ihre positiven Eigenschaften in Ihre Erzählungen ein. Schildern Sie beispielsweise ein Erlebnis mit Ihrem besten Freund. Er hat eines Nachts angerufen und Sie um Hilfe gebeten – und Sie sind mitten in der Nacht losgefahren. Im Pyjama. Es war gar nicht so einfach, das den Beamten bei der Verkehrskontrolle zu erklären. Die versteckte Botschaft einer solchen Erzählung lautet, dass Sie ein beliebter, hilfreicher, loyaler Mensch sind. So vermitteln Sie Ihrem Gegenüber ein positives Bild von sich, ohne als Angeber dazustehen.

Geben Sie anderen Menschen die Möglichkeit, Sie auf einer privaten Ebene kennenzulernen. Zeigen Sie Ihre persönliche Seite. Verlassen Sie die Oberfläche und wagen Sie sich mehr in die Tiefe als bisher. Erzählen Sie Dinge, die »man« einem Fremden in der Regel nicht erzählen würde. Dadurch spürt Ihr Gegenüber seinen »besonderen« Stellenwert. Er wird sich ebenfalls öffnen und mehr von sich preisgeben.

Verraten Sie kleine Geheimnisse über sich. Die Betonung liegt hier auf *Ihren eigenen Geheimnissen*, niemals denen von anderen, das sollten Sie den Betreffenden selbst überlassen. Beweisen Sie damit, dass Persönliches gut bei Ihnen aufgehoben ist.

Überlegen Sie stets im Vorfeld, welche Informationen Sie über sich »veröffentlichen« möchten. Je persönlicher und emotionaler die Informationen sind, desto besser! Ihr Gegenüber muss den Eindruck haben, Sie wirklich zu kennen!

Aus dem Agentenhandbuch

- ⊕ Etablieren Sie Rituale.
- ⊕ Definieren Sie Rituale für sich neu und erkennen Sie den Wert breitgefächerter positiver Rituale.
- ⊕ Behalten Sie die Kontrolle über die Themen, über die Sie mit anderen Menschen sprechen.
- ⊕ Verstecken Sie positive Botschaften über sich selbst in Ihren Schilderungen.
- ⊕ Wagen Sie sich auf die private Ebene und geben Sie hin und wieder etwas Persönliches preis.
- ⊕ Schaffen Sie positive Erlebnisse.

Die Vertrauensfrage

Am nächsten Tag erstellte ich meinen Treffbericht für Sabine und ihr Team. Er bot uns viel Bekanntes. Das Observationsteam hatte Tichow in der Zwischenzeit auf mehreren seiner Amsterdam-Touren begleitet. Er erzählte die Wahrheit, wenn er angab, dass er von Frankfurt aus auf der A3 nach Amsterdam fuhr. An der niederländischen Grenze wird die A3 zur A12, und zwischen Hilversum und Amsterdam wird die A12 zur A1. Kurz darauf steuerte Tichow auf den Parkplatz einer großen, brandneuen Raststätte. Laut der Kollegen herrschte dort reger Betrieb. Dieser Stopp war nicht Tichows erster, sondern sein dritter von vieren an Raststätten.

Wie an Raststätten üblich, parkten viele Lkw dort, die die Lage unübersichtlich machten. Im Observationszeitraum Spätsommer / Frühherbst wimmelte es zudem von Touristen. Keine leichte Aufgabe für die Kollegen, hier den Überblick zu bewahren. Tichow parkte seinen BMW in der Nähe eines identischen Fahrzeuges derselben Mietwagenkette. Dann stieg er aus und marschierte zur Raststätte. Einer der Kollegen folgte ihm, während ein anderer die beiden Autos beobachtete. Die Ähnlichkeit konnte Zufall sein – oder Absicht.

Tichow ging zur Toilette und bestellte danach einen Espresso an der Cafébar. Während er den Kaffee allem Anschein nach in entspannter Stimmung trank und eine Zigarette rauchte, stieg ein Mann, den die Kollegen wegen der getönten Scheiben zuvor nicht wahrgenommen hatten, aus dem zweiten BMW. Er ging ebenfalls zur Toilette, verließ die Raststätte jedoch sofort danach und öffnete den Kofferraum an Tichows Wagen, wo er eine schwarze Sporttasche herausnahm. Diese lud er in seinen BMW und verließ den Parkplatz. Kurze Zeit später kehrte Tichow zu seinem Wagen zurück, der, wie ich nun wusste, gute hunderttausend Euro an Wert verloren hatte. Einer der Kollegen folgte Tichow bis zum Flughafen in Amsterdam, wo er den Mietwagen ablieferte und bei KLM eincheckte.

Der Bericht der Kollegen war deckungsgleich mit Tichows Schilderung. Ich hatte ihn absichtlich zu einem eindeutigen Sachverhalt befragt. In diesem Stadium war es noch wichtig, jede Information zu überprüfen. Tichow hatte zudem ein paar zusätzliche Details geliefert. Somit hatte er die nächste Prüfung bestanden, die Bewährungsprobe aber noch nicht: Wann würde er mir seine Hintermänner preisgeben?

Zwei unserer Männer waren dem BMW gefolgt, der nun die schwarze Tasche transportierte. Er gelangte ohne Auffälligkeiten und Stopps in die Innenstadt Amsterdams, wo der Fahrer den Mietwagen ablieferte und sich, die schwarze Tasche locker über der Schulter, von einem Bus in einen Vorort bringen ließ. Fotos und Informationen, die der Kollege über diesen Mann zusammengetragen hatte, befanden sich noch in der Auswertung. Bisher war er uns nicht bekannt. Dennoch war ich mit der Ausbeute sehr zufrieden. Wir waren einen Schritt weitergekommen. Alles lief nach Plan.

Bevor ich das Büro verließ, googelte ich *Mukoviszidose*. Was ich über diese unheilbare Krankheit las, erschütterte mich. Die Lebenserwartung von Menschen mit zystischer Fibrose, wie die Krankheit auch genannt wird, liegt bei zirka fünfunddreißig Jahren. Da vor allem die Lunge betroffen ist, müssen die Eltern miterleben, wie ihr Kind ständig schwer hustet, es leidet an häufigen Lungenentzündungen und auch an Atemnot. Die Ursache der Krankheit – ein genetischer Defekt – ist trotz intensiver Forschungsanstrengungen bislang nicht heilbar. Lediglich die Symptome können gelindert werden.

Ich wusste nicht, inwieweit Tichow die Krankheit seines Sohnes an sich heranließ. Nachdenklich schaltete ich meinen Computer aus. Doch der kleine Junge mit dem blassen Gesicht ging mir nicht aus dem Kopf, und so nahm ich ihn mit nach Hause und verbrachte den Rest des Abends damit, mir darüber Gedanken zu machen, was ich tun könnte.

Tichows russische Akte

Wir wussten zwar viel über Tichow, aber unser Wissen betraf ausschließlich seine Zeit in Deutschland. Ich wollte mehr über Tichows Vergangenheit in Russland in Erfahrung bringen, und das war mittlerweile auch möglich, da ich nun durch die Kenntnis seines wahren Familiennamens, den er mir anvertraut hatte, seinen echten vollen Namen relativ einfach ermitteln konnte. Ich setzte mich noch einmal mit den uns zur Verfügung stehenden Unterlagen und Berichten zu Tichows Person auseinander. Das deutsche Vorstrafenregister meines V-Mannes las sich wie ein Krimi: illegaler Besitz einer Faustfeuerwaffe, Besitz von Cannabis, Erpressung, Nötigung, Körperverletzung – um nur einige der Delikte zu nennen. Sein russisches Vorstrafenregister lag uns leider nicht vor. Ich vermutete, dass es noch üppiger aussah. Doch es war auf mysteriöse Weise und zum großen Bedauern des zuständigen Kollegen in Russland, wie er mir am Telefon versicherte, verlorengegangen. Der Kollege selbst übernahm die volle Verantwortung für dieses unbegreifliche Missgeschick – für uns ein untrügliches Zeichen, dass die russische Mafia dahintersteckte. Sie hatte den Kollegen wohl bedrängt, die Dokumente verschwinden zu lassen. Solche Vorgänge gehören in Russland zur Tagesordnung. Die Behörden der GUS-Staaten werden systematisch mit Drohungen und Bestechungsgeldern gefügig gemacht, so dass viele Akten vor allem aus Lücken bestehen. Dokumente und Unterlagen werden »versehentlich« gleich flächendeckend vernichtet. Zurück bleiben strahlend weiße Westen. Eine Beweisführung ist somit unmöglich. Das war nichts Neues für uns und dennoch ärgerlich, wenn wir immer wieder an diese Mauer stießen.

Die Akten hätten mir sicher einiges über Tichow und vielleicht auch über seine Hintermänner erzählen können. Ich vermutete, dass er noch immer für dieselben Männer arbeitete, für die er auch in Russland tätig gewesen war. Zwar basieren die Strukturen der russischen Mafia nicht wie die der italienischen auf Familienzugehörigkeit, dennoch zieht man es vor, mit bekannten Größen zu arbeiten, die sich bereits bewiesen haben und deren Loyalität man sich sicher sein kann. Doch da ein Neustart in Deutschland häufig mit einer neuen Identität einhergeht, stehen wir oftmals vor der Frage: Wer ist das? Wo Strafregister und sonstige Hinweise sorgfältig ausgemerzt wurden, ist es fast unmöglich, eine Fährte zu finden. Die Vergangenheit wurde schlichtweg begraben. Wenn wir dann zu suchen beginnen, ist häufig nichts mehr übrig, und das wenige, was noch da sein könnte, wird ebenfalls beseitigt, sobald ruchbar wird, dass sich jemand dafür interessieren könnte.

So lassen sich die weiß gewaschenen Identitäten in Deutschland nur selten und mit viel Aufwand mit einer russischen Vergangenheit in Verbindung bringen.

Doch auch wir hatten unsere Ressourcen, und jetzt war es an der Zeit, davon Gebrauch zu machen. Eine relativ frische Quelle in Odessa, einer Stadt im Süden der Ukraine, die fest in der Hand des Organisierten Verbrechens ist, meldete, als ich ihr Tichows Geburtsnamen nannte, dass sie sich Zugang zu den von uns gewünschten Informationen beschaffen könne. Ich instruierte unsere Kontaktperson, worauf es uns ankam, und hoffte, vor meinem nächsten Treffen mit Tichow Neuigkeiten zu erfahren. Zu meiner großen Überraschung – der Kontakt Odessa benötigte normalerweise mehr Zeit – erreichten mich die Informationen bereits zwei Tage später. Sie übertrafen alle meine Erwartungen. Tichow erwies sich als Schützling eines Mannes namens Fjodor. Er hatte bereits vor dem Fall der Sowjetunion für Fjodor gearbeitet, der wie Tichow aus Odessa stammte. Tichows Verhältnis zu seinem gewalttätigen Vater war konfliktreich, und in Fjodor hatte er endlich einen Mann gefunden, der diese Rolle positiv besetzte, denn Fjodors Brutalität richtete sich nicht gegen Familienmitglieder. Tichow, schon immer ein schlauer Kopf, machte sich bald unentbehrlich und avancierte schnell zu Fjodors rechter Hand. Als Fjodor später nach Moskau zog, leitete er in dessen Auftrag die Geschäfte in Odessa. Dann, ein paar Jahre vor der Ausreise nach Deutschland, holte Fjodor Tichow nach Moskau, wo Fjodor in der Zwischenzeit zu einem der wichtigsten Männer in Wladimir L.s Organisation aufgestiegen war, wie wir seit den jüngsten Meldungen wussten. In mehreren Berichten war die Verbindung zwischen Wladimir und Fjodor aufgetaucht. Nun hatten wir es schwarz auf weiß: Tichow hatte potenziell Zugang zu Wladimir. Und was für einen! Dank Fjodor war er kein Neuling, sondern ein bewährter Mann, auf den man sich verlassen konnte. Volltreffer!

Ich liebe solche Momente, wenn sich der Nebel zu lichten beginnt und Vermutungen, die lange Zeit vage durch die Gegend geisterten, plötzlich Hand und Fuß haben und sich Zusammenhänge materialisieren. Es war genauso, wie ich gehofft hatte! Jetzt gab es keinen Zweifel mehr.

Im Team puzzelten wir die ganze Geschichte zusammen: Wladimir L. – einer der reichsten Männer der GUS-Staaten – verließ Russland als Erster, um sich in Deutschland zu etablieren. Hier verwandelte er sich wie durch ein Wunder in einen seriösen Geschäftsmann, der auch in der High Society gern gesehen war und sich in der Szene einen hervorragenden Ruf als Kunstkenner und

-mäzen erworben hatte. Mit diesem sympathischen Deckmantel verschleierte der angesehene Unternehmer seine Einkünfte aus Drogen- und Waffenhandel, Schutzgelderpressung, Prostitution und anderen kriminellen Handlungen.

Fjodor war Wladimir ein paar Jahre später gefolgt, und die beiden dehnten ihre bisherige Zusammenarbeit nun auf Deutschland aus. Über Fjodor M. wussten wir so gut wie nichts, und wenn, dann lediglich unter dem Namen Pedrov K. Wobei wir noch immer nicht mit hundertprozentiger Gewissheit belegen konnten, dass es sich bei Fjodor M. und Pedrov K. um dieselbe Person handelte. Zufälligerweise war auch Fjodors russische Akte unauffindbar, was unsere Hypothese stärkte. Außerdem hatte ich da so ein Gefühl. Intuition. Ich war hochzufrieden mit unserer Ausbeute. Denn nun war ich mir sicher, dass der mächtige Fjodor einer von Tichows Hintermännern war, und hinter Fjodor stand derjenige, auf den wir es abgesehen hatten. Dennoch gab ich mich keinen falschen Illusionen hin. Obwohl ich in relativ kurzer Zeit ein tragfähiges Vertrauensverhältnis mit Tichow aufgebaut hatte: Der Umstand, dass er in Fjodor einen väterlichen Freund sah, erschwerte die Mission ungemein …

Die letzte Hürde

Eine Woche später meldete Tichow sich bei mir. Wir verabredeten uns dort, »wo so viel Laub auf dem Boden liegt« – in dem Biergarten, wo wir bereits einmal Radler zusammen getrunken hatten. »Ich erwarte dich am Eingang, dann fahren wir woandershin«, ließ ich Tichow wissen.

»Da.«

Mittlerweile hatte ich weitere Informationen eingeholt, die das Netz um Fjodor und Tichow enger zogen.

Es war wieder ein strahlender Herbsttag, Biergartenwetter ohne Frage, doch ich ließ mich nicht von meinem Vorhaben abbringen und bedeutete Tichow, der neben einer Hecke mit Fahrradständern wartete, einzusteigen.

»Hallo!«

»Hallo!«, erwiderte er meinen Gruß.

»Wie geht's dir? Und deinem Sohn?«

»Miro geht's wieder besser«, erwiderte Tichow und sah erleichtert aus.

»Mit dem Namen wird er bestimmt mal ein Stürmerstar!«

Tichow grinste. »Miro Klose ist auch sein Vorbild.«

»Das wundert mich nicht! Jedenfalls freut es mich riesig, dass es ihm wieder besser geht. Was war denn los?«

»Weißt du, Leo, manchmal kriegt er keine Luft. Und wenn er dann auch noch eine Lungenentzündung hat, wird es wirklich schlimm. Und das hat er oft. Er war im Krankenhaus.«

»Und jetzt ist er wieder draußen?«

»Da. Jetzt ist er daheim und soll brav sein, aber er will schon wieder spielen, er will immer nur Fußball spielen.«

»Na, er hat ja auch viel vor«, sagte ich und lächelte.

»Sehr viel«, bekräftigte Tichow und klang traurig. Ich merkte ihm an, dass ihn die Reise angestrengt hatte, und ich spürte die Liebe, die er für seinen Sohn empfand.

Schweigend fuhren wir durch Hamburg Richtung Hafen. Ich parkte diesmal nicht an der Elbe, sondern auf einer Anhöhe mit Blick auf Tichows Lagerhalle.

Tichow öffnete das Fenster und zündete sich eine Zigarette an. Ich ließ ihn gewähren.

Dann griff ich frontal an: »Zahlt Fjodor für die Halle oder du?«

Zum ersten Mal, seit ich Tichow ein wenig besser kannte, verlor er für einen kurzen Moment die Fassung. Er wurde bleich, dann rot und atmete schwer, bis er sich in einen simulierten Hustenanfall flüchtete.

Ohne ihm eine Pause zu gönnen, setzte ich nach. »Fjodor hat es ganz schön weit gebracht. Er ist mittlerweile eine große Nummer, stimmt's?« Ich erwartete keine Antwort, die auch nicht erfolgte, und fuhr fort. »Fjodor ist ein respektierter Geschäftsmann und genießt alle Vorteile des gesellschaftlichen Lebens. Fjodor steht klasse da. Niemand kann ihn in Verbindung mit illegalen Geschäften bringen. Er hat seine Leute, die die Drecksarbeit machen.«

Tichow räusperte sich. Er fragte mich nicht, woher ich von seiner Verbindung zu Fjodor wusste. Er stritt sie auch nicht ab. Volltreffer. Sabine und ihr Team hatten Recht behalten. Unsere Investition hatte sich gelohnt. Tichow kannte Fjodor und war ein möglicher Schlüssel, um mehr über Wladimir zu erfahren. Tichow sagte mit rauer Stimme: »Er hat hart dafür gearbeitet.« Doch ich hörte sehr wohl, dass er das nicht aus vollem Herzen meinte.

»Viele arbeiten hart«, erwiderte ich. »Aber es sind immer nur ein paar wenige, die den Erfolg und die großen süßen Früchte genießen. Auf Kosten anderer, die auf der Strecke bleiben. Ist es nicht so?«

Tichow warf seine Kippe aus dem Fenster und zündete sich sofort die nächste an. Er war aufgewühlt und bemühte sich, das vor mir zu verbergen.

Ich griff in meine Jackentasche und zog einen Umschlag heraus. »Ich habe mich mal umgehört«, begann ich.

In Tichows Blick stand blankes Entsetzen. Was würde jetzt kommen? Was in aller Welt konnte ich noch wissen? Ich reichte Tichow den Umschlag. »Da gibt es einen Professor für Pädiatrie in der Schweiz. Er gilt weltweit als Experte für Mukoviszidose.«

Tichow riss die Augen auf. Gleich würden sie ihm rausfallen. Er nahm den Umschlag. Seine Hände zitterten.

»Mach ruhig auf«, sagte ich.

Tichow öffnete das Kuvert mit einer Behutsamkeit, die ich ihm nie zugetraut hätte. Fast andächtig hielt er die Dokumente in den Händen. Flugtickets, Visum, Hotelinformation, Mietwagen. »Für dich, deine Frau und deinen Sohn«, erklärte ich.

Fassungslos schaute Tichow mich an. Dann wandte er den Blick ab, drehte sich zum Fenster, und als er mir erneut in die Augen sah, glänzten sie ein klein wenig feucht.

»Ich hab euch einen Termin gemacht, vorbei an der Warteliste. Der ist fix. Miro ist dort in besten Händen. Wie gesagt, der Typ ist der Experte, weltweit.«

»Warum machst du das?«

»Weil du in der nächsten Zeit einen freien Kopf brauchst.«

»Danke Leo«, sagte Tichow heiser.

»Gern«, erwiderte ich und ließ den Motor an.

Als ich losfahren wollte, legte Tichow mir eine Hand auf den Unterarm. So etwas hatte er noch nie gemacht.

»Fjodor tauchte damals plötzlich auf. Es war in Odessa. Ich war jung und wollte weg. Raus. Wir hatten keine Chance dort. Keine Perspektive. Da hat Fjodor sich um mich gekümmert. Er war immer gut zu mir, weißt du, Leo. Er war so, wie ich es mir von meinem Vater gewünscht hätte. Er hat mir ein Motorrad geschenkt und hat mit mir Frauen abgeschleppt.«

Ich nickte verständnisvoll, auch wenn ich diese Dinge nicht unbedingt als Beweise väterlicher Zuwendung interpretierte. Dann stellte ich den Motor wieder ab.

»Fjodor holte mich zuerst nach Moskau und später nach Deutschland.« Tichow deutete auf seine Lagerhalle in der Ferne. »Für die Halle bezahle ich. Denn offiziell kennen wir uns nicht. Er hat nichts mit all dem zu tun. Was die Merw-Route angeht: Er hat sie erfunden und die Deals mit den Afghanen verhandelt. Er hat seine Leute für das alles. Leute wie mich. Er will nicht damit in Verbindung gebracht werden. Deshalb das Schließfach. Fjodor ist jetzt ein feiner Mann, verstehst du? Er handelt mit Immobilien. Und in ein paar Jahren habe ich auch meine Villa am See. Irgendwo am Meer, wo die Luft gut ist. Ostsee wäre perfekt. Das hilft Miro. Salzluft macht das Atmen leichter.«

»Vielleicht könnt ihr ja bald mal einen Urlaub dort verbringen?«, überlegte ich laut, während ich die neuen Informationen einsortierte. Ich vermutete, Fjodor verbaute Wladimirs Geld in Immobilien. Da konnte man auch größere Summen einmauern.

Doch danach würde ich heute bestimmt nicht fragen. Ich war dort angekommen, wohin ich von Anfang an gewollt hatte – schneller als erwartet. Tichow hatte mir die Tür zu seinen Hintermännern geöffnet.

Nun sollte er sehen, dass ich meinen Worten Taten folgen ließ, dass ich es ernst meinte. Auch für die nächsten Treffen hatte ich einige Asse im Ärmel. Sie würden, wie der Klinikaufenthalt in der Schweiz, das Fundament für Tichows spätere Ausstiegsstory bilden. Aber all das würde Tichow erst erfahren, wenn wir unsere gemeinsame Mission erfüllt hatten.

Ihre siebzehnte Mission

Security Check Stufe rot: Ihre persönliche Mission

Worauf kommt es jetzt für Sie persönlich an? Benennen Sie die anstehenden Aktivitäten oder Veränderungen, die Sie Ihre persönliche Mission erfolgreich zu Ende führen lassen. Werden Sie aktiv und erwerben Sie sich dadurch die Zugriffsberechtigung für die 007-Formel.

⊕ Welches Ziel wollen Sie erreichen?
⊕ Wer kann Sie dabei unterstützen?
⊕ Wie können Sie diesen Menschen für sich und Ihre Mission gewinnen?
⊕ Benennen Sie Ihren ersten Schritt, mit dem Sie nun in Ihre neue Zukunft starten.
⊕ Was können Sie heute noch tun?

Jetzt sind Sie selbst gefragt: Notieren Sie sich Ihre Gedanken zu den oben stehenden Fragen!

Aus Ihrem persönlichen Agentenhandbuch

⊕
⊕
⊕
⊕
⊕
⊕
⊕

Die Gewissensentscheidung

Auf Russisch bedeutet Tichow: der Leise, der Stille. Und so hatte ich ihn auch kennengelernt in den letzten Wochen. Niemals hatte er eine Forderung an mich gestellt, wie manche seiner Kollegen, die eine Pistole und einen Waffenschein verlangen, weil sie sich für uns in Gefahr bringen, die deutsche Pässe für ihre gesamte Verwandtschaft einklagen oder – auch das gibt es – vorschlagen, jemanden aus dem Weg zu räumen, und wenn es die eigene Ehefrau ist. Und bei *aus dem Weg räumen* wird in manchen Kulturen nicht an Scheidung gedacht ... Hier ist der Agent aufgerufen, seinem V-Mann die deutschen Gesetze näherzubringen, vor allem die Gleichstellung zwischen Mann und Frau.

Tichow hingegen hatte mich um nichts gebeten und meine Erwartungen bislang bei weitem übertroffen. Es war Zeit, ihm einen Antrag zu machen, und das tat ich auch, zwei Tage vor seiner Abreise in die Schweiz. Tichow stieg am Hamburger Dammtor in meinen Wagen. Breit strahlte er mich an. »Wohin entführst du mich heute?«

»Wart's ab«, erwiderte ich.

Mit einem Lächeln ließ Tichow sich in das Leder des Beifahrersitzes fallen. Ich steuerte den Wagen durch den Elbtunnel Richtung Norden. An einer der ersten Ausfahrten hinter Hamburg verließ ich die Autobahn. Ein strahlend blauer Himmel rundete sich leicht am Horizont des flachen Landes. Windräder. Schafe. Reetdächer. Über manch brachliegendem Acker waberten Nebelschwaden. Es roch würzig und frisch. Ich mochte diese Gegend.

»Hey Leo! Das ist wirklich eine Entführung«, meldete Tichow sich irgendwann. Wir waren schon oft aufs Land gefahren, doch noch nie so weit hinaus.

»Wart's ab«, bat ich ihn erneut, und da kam sie auch schon, die kleine Kiesstraße, die ich am Vortag ausgekundschaftet hatte. Sie mündete in einen Feldweg.

Tichow warf mir einen fragenden Blick zu. Ich fuhr einfach weiter. Bis zum Ende, wo sich der Feldweg gabelte. Dort hielt ich den Wagen an und wandte mich zu Tichow.

»Für mich ist heute ein besonderer Tag.«

»Warum, was ist so besonders daran?«, fragte er. »Hast du Geburtstag?«

Ich nickte in Richtung der Gabelung vor uns. »Wir stehen sozusagen an einem Scheideweg.«

Tichow grinste. Wie immer begriff er schnell.

Ich deutete nach vorne. »Du hast die Wahl.« Ich zeigte nach rechts. »Einen Weg können wir gemeinsam gehen.« Ich zeigte nach links. »Den anderen gehst du ohne mich. Du allein triffst die Entscheidung. Jetzt. Ich möchte dich in meinem Team. Ich möchte, dass du mit mir den Weg auf der rechten Seite gehst. Ich möchte mit dir zusammenarbeiten, weil ich weiß, dass ich mir keinen besseren Partner vorstellen kann. Den anderen Weg gehst du alleine. Zurück in die Stadt, in deine Halle, zu den Leuten dort. Und alles wird so sein, wie es vorher war, als wären wir uns nie begegnet. Ich schulde dir nichts, und du schuldest mir nichts. Der Termin für Miro steht, egal, wie du dich entscheidest.«

Tichow nickte nachdenklich, so als würde er sich das Gesagte gründlich überlegen. Als er mich anschaute, blitzten seine blauen Augen. »Leo! Da bin ich doch schon. Auf deiner Seite! Hast du das nicht gemerkt?«

»Natürlich«, erwiderte ich. »Aber ich lasse mich doch nicht um den offiziellen Antrag bringen.«

Er grinste.

Ich reichte ihm die Hand, er schlug ein und behielt meine Hand lange in seiner. Kräftig war sein trockener Händedruck.

»Willkommen im Team«, begrüßte ich ihn offiziell.

»Da«, sagte Tichow.

Später, nach einem sehr guten Essen in einem Fischlokal, das Tichow noch nicht kannte und das ihn begeisterte, würde er eine formelle Verpflichtungserklärung unterschreiben, deren Inhalt unter anderem besagte, dass er sich freiwillig bereiterklärte, mit dem Nachrichtendienst zusammenzuarbeiten, diese Beziehung geheim zu halten und sich nicht strafbar zu machen.

»Komm, jetzt gehen wir in den Puff, Leo!«, lachte Tichow, als ich die Rechnung beglichen hatte.

Ich kannte meine Russen. Geschäfte wurden mit Wodka begossen und in der Sauna und im Bordell besiegelt.

»Ich habe eine bessere Idee«, widersprach ich.

»Was ist besser als Puff?«, fragte Tichow.

Ich stand auf und wies Richtung Ausgang.

»Vertrau mir!«, sagte ich, und er folgte mir.

4. IN DER SICHERHEITSZONE: STRENG GEHEIM

Die 007-Formel, um Vertrauen aufzubauen

In der nachrichtendienstlichen Wirklichkeit hat sich das folgende Vorgehen als das effizienteste und effektivste erwiesen.

Jahrelang habe ich jede der einschlägigen Strategien und Methoden getestet, variiert, optimiert und letztendlich mein ganz persönliches Vorgehen entwickelt, um das Vertrauen anderer Menschen zu gewinnen. Hier teile ich zum ersten Mal das Ergebnis meiner Arbeit mit Ihnen.

Jeder einzelne Schritt meiner Formel baut logisch auf dem vorangegangenen auf. Sie erzielen den höchsten Wirkungsgrad, wenn Sie sich an die beschriebenen Abläufe halten.

Die Voraussetzung, um attraktiv und anziehend auf andere zu wirken, besteht in einer klaren und eindeutigen Stellungnahme zu folgenden Fragen:

- ⊕ Wer bin ich?
- ⊕ Was will ich?
- ⊕ Wie möchte ich von anderen gesehen werden?
- ⊕ Wie möchte ich mit anderen Menschen umgehen?
- ⊕ Was lasse ich mit mir machen – und vor allem: was nicht?

Wenn Sie meine Empfehlungen beherzigen, werden Sie die Menschen um sich herum dazu bringen, in Sie zu investieren. Denn die Menschen in Ihrer Umgebung werden sich bei Ihnen wohlfühlen, weil Sie deren Grundbedürfnisse nach Sicherheit / Anerkennung / Liebe erfüllen.

Die Energie, die Sie dafür einsetzen, erhalten Sie um ein Vielfaches zurück. Sie erhöhen Ihren Wirkungsgrad – ob beruflich oder privat. Sie werden zum Meister im Kontakten, im Aufbauen von Vertrauen und im Punkten auf der Beziehungsebene. So werden Sie auch wildfremde Menschen unter schwierigsten Bedingungen in einem Minimum an Zeit zu Ihren Verbündeten machen.

1. Die Vorbereitung – Mindset klar definieren und verinnerlichen

- ⊕ Ich schaffe Win-Win-Situationen: Andere Menschen profitieren von unserer Begegnung / Bekanntschaft / Beziehung.
- ⊕ Ich lasse andere stets gut aussehen und immer ihr Gesicht wahren.
- ⊕ Ich kritisiere nicht, urteile nicht, werte nicht ab.
- ⊕ Ich unterstütze andere im Rahmen meiner Möglichkeiten und ohne dafür eine Gegenleistung zu erwarten.
- ⊕ Ich lasse meinen Selbstwert nicht durch andere definieren.
- ⊕ Ich bin unabhängig von äußeren Einflüssen. Ich bin – in letzter Konsequenz – nicht abhängig von meinem Gegenüber und dessen Entscheidungen.
- ⊕ Ich lasse mich nicht von negativen Stimmungen anderer anstecken.
- ⊕ Ich übernehme Verantwortung – erst recht bei negativen Entscheidungen und Ergebnissen.

- Ich treffe Entscheidungen. Dabei schöpfe ich meinen Handlungsspielraum voll aus.
- Ich bin pragmatisch, schaffe Tatsachen und Ergebnisse.
- Ich fokussiere mich auf meine Stärken.
- Ich fokussiere mich auf die Stärken anderer, nicht auf deren Schwächen.
- Ich habe Visionen und teile diese mit anderen.
- Ich zeige Leidenschaft und Enthusiasmus.
- Ich demonstriere stets Zuversicht.
- Ich achte darauf, was ich zum Thema mache – und besonders auch, was nicht.
- Ich jammere nicht.
- Ich wahre Abstand zu Negativ- oder Krisenthemen.
- Ich halte jedes Versprechen und jede Zusage ein.
- Ich schütze die Menschen, die mir nahe sind.

Selbstreflexion, Gedankenkontrolle und Feedback von außen helfen Ihnen dabei, dieses Mindset Stück für Stück in Ihren Alltag zu implementieren. Die Kunst dabei liegt darin, die oben genannten Erfolgsstrategien mit Leben zu erfüllen und nicht, wie so viele Menschen es tun, unreflektiert den ersten Handlungsimpulsen nachzugeben. Nicht alles auf einmal, sondern indem Sie sich jeweils jene Aspekte aussuchen, die jetzt gerade im Moment wichtig für Sie sind. Wenn es gut klappt, nehmen Sie sich den nächsten Aspekt vor. Nach einer Weile werden Sie eine deutliche Veränderung in Ihrem Leben spüren.

Da Sie nun über das Know-how verfügen, um auf andere Menschen anziehend zu wirken, gilt es jetzt, mit der Zielperson in Kontakt zu kommen, um sie im nächsten Schritt von Ihrer Attraktivität zu überzeugen.

2. Kontaktaufnahme

⊕ Ich warte keinen Blickkontakt ab.
⊕ Ich spreche mein Gegenüber von der Seite an.
⊕ Ich lächle stets bei der Kontaktaufnahme.
⊕ Ich eröffne das Gespräch mit einem Thema, das sich aus der aktuellen Situation ergibt.
⊕ Ich mache Statements und stelle nicht zu viele Fragen.
⊕ Ich wechsle die Gesprächsthemen.

Der Kontakt ist geknüpft. Als Nächstes sollten andere erkennen, welche großartige Bereicherung Sie für ihr Leben darstellen. Dementsprechend gilt es, andere von Ihnen und Ihren Werten, Ihrer Persönlichkeit, Ihren Absichten zu überzeugen. Dazu müssen Sie die Chance bekommen zu zeigen, wer Sie sind.

3. Hohen Selbstwert demonstrieren, andere von sich überzeugen – Charakterisierungsphase

⊕ Ich transportiere positive Botschaften über mich in meinen Erzählungen. Ohne aufzuschneiden und ohne anzugeben.
⊕ Ich achte darauf, dass meine Story und Themen andere interessieren.

Achten Sie bei Ihrem Gegenüber auf Indikatoren von Interesse wie beispielsweise: hört neugierig zu, beteiligt sich rege am Gespräch, hält Blickkontakt. Erst dann hat der nächste Schritt Sinn: Ihr Gegenüber aktiv mit Anerkennung zu »belohnen«. Haben Sie diese Indikatoren noch nicht ausreichend erhalten, sollten Sie noch mehr hohen Selbstwert demonstrieren. Nur dann entfaltet Ihre Anerkennung die maximale Wirkung.

Es ist ein Unterschied, von wem Sie ein Kompliment für Ihre Arbeit bekommen. Das Kompliment eines Loosers wird Sie emotional weniger berühren als das Kompliment eines Experten oder Ihres Vorbildes.

4. Belohnung durch Anerkennung

⊕ Ich suche an jedem Menschen mindestens einen Aspekt, den ich aufrichtig respektieren und anerkennen kann.
⊕ Ich fokussiere mich auf die Stärken meines Gegenübers.
⊕ Ich trenne strikt zwischen Person und Verhalten / Angelegenheit.
⊕ Ich etabliere Insiderthemen.
⊕ Ich schaffe positive Erlebnisse für andere Menschen.

5. Die persönliche Seite zeigen – Charakterisierung

⊕ Ich gebe kleine Geheimnisse über mich preis.
⊕ Ich liefere Vertrauensbeweise.
⊕ Ich unterhalte mich auch über das sachlich / beruflich notwendige Maß hinaus.
⊕ Ich etabliere kleine Rituale.
⊕ Ich unterstütze meine Mitmenschen dabei, einen Schritt weiterzukommen.
⊕ Ich achte auf lösungsorientierte Fragen.

6. Zeit verkürzen – Entwicklung beschleunigen

⊕ Ich arrangiere möglichst viele Treffen in möglichst kurzer Zeit. Jedes dieser Treffen braucht ein logisches Motiv. Ich verabrede mich an unterschiedlichen Orten.

⊕ Vom Treffpunkt aus wechseln wir möglichst oft die Location.

Erst wenn Ihr Gegenüber in die Beziehung investiert, ist es Zeit, den nächsten Schritt zu gehen. Achten Sie auf die Indikatoren von Investment: Ruft er zurück, meldet er sich ab, beteiligt er sich aktiv am Gespräch, ergreift er die Initiative – ist er bereit, etwas für Sie zu tun?

7. Widerstände und Ängste ernst nehmen

⊕ Ich zeige anderen Menschen, dass ich loyal zu ihnen stehe, auch wenn sie meine Erwartungen nicht erfüllen möchten. Ich dränge andere Menschen zu nichts.

⊕ Ich schneide empfindliche Themen behutsam und dennoch regelmäßig an.

⊕ Ich nehme anderen Menschen Zweifel und Sorgen.

Mit dieser Formel werden andere Menschen für Sie bis hart an ihre Grenzen gehen. In Ausnahmefällen vielleicht sogar ein Stück darüber hinaus – bis zum blinden Vertrauen.

Sie haben Ihre Mission erfüllt!

Willkommen im Team.

Epilog

Es war einer dieser klaren Herbsttage, die ich so oft mit Tichow an der Elbe verbracht hatte. Jahre waren vergangen seither. Ich war nicht mehr für den Nachrichtendienst tätig, sondern für eine renommierte Unternehmensberatung. Nach einem Jahrzehnt im Schatten machte es auch mal Spaß, die Sonne zu genießen. Mit meinem Geschäftspartner saß ich in der Lobby eines Münchner Hotels an der Bar und besprach unsere Strategie vor einer wichtigen Verhandlung und unseren Abendevent im wunderbaren GOP-Varieté.

Ich sah ihn, bevor er mich sah. Tichow. Schon von weitem erkannte ich ihn an seinem wiegenden Cowboygang. Die Haare trug er schwarz, doch noch immer standen sie stoppelig in die Höhe. Im Arm eine wunderschöne Frau mit wallender roter Mähne, steuerte er direkt auf uns zu. Typisch. Wie viele Freundinnen er wohl derzeit hatte? Über drei Jahre hatten wir uns weder gehört noch gesehen. Dienstvorschrift.

Ich sah knapp an ihm vorbei, zu den Uhren an der Wand hinter der Rezeption. In dem Moment, da er mich erkannte, sagte er etwas zu seiner Begleiterin und lächelte. Die schöne Frau deutete nach links. Tichow und sie drehten ab und nahmen Kurs auf den Lift, der sie nach oben bringen würde.

Die Lobby hielt die Luft an angesichts des atemberaubenden Hüftschwungs von Tichows Begleiterin. Doch mein Lächeln galt nicht ihr, wie Josef vielleicht vermuten mochte. Es galt Tichows rechter Hand an seiner rechten Hosentasche. Unser altes Zeichen für: Ja. Bestens. Alles okay.

Glossar

Fachwortverzeichnis nachrichtendienstlicher Begriffe

Die Organisationen

Bundesnachrichtendienst

Der Bundesnachrichtendienst (BND) ist der Auslandsnachrichtendienst der Bundesrepublik Deutschland. Unter Einsatz nachrichtendienstlicher Methoden beschafft er geheim gehaltene Informationen über das Ausland, die auf andere Art und Weise nicht gewonnen werden können. Er stellt der Bundesregierung und dem Parlament Erkenntnisse zur Verfügung, die von außen- und sicherheitspolitischer Bedeutung sind. www.bundesnachrichtendienst.de

Bundesamt für Verfassungsschutz

Das Bundesamt für Verfassungsschutz (BfV) ist der Inlandsnachrichtendienst der Bundesrepublik Deutschland, Zentralstelle und Koordinierungsstelle der Landesämter für Verfassungsschutz. www.verfassungsschutz.de

Landesamt für Verfassungsschutz

Jedes Land der Bundesrepublik Deutschland verfügt über einen eigenen Inlandsnachrichtendienst, sein Landesamt für Verfassungsschutz.

Die einzelnen Begriffe

Abdecker

Geheimdienstmitarbeiter, der bei kritischen Einsätzen im Hintergrund bleibt, aber jederzeit zum Schutz des Agenten eingreifen kann.

Abschalten

Der Nachrichtendienst stellt die Zusammenarbeit mit einem V-Mann dauerhaft oder für einen begrenzten Zeitraum ein.

Abschöpfen

Erlangen von Informationen über Personen, Objekte und Sachverhalte durch methodische Gesprächsführung.

Abschotten

Die der operativen Sicherheit dienenden Maßnahmen im personellen und administrativen Bereich.

Analyse

Auswertung von Informationen.

Anbahnen

Meist unter einer Legende aufgenommener Kontakt zu einer Zielperson mit der Absicht, sie für die nachrichtendienstliche Mitarbeit zu gewinnen.

Anwerben

Gewinnen einer Person zur nachrichtendienstlichen Mitarbeit.

Aufklären

Zielgerichtetes Beschaffen von nachrichtendienstlich relevanten Informationen.

Beschaffer

Jargon für V-Mann-Führer oder VM-Führer. Der Beschaffer hält die Verbindung zwischen V-Mann und Nachrichtendienst. Er schöpft die Informationen des V-Mannes ab und ist persönlich für dessen operative Sicherheit (Quellenschutz) verantwortlich.

Deckname

Tarnbezeichnung eines V-Mannes, um dessen Identität auch innerhalb des Nachrichtendienstes geheim zu halten.

Falsche Flagge
Einsatz einer Legende zur Täuschung über den wahren Auftraggeber.

Kompromat
Sachverhalt, der gegen eine Person als Druckmittel benutzt werden kann.

Konspirativ
Benutzung von Legenden oder heimliches Vorgehen mit dem Ziel, den geheimdienstlichen Hintergrund von Personen, Sachen oder Sachverhalten gegenüber der Umwelt zu verschleiern.

Kultivierungsphase
Die Kultivierungsphase dient dazu, dem potenziellen V-Mann die Regeln der nachrichtendienstlichen Zusammenarbeit zu vermitteln und Vertrauen aufzubauen.

Legende
Vortäuschung von Sachverhalten, um nachrichtendienstlich tätige Personen oder ein nachrichtendienstliches Objekt gegenüber Dritten abzuschirmen.

Observation
Verdeckte Beobachtung von Personen oder Sachen.

Offenbaren
Freiwilliges Eingeständnis der nachrichtendienstlichen Tätigkeit.

Operative Maßnahmen
Maßnahmen, die der geheimen Informationsbeschaffung dienen.

Quelle
Jargon für V-Mann, auch Vertrauensperson (VP) oder Informant genannt.

Quellenschutz

Alle Maßnahmen, die zur Sicherheit des V-Mannes beitragen, insbesondere zur Geheimhaltung der Zusammenarbeit zwischen V-Mann und Nachrichtendienst.

Schütteln

Abhängen einer Observation, bzw. Präventivmaßnahme, um eine mögliche Observation zu vermeiden.

Seismographisches Prinzip

Das Netz aus Informanten wird engmaschig aufgestellt. Dadurch werden Veränderungen schnell wahrgenommen.

Treff

Verabredete persönliche Begegnungen zwischen V-Mann und V-Mann-Führer unter Beachtung konspirativer Regeln, um Informationen abzuschöpfen oder das operative Vorgehen zu steuern.

Verpflichtung

Zugesagte Bereitschaft eines V-Mannes, für den Nachrichtendienst tätig zu werden.

Verpflichtungserklärung

In schriftlicher Form zugesagte Bereitschaft einer Person, für den Nachrichtendienst tätig zu werden.

Werber

Operativ eingesetzter Mitarbeiter des Nachrichtendienstes. Er stellt die Bereitschaft und Eignung potenzieller V-Männer zur nachrichtendienstlichen Mitarbeit sicher. Er gewinnt den potenziellen V-Mann zur nachrichtendienstlichen Mitarbeit. Er etabliert das Vertrauen.

Literaturempfehlungen

Carnegie, Dale: *Wie man Freunde gewinnt.*

Litzcke, Sven Max und Schwan, Siegfried (Hrsg.): *Nachrichtendienstpsychologie 1; Schriftenreihe des Fachbereichs Öffentliche Sicherheit.*

Litzcke, Sven Max und Schwan, Siegfried (Hrsg.): *Nachrichtendienstpsychologie 3; Schriftenreihe des Fachbereichs Öffentliche Sicherheit.*

Nasher, Jack: *Durchschaut! Das Geheimnis, kleine und große Lügen zu entlarven.*

⊕ Kontakt zum Autor sowie weitere Informationen zum Thema unter: www.leo-martin.de